Chronique
de l'année
2002

« Chronique de l'année 2002 »

a été conçu et réalisé sous la direction de Catherine Legrand

Rédacteurs en chef : Bruno Larebière
et Michel Marmin

Iconographie : système « Online » (Sipa Press)
Direction technique : Catherine Balouet
Secrétariat de rédaction : Sandrine Bautista
et Laurence Collin
Infographie et illustrations : Olivier Barbut et Audrey Tröndle
Index : Emmanuel Lange

***Directeur département :* Philippe Wanpouille**

Notes de l'éditeur :

Le lecteur trouvera en bas de chaque colonne de chronologie hebdomadaire la valeur de l'indice CAC 40 ( ), de l'euro (€) par rapport au dollar américain et le prix du baril de pétrole ( ) (sources le Figaro*).*

Les cotations sont celles du vendredi soir — ou du jeudi soir si le vendredi est férié —, jour de la clôture hebdomadaire de la Bourse.

Les flèches de renvoi (→) signifient que l'événement traité connaît un développement ultérieur à la date ainsi indiquée.

ISBN : 2205-05446-5

Dépôt légal : janvier 2003
Achevé d'imprimer en janvier 2003
sur les presses de Stige, San Mauro (Italie)

**Editions Chronique
Dargaud s.a.**
14, avenue Freycinet
24750 Trélissac
Tél. : 05 53 35 91 21
Fax : 05 53 35 14 06
e-mail : chronic@easynet.fr

Chronique
de l'année
2002

Avec la collaboration exceptionnelle de

Sujets d'actualité

Editions
Chronique
un département de
DARGAUD

Janvier

Lu	Ma	Me	Je	Ve	Sa	Di
	1	2	3	4	5	6
7	8	9	10	11	12	13
14	15	16	17	18	19	20
21	22	23	24	25	26	27
28	29	30	31			

Madrid, mardi 1er
L'Espagne prend pour six mois la présidence de l'UE.

France, mardi 1er
Entrée en vigueur de l'Aide personnalisée d'autonomie, du congé de paternité, ainsi que des 35 heures dans les PME de moins de 20 salariés.

France, mardi 1er
Ouverture à la concurrence du secteur des communications téléphoniques locales : France Telecom perd son monopole.

New York, mardi 1er
Michael Bloomberg, élu maire en novembre, prête serment.

Turquie, mercredi 2
Décès d'un 43e détenu en grève de la faim pour dénoncer le système carcéral : Ali Camyar.

France, jeudi 3
Alain Delon incarne Fabio Montale dans une trilogie policière diffusée par TF1.

Londres, vendredi 4
Dolly, la première brebis clonée, commence à souffrir d'arthrite alors qu'elle n'a que cinq ans et demi.

Baghran (Afghan.), samedi 5
Le mollah Omar échappe une nouvelle fois à l'arrestation en prenant la fuite à moto.

Italie, samedi 5
Ouverture d'une enquête après les révélations du *Corriere dello Sport*, selon lequel Fausto Coppi, légende du cyclisme, ne serait pas mort de malaria mais aurait été empoisonné.

Bischofhofen (Autr.), dim. 6
Saut à ski : l'Allemand Sven Hannawald est le premier à réaliser le grand chelem de la Tournée des Quatre Tremplins.

Rome, dimanche 6
Après la démission, hier, de Renato Ruggiero, ministre des Affaires étrangères, pour cause de désaccord sur l'euro, Silvio Berlusconi prend en charge la diplomatie italienne.

DECES

Cosquin (Argentine), vendredi 4
Ada Falcon, dite « l'impératrice du tango » (*17.8.1905).

Noordwijk, vendredi 4
Alfred Henry (dit Freddy) Heineken, magnat néerlandais de la bière (*4.11.1923).

4 682,79 — 21,63 $ — € 0,8950 $

Les Européens s'unifient par l'euro

A Paris, le symbole de la nouvelle monnaie est projeté dans la nuit sur le Pont-Neuf, teinté du bleu de l'Europe.

Europe, mardi 1er
Adieu francs, florins, escudos, lires et marks, drachmes ou pesetas. Ce matin, 304 millions d'Européens ont une même monnaie : l'euro. Seules subsistent, au sein de l'Europe des Quinze, trois monnaies nationales : les couronnes danoise et suédoise, et la livre sterling. Le Danemark, la Suède et le Royaume-Uni n'ont pas souhaité rejoindre pour le moment la zone euro. Paradoxalement, Tony Blair, Premier ministre britannique, a été le premier dirigeant européen à saluer la naissance de la nouvelle monnaie, qu'il espère toujours faire adopter par son peuple. Et en raison du décalage horaire, c'est l'île de la Réunion qui est passée la première à l'euro. Concrètement, les Français peuvent effectuer des paiements en francs jusqu'au 17 février (les dates ne sont pas les mêmes dans tous les pays), mais la monnaie ne peut être rendue qu'en euros. Les billets en francs doivent être détruits par les banques, auprès desquelles il restera possible jusqu'au 30 juin de changer ses devises. Le plus difficile prendra du temps : penser en euros.

Le 1er, la contre-amirale Chantal Desbordes, première femme à être nommée à ce grade (en conseil des ministres, le 19 décembre), prend à Paris ses fonctions d'adjointe à la direction du personnel militaire de la Marine nationale, chargée du recrutement et de la formation. Précision : la féminisation du nom du grade a été entérinée par Alain Richard, ministre de la Défense.

Un Américain tué au combat en Afghanistan

Afghanistan, vendredi 4
La guerre à « zéro mort » chère aux stratèges américains n'aura pas eu lieu en Afghanistan. Nathan Ross Chapman, un sergent de 31 ans des forces spéciales, a été tué dans une embuscade dans la région de Khost, à la frontière du Pakistan. C'est en effet dans cette zone montagneuse, ainsi que dans celle de Baghran, au centre du pays, que se trouveraient retranchés les rescapés de la Qaida et les talibans irréductibles. Avant les opérations de ratissage lancées par les forces pachtounes ralliées au gouvernement provisoire d'Hamid Karzaï et par les soldats américains, les Etats-Unis avaient intensifié les bombardements sur ces régions, en prenant le risque de multiplier les « dommages collatéraux ». Comme lundi dernier 31 décembre, quand un raid aérien sur un village a causé la mort de 52 civils, des femmes et des enfants pour la plupart. Quant à Oussama Ben Laden et au mollah Omar, ils restent introuvables... Le sergent Chapman est le tout premier Américain tué à l'ennemi, du moins si l'on excepte un agent de la CIA mort en novembre dernier, lors de la mutinerie de Qalae-Jangi, près de Mazar-e Charif.

Will et Lynn Chapman avec la photo de leur fils mort au champ d'honneur.

L'adolescent qui voulait son 11 septembre

Fils unique, Charles Bishop était un élève sans histoire. Jusqu'à ce samedi...

Tampa, samedi 5
On a d'abord cru que le cauchemar du 11 septembre recommençait. Ce n'est fort heureusement qu'un petit Cessna 172 de tourisme qui s'est jeté sur la tour de la Bank of America à Tampa, en Floride, à la hauteur du 28ᵉ étage. Le choc n'a fait qu'une victime : le pilote, Charles Bishop, un adolescent de 15 ans qui suivait des cours de pilotage. Il a décollé de St-Petersburg peu après 17 heures, puis il a survolé la base interdite de McGill, QG des opérations menées en Afghanistan. Pris en chasse par un hélicoptère et deux F-15, Bishop jouait les kamikazes douze minutes après. On a retrouvé sur lui une note où il exprimait son admiration pour Oussama Ben Laden.

Pour qui étaient les armes du *Karine A* ?

Ariel Sharon n'a aucun doute : ces armes étaient destinées à Yasser Arafat.

Eilat, dimanche 6
Ariel Sharon exulte au port d'Eilat où s'étalent les armes saisies à bord du cargo *Karine A* : tout un arsenal de missiles antichars, de roquettes, de mortiers, de fusils d'assaut et de munitions, en provenance selon lui de l'Iran et directement expédié à l'Autorité palestinienne. Le Premier ministre israélien en a profité pour dénoncer une fois de plus le double jeu de Yasser Arafat, qui nie de son côté toute implication dans ce trafic. D'après certaines sources militaires américaines et même israéliennes, la cargaison aurait pu, en réalité, être destinée au Hezbollah libanais. Le *Karine A*, de nationalité irakienne, avait été capturé le 3 en mer Rouge par un commando israélien. (→ 28)

Le 5, Alain D. est mis en examen et incarcéré à Angoulême. Il est soupçonné d'être le meurtrier de Larbi, 10 ans, retrouvé étranglé le 19 décembre 2001 à Bordeaux. Le profil du suspect, qui avait déjà été condamné pour agression sexuelle sur mineur, suscite la colère, ainsi que les errements de l'enquête : le psychiatre d'Alain D. aurait alerté le procureur dès la mi-décembre.

Geste inattendu de Pervez Musharraf

Katmandou, samedi 5
Une poignée de main surprise aura marqué aujourd'hui le sommet des pays du Sud-Est asiatique, qui doit s'achever demain au Népal. C'est celle qui a eu lieu entre le général Pervez Musharraf, le président du Pakistan, et Bihari Atal Vajpayee, le Premier ministre indien. Ce geste, dont Musharraf a eu l'initiative, n'a toutefois pas convaincu Vajpayee qui observe que, dans son discours, le président pakistanais s'est gardé d'évoquer le terrorisme islamique au Cachemire indien, terrorisme dont New Delhi attribue la responsabilité à Islamabad. Le contentieux reste donc total entre les deux puissances nucléaires, d'autant qu'il a pris une tournure explosive depuis l'attaque du Parlement indien le 13 décembre dernier par des islamistes et que, à l'inverse du Pakistan, l'Inde refuse de porter la question du Cachemire sur la scène internationale.

Pleins pouvoirs à Duhalde en Argentine

Buenos Aires, dimanche 6
Eduardo Duhalde n'est pas homme à manier la langue de bois. S'il vient d'obtenir les pleins pouvoirs pour deux ans, c'est que la situation est grave, voire désespérée : « Le pays est en faillite, nous sommes ruinés. » Elu à la présidence le 1ᵉʳ janvier et intronisé le 2, le péroniste Duhalde a déjà fait adopter une loi d'urgence économique : elle met fin à la parité peso-dollar, qui régnait depuis 1991, et gèle le remboursement de la dette argentine, qui s'élève à 142 milliards de dollars. Cette dévaluation de fait a pour but d'enrayer la récession qui touche le pays depuis quatre ans, et dont la conséquence la plus visible est le « corralito » : l'interdiction qui est faite aux Argentins d'opérer des retraits sur leurs comptes courants au-delà d'un quota qui ne suffit pas à payer leurs dépenses quotidiennes. Duhalde en appelle à la « conscience nationale » de ses compatriotes pour « remettre le pays en ordre ». Quant aux grands groupes étrangers qui contrôlent les principaux secteurs de l'économie, il leur demande d'être moins attachés à leurs « privilèges ». Qu'ils obtempèrent ou pas, Duhalde est bien décidé à redonner à l'Etat un rôle économique majeur. (→ 11.2)

Son épouse Hilda est sa conseillère.

Janvier

Lu	Ma	Me	Je	Ve	Sa	Di
	1	2	3	4	5	6
7	8	9	10	11	12	13
14	15	16	17	18	19	20
21	22	23	24	25	26	27
28	29	30	31			

France, lundi 7
Après la crise de la vache folle, le ministre de l'Agriculture, Jean Glavany, annonce un plan de soutien à la filière bovine de 150 millions d'euros.

Paris, lundi 7
France Télévision devient « francetélévisions » et la 5 devient France 5.

France, lundi 7
Coup d'envoi du bicentenaire de la naissance de Victor Hugo avec la lecture, dans toutes les écoles, de textes de l'écrivain.

Washington, lundi 7
Selon le Pentagone, l'armée américaine a fait prisonniers 346 talibans.

France, mercredi 9
Ouverture des soldes avec quadruple affichage : les anciens et nouveaux prix sont indiqués en francs et en euros.

Tchétchénie, mercredi 9
Selon Moscou, l'armée russe a tué 92 indépendantistes depuis un mois et perdu 7 hommes.

Los Angeles, mercredi 9
Michael Jackson est déclaré artiste du siècle par l'American Music Awards.

Chicago, mercredi 9
Boeing révèle une chute de ses commandes de 45 % en 2001.

France, jeudi 10
Parution au *J.O.* d'un décret autorisant la délivrance gratuite de la pilule du lendemain dans les pharmacies aux lycéennes qui en font la demande.

Ajaccio, vendredi 11
Verdict du procès des paillottes : l'ancien préfet Bernard Bonnet est condamné à un an de prison ferme. Il fait appel.

Union européenne, vendredi 11
85 % des paiements en espèces se font déjà en euros.

Dearborn, vendredi 11
Ford annonce la suppression de 35 000 emplois.

Pakistan, samedi 12
Le président Musharraf interdit cinq partis islamistes, dont deux partis séparatistes cachemiris.

DECES

Vigny (Eure-et-Loir), lundi 7
René Etiemble, écrivain et essayiste (* 26.1.1909).

4 554,69 — 21,17 $
€ 0,8910 $

Sydney doit son salut à de fortes pluies

Sydney, lundi 7
Et la pluie fut, une pluie abondante qui, dans la nuit, a noyé sous 40 mm d'eau les foyers d'incendie les plus importants. Et même si les pompiers doivent encore faire face à un mur de flammes de 45 km de long sur la côte sud, il est certain ce soir que la ville de Sydney sera sauvée. Depuis le 20 décembre, 600 000 hectares de bush et 160 maisons ont été détruits par ces feux dont l'origine criminelle ne fait aucun doute : 26 incendiaires ont été arrêtés, dont 17 mineurs. Le Premier ministre australien, John Anderson, a promis de réorganiser la lutte anti-incendies : dépourvue de bombardiers d'eau, la province de Nouvelle-Galles du Sud a dû louer deux appareils aux Etats-Unis.

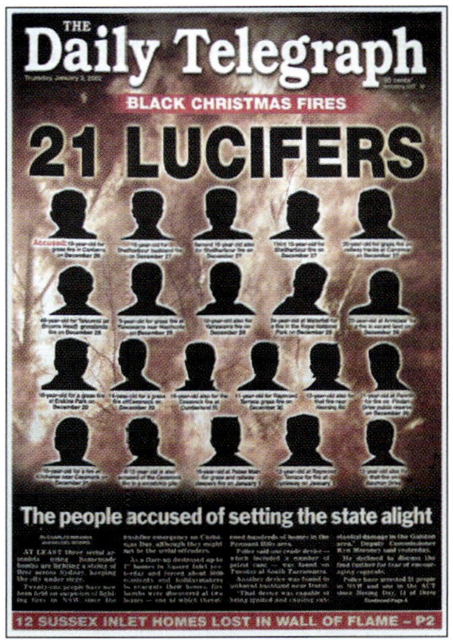
THE Daily Telegraph

BLACK CHRISTMAS FIRES

21 LUCIFERS

The people accused of setting the state alight

12 SUSSEX INLET HOMES LOST IN WALL OF FLAME – P2

L'incendiaire le plus jeune a 9 ans.

2001 YB5 est passé tout près de la Terre

Hawaii, lundi 7
A-t-on échappé à la catastrophe ? Il était 8 h 37 ce matin (heure de Paris) quand l'astéroïde 2001 YB5 a frôlé la Terre, à la distance de seulement 830 000 km. Détecté le 26 décembre 2001 par un observatoire de la Nasa, à Hawaii, cet astéroïde au diamètre évalué à 300 m avait une orbite qui, selon les astronomes américains, ne pouvait entraîner aucune collision. Heureusement, car, à la vitesse de 100 000 km/h, son impact aurait pu ravager un pays de la dimension de la France. L'astéroïde continue sa révolution dans le système solaire et ne reviendra qu'en 2052. A environ 27 millions de kilomètres.

Le chômage s'étend encore en Allemagne

Bonn, mercredi 9
A huit mois du scrutin, le chancelier Gerhard Schröder sait qu'il a perdu son pari : ramener avant la fin de son mandat le nombre de chômeurs sous le seuil des 3,5 millions. Le chômage progresse pour le onzième mois de suite : il touche 3 962 000 Allemands, soit 9,6 % de la population active selon les statistiques de décembre. Au sein de l'Europe des Quinze, le taux de chômage moyen est de 7,8 % (9,2 % en France). Ce sont les Pays-Bas (2,2 %), le Luxembourg (2,5 %), l'Autriche (4 %), l'Irlande (4,1 %) et le Portugal (4,2 %) qui sont les plus proches du plein emploi.

Début de l'épreuve de force malgache

Antananarivo, mercredi 9
Pour les 120 000 personnes réunies sur la place du 13-Mai, au centre de la capitale malgache, il ne fait aucun doute que Marc Ravalomanana est le président légitime du pays. Qu'il a été élu dès le premier tour avec 53 % des voix le 16 décembre 2001. Et que le président sortant, Didier Ratsiraka, truque les chiffres (ainsi qu'il l'avait déjà fait en 1996 pour reprendre le pouvoir qu'il avait dû quitter quatre ans plus tôt) en ne lui accordant que 47 % des voix. Face à l'armée, Ravalomanana est serein. Il pense, avec saint Marc, que « tout est possible à celui qui croit » (→ 30)

Une loi pour lever les secrets de famille

Paris, jeudi 10
Le texte adopté par les députés, à l'initiative du ministre délégué à la Famille, Ségolène Royal, ne donne pas entière satisfaction aux enfants nés sous X. Ils ne sont pas parvenus à imposer la notion de droit d'accès à ses origines : le droit des femmes à accoucher dans l'anonymat complet est préservé. La création du Conseil national pour l'accès aux origines personnelles permettra toutefois aux enfants nés sous X de demander à retrouver leur mère biologique. Si elle a laissé son identité sous pli clos, ainsi qu'elle y sera incitée, et qu'elle donne son aval, le secret sera levé.

Le 7, à l'occasion de la McWorld de San Francisco, Steve Jobs, le patron d'Apple, présente le nouvel iMac avec l'écran plat orientable.

Le 8, Marie-Andrée Fesquet, élue « Supermamie » de sa région, est retrouvée morte à Avignon. Elle a été torturée et violée.

Le 10, à Los Angeles, Jean-Marie Messier exprime sa fierté d'être américain depuis qu'il a quitté son « petit pays exotique ». (→ 16.4)

Les talibans mis en cage à Guantanamo

Prisonniers sous haute surveillance au Camp X-Ray pour les interrogatoires.

Guantanamo, vendredi 11
Au terme de vingt-sept heures de vol avec escale à bord d'un C-17 de l'US Air Force, vingt prisonniers talibans ou de la Qaida sont arrivés sur la base américaine de Guantanamo, à Cuba, où ils ont été enfermés dans des cages en plein air. Leur transfert de Kandahar au Camp X-Ray a été effectué dans des conditions qui ont d'ores et déjà ému les associations de défense des droits de l'homme, dont Amnesty International : visage encagoulé, mains liées, drogués au Valium, ces prisonniers ne jouissent en outre d'aucun statut clairement défini. Le Pentagone a néanmoins affirmé que ces « détenus du champ de bataille » seraient traités selon la Convention de Genève. (→ 30)

Jenifer lauréate de la « Star Academy »

Les chemins de l'animateur Nikos Aliagas et de Jenifer et Mario se séparent.

France, samedi 12
Jenifer a gagné, et TF1 aussi : près de 14 millions de téléspectateurs ont suivi la finale de « Star Academy » à l'issue de laquelle Jenifer, attachée de presse de 19 ans, a triomphé du charmeur belgo-italien, Mario. Elle gagne un million d'euros d'à-valoir sur les ventes de l'album qu'elle va enregistrer chez Universal Music, et une programmation de trois soirs à l'Olympia. Les quinze autres élèves, éliminés au fil des semaines par le vote des téléspectateurs, ne sont pas tous retombés dans l'oubli : Carine a été embauchée par Luc Plamondon pour *Cindy*, sa prochaine comédie musicale. Et le très médiatique Jean-Pascal, alias « Jipé », est déjà sous contrat avec Universal. (→ 31.8)

Henri Verneuil conjuguait talent et succès

Paris, vendredi 11
Longtemps méprisé par la critique « branchée », Henri Verneuil n'en retiendra pas moins l'attention des historiens. De son vrai nom Achod Malakian, ce rescapé du génocide arménien est décédé à l'âge de 81 ans (*15.10.1920). Très éclectique, il a connu son premier succès avec *la Vache et le Prisonnier* (1959), non sans avoir auparavant révélé un réel talent populiste dans *Des gens sans importance* (1956). Il a fait preuve d'une rare maîtrise avec des thrillers comme *Mélodie en sous-sol* (1962) ou *le Clan des Siciliens* (1969), mais aussi adroitement adapté *Un singe en hiver* d'Antoine Blondin (1962). Verneuil avait évoqué son enfance arménienne dans *Mayrig* (1991).

En mars 1996, il recevait un César d'honneur pour l'ensemble de son œuvre.

Mitsubishi rayonne sur le 24e rallye Dakar

Dakar, dimanche 13
L'Allemande Jutta Kleinschmidt ne fait pas trop mauvaise figure : celle qui l'avait emporté l'an dernier sur Mitsubishi s'estime heureuse d'avoir pu préserver sa deuxième place, en dépit de problèmes de transmission. Quant à la victoire, elle est revenue à une autre Mitsubishi, pilotée par le Japonais Hiroshi Masuaoka avec le Français Pascal Maimon. Depuis le départ à Arras, le 28 décembre, il a couru les seize étapes (8 883 km dont 3 953 de spéciales) du Dakar en 46 h 11 min 30 s. On note aussi la belle septième place de l'ancien champion de ski Luc Alphand. Côté moto, l'Italien Fabrizio Meoni (sur KTM) a fort joliment renouvelé son succès de l'an dernier.

Le vendredi 11, des bulldozers israéliens protégés par des chars détruisent la piste de l'aéroport international de Gaza, l'un des derniers symboles de l'Autorité palestinienne. Hier, c'est le camp de Rafah qui fut dévasté.

Janvier

Lu	Ma	Me	Je	Ve	Sa	Di
	1	2	3	4	5	6
7	8	9	10	11	12	13
14	15	16	17	18	19	20
21	22	23	24	25	26	27
28	29	30	31			

Allemagne, lundi 14
Gerhard Schröder étend à tout le pays l'expérience du « salaire combiné », qui consiste à verser un complément de salaire aux chômeurs retrouvant un emploi mal rémunéré.

Toulouse, mardi 15
Le procureur écarte toute cause non accidentelle à l'explosion de l'usine AZF.

Strasbourg, mardi 15
L'Irlandais Patrick Cox est élu à la présidence du Parlement européen.

Ramallah, mardi 15
Ahmad Saadat, chef du FPLP, impliqué dans le meurtre du ministre israélien du Tourisme, Rehavam Zeevi, a été arrêté par l'Autorité palestinienne.

Paris, mercredi 16
Le rapport final du Bureau enquête-accidents confirme que le crash du Concorde est dû à la présence d'une lamelle en métal sur la piste.

Buenos Aires, jeudi 17
Démission du président de la Banque centrale argentine.

Paris, jeudi 17
Le Conseil constitutionnel censure l'article 1er de la loi sur la Corse qui déléguait à la région des pouvoirs législatifs.

Hadera (Israël), jeudi 17
Un Palestinien tue 6 personnes en tirant au fusil d'assaut dans une salle de mariage.

Monde, vendredi 18
Pour la première fois depuis quinze ans, les ventes de PC ont baissé en 2001 (-4,6 %).

Ramallah, samedi 19
Tsahal dynamite les locaux de La Voix de la Palestine.

DECES

La Rochelle, lundi 14
Pierre Joubert, illustrateur du scoutisme (*27.6.1910).

Opio (Corse), mardi 15
Michel Poniatowski, homme politique (*16.5.1922).

Paris, mercredi 16
Jean-François Jonvelle, photographe de mode et de publicité (*3.10.1943).

Madrid, jeudi 17
Camilo José Cela, prix Nobel de littérature (*11.5.1916).

4 448,85 — 18,50 $
€ 0,8837 $

Faire la lumière sur les disparitions

Lille, lundi 14
C'est pour répondre à l'angoisse des familles de disparus que le ministre de l'Intérieur, Daniel Vaillant, crée un Office central pour la disparition inquiétante de personnes (Ocdip). Il pourra lancer des recherches quelle que soit la cause de la disparition. En France, 50 000 personnes se font la belle chaque année. La plupart sont des mineurs, qui sont neuf fois sur dix retrouvés sous quinze jours. Les adultes, eux, ont le droit de tout quitter sans informer qui que ce soit. Cela ne leur sera pas retiré. Mais la police pourra les chercher, quitte à informer la famille qu'ils ont décidé de ne jamais la revoir, ce qui serait le cas de 5 000 personnes par an.

Le taliban américain échappera à la mort

Washington, mardi 15
Le « taliban américain » découvert parmi les prisonniers regroupés à la forteresse de Qalae-Jangi, au mois de novembre 2001, devrait pouvoir échapper à la peine de mort. C'est ce que vient d'annoncer le ministre de la Justice, John Ashcroft. Pour l'instant, John Lindh Walker n'est pas accusé de trahison, passible de la peine capitale, mais « seulement » de conspiration contre des citoyens américains à l'étranger, ainsi que de soutien à des terroristes. Agé de 20 ans, converti à l'islam, il sera jugé par une cour fédérale.

Arthur Andersen vacille

Arthur Andersen était l'un des cabinets comptables les plus réputés au monde.

Etats-Unis, mardi 15
David Duncan, en charge du dossier Enron au cabinet Arthur Andersen, est limogé. Sa direction le suspecte d'avoir « participé à la destruction de documents comptables » liés à la faillite du n°1 mondial du commerce de l'énergie. Mais ce licenciement ne suffira pas à dédouaner le cabinet lui-même de sa responsabilité. Deux enquêtes ont été lancées par la SEC (l'équivalent américain de la COB) et par le ministère de la Justice pour déterminer l'implication d'Arthur Andersen dans la falsification des comptes d'Enron qu'il avait mission de contrôler. Le scandale sur lequel Joseph Berardino, p-dg d'Andersen, ne veut plus s'exprimer relève d'une confusion des genres courante aux Etats-Unis : Andersen cumulait deux rôles auprès d'Enron, comptable et consultant, le second lui rapportant plus (27 millions de dollars par an) que le premier. Difficile de prendre le risque de perdre un tel client en refusant de certifier ses comptes. La banque Morgan Chase est elle aussi en difficulté : la faillite d'Enron lui coûte 450 millions de dollars. (→ 23)

Le 14, George W. Bush apparaît avec des hématomes au visage, séquelles d'une chute : hier, il s'est évanoui après avoir avalé de travers un bretzel.

Vaccinations contre la méningite C

Clermont-Ferrand, mercredi 16
La méningite C, plus rare que celle de type B, est tout particulièrement dangereuse pour les enfants et pour les jeunes : elle a fait quatre morts dans le Puy-de-Dôme ces derniers mois. C'est la raison pour laquelle Bernard Kouchner a lancé une vaste campagne de vaccination dans toute la région de Clermont-Ferrand. Elle a commencé aujourd'hui, en général dans les établissements scolaires, et parfois avec l'aide de l'armée. Mais elle n'est pas obligatoire. Le vaccin utilisé est le Meningitec.

La présidentielle est lancée par un livre

France, jeudi 17
Avec *l'Homme qui ne s'aimait pas*, l'ouvrage qu'il consacre au chef de l'Etat, Eric Zemmour, journaliste au *Figaro*, donne le coup d'envoi d'une campagne présidentielle qui tardait à démarrer. Il affirme que Jacques Chirac a rencontré en secret Jean-Marie Le Pen entre les deux tours de la présidentielle de 1988, et lui a demandé d'appeler à voter pour lui. Si l'Elysée dément, cette révélation, à trois mois du premier tour, lance une polémique qui a d'autant plus de place pour se développer que le duel attendu entre les deux favoris repose plus sur l'image que Chirac et Jospin veulent donner d'eux que sur un débat d'idées.

L'éruption du volcan Nyiragongo rase la ville congolaise de Goma

C'est la lenteur de la coulée de lave qui a permis d'éviter une hécatombe.

Goma, vendredi 18
Les quelque 400 000 habitants de Goma commencent à revenir chez eux et découvrent toute l'ampleur du désastre : hier matin, à l'aube, le Nyiragongo était entré en éruption, répandant une gigantesque coulée de lave sur cette ville située sur les bords du lac Kivu, en république démocratique du Congo. La plupart avaient trouvé refuge à Gisenyi, au Rwanda. Si le nombre des victimes semble heureusement limité, Goma est un vrai champ de ruines envahi par la lave encore fumante, certains quartiers restant inaccessibles. Le Nyiaragongo, dont une éruption en 1977 avait été très meurtrière, fait partie d'une chaîne volcanique du grand rift est-africain et est situé à 20 km au nord de Goma.

Le recours à des substances illicites se répand chez les jeunes

France, jeudi 17
A 17 ans, un garçon sur deux (et quatre filles sur dix) a déjà fumé du cannabis. A 19 ans, ils seraient 60 %. Sont-ils pour autant des drogués ? Ils ne le pensent pas. Et leurs parents non plus, qui, selon l'Observatoire des drogues, jugeraient le cannabis à peine plus nocif que le tabac et les antidépresseurs, et beaucoup moins que l'alcool. Un tiers des Français serait même pour sa dépénalisation, sous réserve d'une interdiction de vente aux mineurs. La justice elle-même est partagée. Dans plusieurs départements, l'usage de haschich n'est plus poursuivi par le parquet. Dans d'autres, il mène en prison.

Un adolescent sur cinq fume du cannabis au moins une fois par semaine.

Processus de paix engagé au Soudan

Bürgenstock, samedi 19
C'est dans une station de vacances du centre de la Suisse qu'a été signé un cessez-le-feu entre le Soudan et le SPLM-Nuba (le Mouvement de libération du peuple soudanais dans les monts Nouba). Si cet accord, qui doit être renouvelé tous les six mois, est respecté par les deux parties, ce sera la fin d'une guerre civile qui, depuis 1983, oppose les islamistes au pouvoir à Khartoum aux rebelles chrétiens et animistes du Sud, et qui a fait déjà deux millions de morts. Un processus d'autodétermination du Sud est aussi prévu.

Le 15, l'Airbus A318 effectue son premier vol test à Hambourg. 9 clients ont déjà commandé 114 version courte. Lancement définitif fin 2003.

Le 18, à Lausanne, les Français Marina Anissina et Gwendal Peizerat sont sacrés champions d'Europe de danse sur glace. (→ 5.8)

Janvier

Lu	Ma	Me	Je	Ve	Sa	Di
	1	2	3	4	5	6
7	8	9	10	11	12	13
14	15	16	17	18	19	20
21	22	23	24	25	26	27
28	29	30	31			

France, lundi 21
Antoine Schuller révèle dans une interview au *Parisien* que son père, Didier Schuller, se cache à Saint-Domingue. (→ 5.2)

Orly, lundi 21
Départ pour Alger du premier vol affrété par une compagnie française (Air Lib) depuis le détournement de l'Airbus d'Air France en 1994.

France, mardi 22
Dans un entretien au *Monde*, Zinedine Zidane avoue avoir pris de la créatine jusqu'à son arrivée au Real Madrid.

Calcutta (Inde), mardi 22
Une fusillade devant le Centre culturel américain fait 4 morts.

Ostende, mercredi 23
Pelé remet le Soulier d'or 2001 au Belge Wesley Sonck.

La Réunion, mercredi 23
Le cyclone Diana cause de très importants dégâts dans l'île.

Houston (Texas), mercredi 23
Démission de Kenneth Lay, le P-dg d'Enron. (→ 25)

Belgrade, mercredi 23
Le Parlement serbe rétablit l'autonomie de la Voïvodine, abolie par Slobodan Milosevic.

Paris, vendredi 25
Le général Paul Aussaresses est condamné à payer une amende de 7 500 euros pour complicité d'apologie de crimes de guerre.

Israël, vendredi 25
52 officiers et soldats de réserve publient une pétition exprimant leur refus de perpétrer de nouveaux « crimes de guerre » dans les territoires palestiniens.

Houston, vendredi 25
Clifford Baxter, ancien vice-président d'Enron, est retrouvé mort d'une balle dans la tête. Il se serait suicidé. (→ 12.2)

Angoulême, samedi 26
Le Grand Prix 2002 de la ville est attribué au dessinateur belge François Schuiten, auteur de la série *Cités obscures*.

DECES

Paris, mercredi 23
Pierre Bourdieu, sociologue (*1.8.1930).

Paris, dimanche 27
Alain Vanzo, ténor lyrique (*2.4.1928).

4 484,31 — 18,90 $ — € 0,8646 $

Yves Saint Laurent tire sa révérence et donne un dernier défilé

Paris, mardi 22
Sur le parvis du centre Beaubourg, la foule oscille entre émerveillement et recueillement. Plusieurs milliers de badauds suivent, sur écran géant, le défilé des collections Yves Saint Laurent qui se déroule à l'intérieur devant 2 000 invités. Il n'y en aura jamais d'autre. Le 7 janvier, par une conférence de presse qu'il a voulue solennelle, le créateur a annoncé sa décision de dire adieu à son métier. Dans ce « monde de désordre et de décadence », a-t-il expliqué, il se sent « à côté et seul ». Dénonçant ceux qui « satisfont leur ego à travers la mode », Yves Saint Laurent part fier de s'être toujours mis « au service des femmes ». Sa maison, créée en 1962, ne lui survivra pas.

L'émotion est immense pour tous les mannequins qui ont porté ses créations.

Aide internationale pour l'Afghanistan

Tokyo, mardi 22
Hamid Karzaï n'est pas reparti les mains vides de Tokyo, où a pris fin une conférence internationale sur l'aide à l'Afghanistan. Ce seront en effet plus de 4,5 millions de dollars qui seront alloués à Kaboul par les pays donateurs. Les engagements les plus généreux ont été pris par le Japon, l'Union européenne et l'Iran qui a créé la surprise. La question reste toutefois posée de savoir quel organisme contrôlera la gestion et la répartition de ces fonds, et surtout si les promesses des contributeurs seront vraiment respectées.

La France reste « 24 heures sans toubib »

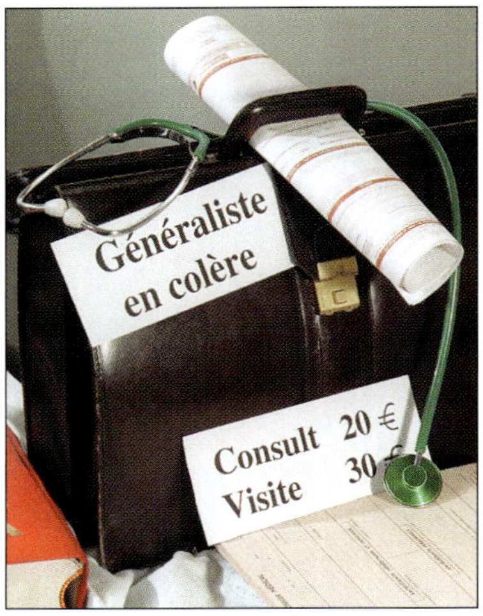

« Santé morte » est très suivie.

France, mercredi 23
Depuis deux mois que le conflit est engagé, nul ne paraît décidé à céder. Le taux de 90 % de grévistes indique la détermination des médecins, qui exigent que leurs honoraires soient revalorisés : 20 euros (contre 17,53) pour la consultation, 30 euros (au lieu de 20) pour la visite. C'est leur prix pour 58 heures de travail par semaine en moyenne. MG France, syndicat minoritaire, n'a donc pas de légitimité pour négocier, ce soir, avec la Caisse nationale d'assurance maladie. La CSMF, majoritaire, ne veut discuter qu'avec le ministre de tutelle, Elisabeth Guigou, qui refuse de se substituer à la Cnam.

Le 22, à New York, la conférence de presse présentant le combat prévu le 6 avril entre Mike Tyson et Lennox Lewis (titre WBC en jeu) dégénère...

Mariah Carey vend trop peu pour Virgin

New York, mercredi 23
La loi du marché est impitoyable : la maison de disques Virgin a rompu le fabuleux contrat de 100 millions de dollars qu'elle avait conclu l'an passé avec Mariah Carey pour cinq albums à venir. Motif du désamour : son dernier disque, *Glitter*, n'a pas scintillé autant que le titre le laissait espérer. Il ne s'en est écoulé « que » deux millions à travers le monde : un échec tout de même relatif pour elle, qui, à 31 ans, a vendu 125 millions d'albums. La star aux papillons (elle en est folle) touchera une indemnité fixée à... 35 millions de dollars !

La parité fait son chemin en Belgique

Bruxelles, jeudi 24
Hormis les élus du Vlaams Blok, les députés ont été unanimes à adopter une modification de la Constitution qui assure l'égalité entre les sexes (article 10 de la loi fondamentale). La Chambre a également ajouté un article 11 bis, qui juge nécessaire de garantir aux hommes et aux femmes « l'égal accès aux mandats électifs et publics ». Deux projets de loi sont déjà prêts, à l'initiative de Laurette Onkelinx, ministre de l'Egalité des chances. Ils prévoient l'obligation d'une totale parité pour l'ensemble des scrutins. Un troisième texte vise à imposer un quota de femmes dans les instances exécutives.

Clément Morel sauve l'honneur du tennis français à Melbourne

Jennifer Capriati bat Martina Hingis dans une fournaise : 4-6, 7-6 (9-7), 6-2.

Melbourne, dimanche 27
Le vainqueur du simple messieurs est presque un inconnu, du moins du grand public. Mais, à bientôt 27 ans, le Suédois Thomas Johansson a remporté l'Open d'Australie grâce à la puissance de ses services et de ses revers : il a brisé le Russe Marat Safin, pourtant favori. Côté dames, c'est sous une chaleur accablante et même à la limite du seuil autorisé que Jennifer Capriati a empoché un deuxième titre d'affilée, opposée à Martina Hingis. L'Américaine a été tout simplement mieux résistante à la fournaise que la Suissesse ! Seule satisfaction française, mais riche de promesses, la victoire de Clément Morel, en catégorie juniors, contre l'Australien Todd Reid.

Elie Hobeika n'avait plus de protecteur

Beyrouth, jeudi 24
Allait-il parler ? Révéler à quel point Ariel Sharon était impliqué dans le massacre commis, en 1982, dans le camp de Sabra et Chatila, au Liban ? Elie Hobeika est mort, avec trois de ses gardes du corps, dans l'explosion de sa voiture. A 45 ans, l'ancien chef des Forces libanaises était l'homme le plus craint et le plus détesté du pays. Tour à tour allié des Israéliens, puis des Syriens, il avait été, voici deux ans, lâché par ces derniers, ne se réconciliant pas pour autant avec la grande masse des chrétiens. C'est dire si les pistes sont nombreuses.

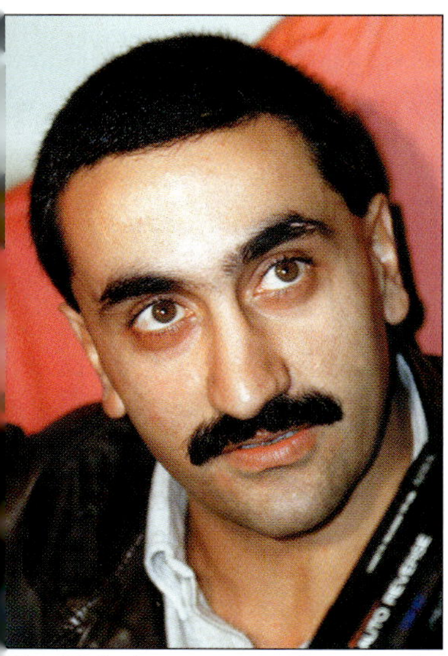
Elie Hobeika est mort dans l'explosion de sa voiture.

La guerre n'est pas finie en Tchétchénie

Chelkovskaïa, dimanche 27
Le Mil Mi-8 venait d'être révisé et présentait donc toutes les garanties de sécurité. Cet hélicoptère russe de transport n'en a pas moins explosé en plein vol près de Chelkovskaïa, un village de Tchétchénie. Parmi les quatorze militaires russes qui ont été tués figurent deux généraux de haut rang : le vice-ministre de l'Intérieur, Mikhaïl Roudtchenko, ainsi que le chef d'état-major adjoint des forces du ministère de l'Intérieur, Nikolaï Goridov. Les indépendantistes ont annoncé que le Mi-8 avait été détruit par un de leurs missiles.

Une femme kamikaze

Jérusalem, dimanche 27
Qui aurait soupçonné que cette jolie Palestinienne de 28 ans, au regard clair et aux cheveux châtains, allait devenir le premier kamikaze de sexe féminin ? C'est pourtant elle qui s'est fait exploser rue Jaffa, au cœur d'un quartier commerçant de Jérusalem, causant la mort d'un octogénaire et faisant une centaine de blessés. On ignore encore à quelle organisation appartenait Wafa Idris. Et son geste a d'autant plus surpris ses proches que cette jeune femme originaire du camp de réfugiés d'Amari, près de Ramallah, travaillait dans les rangs du Croissant-Rouge palestinien. Son engagement pourrait s'expliquer par une sorte de désespoir : Wafa Idris a déjà été plusieurs fois blessée par des balles en caoutchouc en voulant porter secours à ses compatriotes lors de manifestations réprimées par les Israéliens. Parmi les blessés de cet attentat figure en particulier Mark Sokolow. Cet Américain est un trompe-la-mort : le 11 septembre 2001, il travaillait au 38e étage de la tour sud du World Trade Center, et avait réussi à en sortir juste avant son effondrement ! Ariel Sharon met en cause la responsabilité de Yasser Arafat et promet que la sécurité à Jérusalem sera renforcée. (→ 21.2)

Grand succès de l'opération Pièces jaunes : le week-end TGV, du 25 au 27, a rapporté 16 tonnes de pièces, soit 11 tonnes de plus que l'an dernier. Bernadette Chirac et David Douillet parrainent toujours cette opération.

Wafa Idris dissimulait sous elle une charge explosive d'environ 10 kilos.

Janvier

Lu	Ma	Me	Je	Ve	Sa	Di
	1	2	3	4	5	6
7	8	9	10	11	12	13
14	15	16	17	18	19	20
21	22	23	24	25	26	27
28	29	30	31			

Bruxelles, lundi 28
Gianfranco Fini est nommé à la Convention pour l'avenir de l'Europe.

Pékin, lundi 28
Li Quangqiang, un évangéliste, est condamné à deux ans de prison pour avoir introduit des bibles en Chine.

Versailles, lundi 28
L'écurie Prost Grand Prix est mise en liquidation.

Ramallah, lundi 28
Yasser Arafat limoge Fouad Shubaki, conseiller financier de l'Autorité palestinienne, mêlé à l'affaire du *Karine A*.

Vatican, lundi 28
Jean-Paul II demande aux avocats catholiques de refuser de plaider les divorces.

France, mardi 29
Selon une enquête de l'Insee, la France compterait 86 000 SDF, dont 16 000 enfants.

Etats-Unis, mardi 29
Delta Air Lines met fin à son contrat avec le cabinet Arthur Andersen.

Bruxelles, mercredi 30
La Commission européenne estime que l'élargissement de l'UE coûtera 13,4 milliards d'euros par an.

Paris, mercredi 30
Le Quai d'Orsay confirme que deux Français figurent parmi les talibans détenus sur la base de Guantanamo.

Antananarivo, mercredi 30
Marc Ravalomanana annonce devant 500 000 manifestants qu'il choisit le recours exclusif à la rue pour faire reconnaître son élection. (→ 22.2)

Paris, jeudi 31
Alcatel accuse 4,9 milliards d'euros de pertes en 2001, la plus forte jamais enregistrée par un groupe français.

DECES

Paris, lundi 28
Jean Piaubert, peintre et décorateur (*27.1.1900).

Stockholm, lundi 28
Astric Lindgren (née Ericsson), créatrice du personnage de Fifi Brindacier (*14.11.1907).

Quincy-sous-Sénart, jeudi 31
André Pradel, mime (*1929).

4 484,31 — 18,90 $ — € 0,8646 $

La grande roue de la place de la Concorde a fini par s'arrêter

Paris, lundi 28
Marcel Campion a bien dû finir par céder aux injonctions de la justice : le démontage de la grande roue de la place de la Concorde est terminé. Construite par le pittoresque forain dans le cadre des fêtes du passage à l'an 2000, elle était restée en place durant toute l'année 2001, suite à un accord avec le maire de Paris, Jean Tibéri. Et Marcel Campion espérait prolonger la situation indéfiniment. Mais le successeur de Jean Tibéri, Bertrand Delanoë, entendait de son côté faire respecter le contrat, tout en proposant au propriétaire de lui racheter sa roue et de la réinstaller ailleurs afin de conserver l'intégrité du Paris historique. Ne voulant rien savoir, Campion se vit assigné par la Ville de Paris le 7 janvier, à quoi il répliqua en offrant aux Parisiens la gratuité d'accès le dimanche 13. Malgré ce beau succès populaire, le droit a eu le dernier mot.

Marcel Campion a perdu le bras de fer qu'il avait engagé avec la Ville de Paris.

Les Français de plus en plus « télévores »

France, lundi 28
Selon l'étude annuelle du Syndicat national de la publicité télévisée, en 2001, les Français de 15 ans et plus sont restés rivés devant le petit écran 3 h 29 min par jour en moyenne, soit cinq minutes de plus qu'en 2000. Et, en dix ans, le nombre quotidien de téléspectateurs est passé de 35,8 à 38,3 millions. Il n'est plus rare qu'un même foyer soit équipé de plusieurs téléviseurs : 10 millions en possèdent deux. Cette évolution correspond à la multiplication des offres (chaînes thématiques) et à une amélioration de la réception grâce à la diffusion par câble et par satellite : 11 millions d'individus y sont abonnés. Premier loisir des Français, la télé n'a plus qu'un rival : le soleil. En octobre, le temps d'une inhabituelle clémence a fait chuter l'audience...

Le 30, sortie à Paris d'*Astérix et Obélix, Mission Cléopâtre*, avec Monica Bellucci, Christian Clavier, Gérard Depardieu et Jamel Debbouze. Le film d'Alain Chabat est le plus cher (50,3 millions d'euros) du cinéma français.

La délinquance en sérieuse hausse

Paris, jeudi 28
Plus de 4 millions de crimes et délits ont été constatés en France l'année dernière, soit une hausse de 7,69 %, tandis que le taux d'élucidation est en régression ainsi que le nombre de mises sous écrou. La province, que l'on croyait préservée à l'exception des grandes villes, est atteinte. Dans le Lot, l'insécurité a bondi de 30 % ; dans le Gers, + 16 %. Si la gauche y voit un effet de la mise en place de la police de proximité – les plaintes seraient plus nombreuses –, la droite dénonce un laxisme croissant.

La France plébiscitée par les touristes

Paris, lundi 28
Avec 76,5 millions de visiteurs, soit 1,5 million de plus qu'en 2000, la France a conservé en 2001, pour la dixième année d'affilée, son rang de première destination touristique mondiale, suivie par l'Espagne, les Etats-Unis et l'Italie. Elle n'a été que peu touchée par la chute de 11 % sur les derniers mois de l'année, de l'activité touristique internationale après les attentats du 11 septembre

La croisade contre « l'axe du Mal »

Washington, mardi 29
Le Président George W. Bush a pris le ton d'un prédicateur aux accents quasi mystiques pour dénoncer les trois Etats qui constituent selon lui l'« axe du Mal », à savoir la Corée du Nord, l'Irak et l'Iran. C'était à l'occasion du traditionnel discours sur l'état de l'Union, devant les deux chambres du Congrès. Il a accusé ces pays de menacer les Etats-Unis et leurs alliés en se dotant d'armes de destruction massive et d'exporter le terrorisme « pour menacer la paix du monde ». George W. Bush s'en est également pris au Hezbollah et au Hamas, affichant sa volonté de mettre hors d'état de nuire tous les terroristes et de les « traîner devant la justice », sans toutefois préciser laquelle. Une volonté matérialisée par l'annonce d'une augmentation de 15 % du budget militaire. Mais le Président a voulu lier son combat à la création d'un Corps de la liberté dont le but serait de « faire vivre et étendre le meilleur » de ce que son pays a produit. C'est-à-dire d'offrir au monde les valeurs qui ont fondé l'« american way of life ». Téhéran a immédiatement réagi aux propos de George W. Bush, qui traduiraient en fait la « volonté du gouvernement américain d'étendre son hégémonie au monde entier ».

George W. Bush a été plus discret sur les scandales du monde des affaires.

Nouvelles anomalies autour de Dutroux

Neufchâteau, mardi 29
Enfin ! Près de six ans après la mort de Julie Lejeune et Melissa Russo, fin mars 1996, Marc Dutroux a été officiellement inculpé de leurs viols par le juge Jacques Langlois, qui ne s'est pas expliqué sur le temps pris par la justice pour en arriver à cette conclusion, énième anomalie d'une instruction qui en compte déjà tant. La dernière en date a été révélée le lundi 21 : VTM, une télévision privée flamande, a diffusé une interview de Marc Dutroux, réalisée par Thomas Van Hemeldonck dans la cellule du détenu, sans la moindre autorisation mais avec la complicité du sénateur Jean-Marie Dedecker, qui disposait d'un permis de visite et l'a introduit dans les lieux. Dutroux en a profité pour relancer la thèse d'un réseau pédophile qui aurait « toute sorte de ramifications criminelles », mais n'a apporté aucune preuve.

Swiss va prendre la succession de Swissair

Bâle, jeudi 31
Après la faillite de Swissair, c'est sa filiale Crossair qui avait repris les activités de la compagnie aérienne helvétique, qui renaîtra sous le nom de Swiss. C'est ce qu'a annoncé le directeur de Crossair, André Dosé. A moyen terme, le nom de Crossair devrait lui-même disparaître pour ne garder que celui de Swiss sur tous les appareils. Toutefois, la nouvelle compagnie n'aura pas un parc aussi étendu que Swissair, et le nombre de ses destinations sera revu à la baisse. La question est de savoir si Swiss pourra échapper aux créanciers de Swissair, dont les dettes se chiffrent en milliards d'euros. Et aussi à quel niveau la Confédération participera à son capital, et jusqu'à quand.

La mort pèse sur la tête de Daniel Pearl

Pakistan, jeudi 31
Vingt-quatre heures : c'est le sursis que les ravisseurs de Daniel Pearl lui ont accordé avant son exécution. L'enlèvement à Karachi, le 23, de ce journaliste américain travaillant pour le *Wall Street Journal*, avait été revendiqué par un groupe inconnu, se désignant comme « Mouvement national pour le rétablissement de la souveraineté du Pakistan ». Lequel exigeait la libération des Pakistanais faits prisonniers en Afghanistan en échange de sa vie sauve. Un délai de vingt-quatre heures a été fixé hier, auquel les Etats-Unis ont refusé de se soumettre. Le Pakistan a cru bon de mettre en cause l'Inde dans cette affaire, ce que New Delhi a contesté avec la dernière énergie. (→ 21.2)

Le 31, l'écrivain américain Stephen King, atteint d'une maladie qui conduit à la cécité, met un terme à sa carrière. A 54 ans, le maître du fantastique (*Shining*, *Carrie*) a publié 60 livres, vendus à 200 millions d'exemplaires.

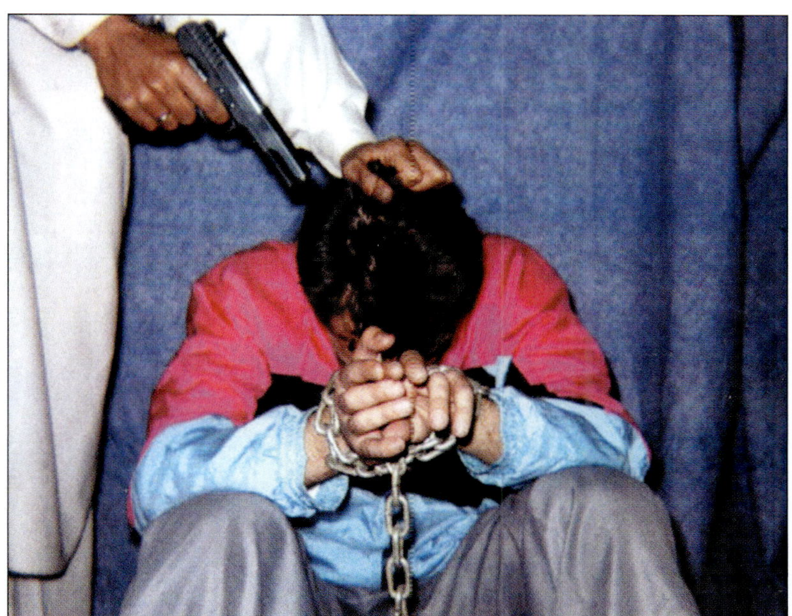

Ses ravisseurs accusent leur victime d'être un agent de la CIA et du Mossad.

Kaboul, année zéro

Lettre de Kaboul, 18 janvier 2002

Images de la vie quotidienne dans une ville qui renaît de ses cendres : clins d'œil en vrac sur la Kaboul nouvelle, celle de l'après-talibans. Atmosphère atmosphère, vent de liberté retrouvée, on sent qu'une nouvelle ère commence... même si c'est parfois dans les douleurs de l'enfantement !

Première question de tous : les femmes ont-elles jeté leur burqa aux oubliettes ? Eh bien, ne vous en déplaise, point du tout ! Les burqas foisonnent toujours... Certes, elles sont de plus en plus souvent relevées en arrière. Mais on voit toujours aussi peu de simples voiles (surtout des trop jeunes, ou trop vieilles, comme avant). Et jamais au grand jamais une tête nue. La pression — certes non plus légale mais sociale — est toujours aussi forte: ça mettra du temps... En revanche, il est une différence flagrante dans la rue : les myriades de petits fantômes bleus se déplacent désormais en solitaire, entre copines, ou juste accompagnés de leurs enfants. Plus besoin de « maram » en escorte, et là est la vraie liberté retrouvée.

Les femmes peuvent à nouveau travailler. Et voici donc Mariam, notre nouvelle employée de maison : une charmante jeune Hazara toute souriante. Notre petite main venait dans le temps vendre ses broderies en cachette aux expatriés résidents. Maintenant que les talibans ont déguerpi, elle est revenue nous demander officiellement du travail. Nous aurons enfin une maison rangée, des salles de bains propres et du linge entretenu... D'ailleurs, signe des temps, aucune femme ne vient plus sonner à notre porte les vendredis pour vendre ses broderies ; c'est bien dommage...

Quant aux hommes, on les voit dans les rues, enroulés dans leur patou, la couverture ultime, couleur poussière. Accroupis pendant des heures, à attendre on ne sait quoi. C'est l'hiver : le soleil est radieux, mais le froid devient mordant. Et, hélas ! on ne voit plus guère cette belle image, typique de Kaboul : un Afghan sur son vélo et son Afghane en bleu assise en amazone sur le porte-bagage. Les femmes vont désormais seules mais à pied, à petits pas, chaussées d'escarpins à talons : jamais en vélo. Essayez donc, vous, avec une burqa... La différence se ressent aussi pour nous, femmes expatriées, même si nous étions déjà relativement libres : nous pouvons désormais marcher dans la rue et nous promener tranquilles (enfin tant qu'on ne va pas dans le bazar...)

Images, sons, couleurs : plein les yeux !

Le printemps de Kaboul est aussi dans les couleurs : on commence à voir profusion de bâtiments repeints à neuf. Le jaune paille est très tendance, comme le bleu layette, le mauve et le vert pomme. Surtout le vert pomme, d'ailleurs. Ils semblent adorer cette couleur d'hôpital, y compris dans les salles de bains, ce qui donne un charmant teint cadavérique au petit matin...

Dans les rues, les photos de Massoud abondent, partout, portrait entouré de fleurs à tous les ronds-points, mais aussi tapis dans les bazars représentant le commandant en prière. Il y a des affiches sur toutes les vitrines, sur les cabanes des gardes à l'entrée de chaque maison. Et surtout sur les pare-brises, collées à l'intérieur, en plein milieu, à se demander comment ils peuvent encore voir la route. Mais le portrait du martyr, ça doit bien faire office de médaille de saint Christophe...

Maintenant que les images ne sont plus interdites, c'est la pleine éclosion aussi des studios photo, d'étalages de téléviseurs importés du Pakistan, de giga-antennes paraboliques bricolées sur place, et surtout de cassettes audio, qu'ils écoutent à plein tube ; hélas ! ce sont toujours les mêmes vieilles bandes qui gémissent depuis vingt ans et sont devenues franchement inaudibles...

Reprise aussi en fanfare des distractions déclarées superflues et importunes — et donc illégales — sous les talibans : bouzkachi dans les stades, cerfs-volants dans les airs et surtout cinéma... Les quelques salles fermées de Kaboul ont repris du service, avec à l'affiche de sirupeux films indiens de « Bollywood », en urdu dans le texte, et bien évidemment sans sous-titrage. Qu'à cela ne tienne, pas besoin de comprendre les dialogues car les images et la musique sont suffisamment explicites pour identifier de suite la belle victime, le jeune prince libérateur et le vilain méchant !

« C'est la pleine éclosion des studios photo, de giga-antennes paraboliques bricolées sur place. »

Des comparses réveillent l'ambassade

Même l'ambassade de France sort de sa longue hibernation et participe au renouveau culturel de Kaboul, avec l'inauguration des « mardis du cinéma ». Nous avons désormais droit chaque semaine à la projection de vieilles bobines ressuscitées des archives de l'ambassade, dans la petite bibliothèque tombée en désuétude sur un écran improvisé avec un grand tissu blanc tiré entre deux étagères (eux aussi manquent encore de fonds). Par un hasard malheureux cependant, les premiers films choisis (*Danton* puis *Casque d'or*) finissaient tous deux par un guillotinage, ce qui n'est pas pour égayer... Oups, pas fait exprès, c'est ce qui restait dans les cartons...

Et comme tout le monde, le représentant de la République (jusqu'ici basé au Pakistan) et les deux conseillers de l'équipe de transition s'ennuient ferme le soir à Kaboul, qui n'offre guère de distraction. Loin des mondanités d'usage, on se tutoie, et ils invitent assez souvent les humanitaires à dîner ; c'est quand même plus drôle que les délégations officielles, et surtout plus féminisé ! Soirées gastronomiques à l'ambassade fort appréciées, arrosées de sourires, de Ricard et de bourgogne, avec pissaladière et la très fameuse tarte à la banane du maître pâtissier. Ça nous change de l'habituel « palao » quotidien ; profitons, ça ne saurait durer !

Les ors diplomatiques ne nous font tout de même pas oublier que nous sommes dans une ville à la paix encore fragile, en période d'essai, sous l'œil de la communauté internationale. Dans la rue, ça grouille de treillis partout. Surtout de ces soldats de la toute nouvelle force ISAF, sous mandat de l'ONU, mais sans casque bleu. Leur rayon d'action est strictement limité à la ville de Kaboul. Ce sont 5 000 militaires au total de plus de 30 nationalités (dont 500 Français, identifiables au drapeau tricolore cousu sur le bras) chacune cantonnée à un quartier. Quadrillage qui n'est pas sans rappeler Berlin 46 après Yalta. Nos marsouins sont basés à l'aéroport, chargés du déminage et de la réparation des pistes. Mais on compte aussi sur le fameux économat de l'armée pour bientôt approvisionner leurs compatriotes en bons produits du terroir français !

Avènement du règne des Nations unies

Même sans les casques, la tendance est définitivement au bleu. Bleu roi, bleu burqa, bleu UN. Comme tous ces grands portails repeints à neuf et flanqués des deux grandes lettres en blanc qui se multiplient partout dans la ville et devant lesquels se bousculent les foules à la recherche d'un travail. La plupart n'ont ni diplômes ni expérience, mais se disent prêts à tout apprendre et à faire n'importe quoi pour nourrir les vingt bouches de leur famille.

Cette présence des UN est ostentatoire. Des centaines de Landcruisers dernier modèle luxe, blanc immaculé, flambant neufs, avec les deux lettres magiques peintes en bleu sur les portières et une énorme antenne radio à l'avant (ils remplacent sur les routes les vieux pick-up Hilux chromés affectionnés des talibans : Toyota a peut-être changé de clients mais manifestement gardé sa part de marché). Etalage d'argent trop soudain, voyant et provocateur. Car, en alignant les liasses de dollars, ils signent par là l'étranglement des ONG qui travaillent là depuis vingt ans en s'employant à la discrétion... Les Afghans sont des opportunistes, et l'arrivée en masse des agences UN qui se déploient dans le luxe est une manne dont ils entendent bien profiter. Conséquence directe : la flambée des loyers à Kaboul. Tout est passé du simple au décuple en moins de deux mois !

Nous avons ainsi été mis hors de notre maison car le Haut-Commissariat aux réfugiés a offert de payer dix fois ce que nous payions. Idem au bureau : nous serons à la rue fin février car le propriétaire réclame désormais 1 800 $ de loyer au lieu des 300 jusqu'ici... Nous avons fini par trouver une autre maison, avec absolument tout à refaire ; j'ai frisé la syncope en entrant dans la salle de bains... Pour la petite histoire : la propriétaire a fui à l'étranger il y a des années, laissant un cousin garder la maison. De hauts fonctionnaires talibans avaient squatté là sans autorisation ni rien payer, et tout laissé dans un état déplorable... Le vieil Afghan chargé de garder les lieux nous a raconté qu'un jour, venu réclamer le paiement au moins de l'électricité, il s'est vu enfermer quinze jours dans la cave-bunker par les maîtres squatters du lieu...

Mille et une longues nuits !

L'électricité justement... La ville n'en fournit que le soir, à partir de 18 heures — en principe — jusqu'à 7 heures du matin environ. Et encore, dans certains quartiers, c'est un jour sur deux. Sous les talibans, en payant un bakchich, on pouvait avoir l'électricité 24 heures sur 24. Mais les nouveaux arrivants ont décrété l'abolition des privilèges, et tout le monde est donc logé à la même enseigne : rien du tout dans la journée ! Au bureau, il faut donc un générateur pour faire fonctionner les pompes à eau et allumer les ordinateurs. Mais le vieux générateur bricolé sur un moteur de voiture surchauffe souvent, la dynamo casse, et alors, malgré les onduleurs — trop faibles —, tout l'équipement électrique grille. On en a tous fait l'amère expérience, et ainsi perdu ordinateurs, écrans, chargeurs de batterie... Catastrophe. La plupart de ces matériels sophistiqués rapportés d'Europe sont introuvables sur place. On se retrouve donc au chômage technique, frustré. Alors, on revient à la maison à la tombée de la nuit, en espérant qu'il y aura de l'électricité le soir. Nombreuses, les soirées glauques passées à la faible lueur d'une lampe à gaz... On se couche tôt, sous une pile de couvertures, pour se réveiller dans la nuit frigorifié, car il n'y a plus de fuel dans le poêle. Et le lendemain, bonne surprise : pas d'eau dans la douche. Pas toujours drôle, l'hiver afghan... On apprend à remercier la providence qui nous a fait naître dans un pays où il suffit de tourner un bouton pour avoir lumière et eau chaude !

Le couvre-feu est maintenu, de 22 h à 5 h. Et on ne rigole pas avec ça ! A 22 heures pile, trois ou quatre petits jeunes de 16 ans armés jusqu'aux dents sont postés à chaque gros carrefour, et n'hésitent pas à pointer en hurlant leurs Kalachnikov droit sur tout véhicule approchant. Et il n'est pas facile de parlementer avec ces gamins, trop fiers de tâter ce pouvoir fraîchement acquis. Il est cependant une grande innovation : on peut désormais récupérer si besoin le mot de passe du jour permettant de circuler plus tard, ce qui était totalement interdit auparavant pour quiconque autre que les milices talibanes. Il suffit donc d'aller se présenter accompagné d'un Afghan auprès du chef du protocole du ministère des Affaires étrangères, précisément entre 20 h 30 et 21 h. Quant au mot de passe, c'est en fait tout un échange en dari qu'il faut apprendre par cœur, au grand plaisir des chauffeurs, tout fiers de se prendre pour James Bond en chuchotant les mots convenus...

S'échapper de la ville...

Autre nouveauté : il n'y a plus de ligne de front au nord. Il est donc possible de sortir de la ville le vendredi, jour de repos d'Allah. L'étroite bouche d'entrée de la vallée du Panchir, ancien haut lieu de résistance, est désormais à moins de deux heures d'une excellente route, au lieu de 8 heures de piste auparavant (avec passage à cheval de la ligne de front, les mercredis et dimanches uniquement, aux horaires pré-négociés par la Croix-Rouge : entre 13 h 30 et 15 h 30 et basta).

« On ne voit plus cette belle image, typique de Kaboul : un Afghan sur son vélo et son Afghane en bleu en amazone sur le porte-bagage. »

Pèlerinage obligé sur la magnifique colline de Bazarak qui domine la vallée du Panchir, où se construit actuellement le mausolée de briques de Massoud, rebaptisée la « colline du chef des martyrs ». Pour l'instant, c'est encore un simple monticule de terre couvert de mousse et de fleurs (en plastique, pour braver le rude hiver afghan...). Au soleil couchant, le site est superbe... Et comme on se sent bien d'avoir respiré à pleins poumons le grand air de la montagne afghane, quand on retrouve Kaboul, ses nouveaux bouchons et sa toute récente pollution...

En revanche, c'est la croix et la bannière pour sortir du pays. L'avion est désormais notre seul moyen de transport autorisé entre Kaboul et le Pakistan, tout l'est du pays étant encore zone interdite pour cause de banditisme sauvage sur les routes (détroussages, exigence de droits et rançons, éventuellement coupage de nez et d'oreilles aux récalcitrants...). Or pas de vols commerciaux, les vols des Nations unies sont presque toujours complets avec priorité au ballet de délégations internationales (les politiques et les journalistes avant les humanitaires), et le comble : un gros porteur malhabile a labouré la piste d'atterrissage de l'aéroport de Bagram, la rendant inutilisable pour quelques jours et semant le chaos dans le planning des vols... Enfin c'est l'arrivée de Colin Powell qui a mis la ville en branle, bloquant tous les accès. Ajoutez là-dessus quiproquo et communications radio croisées entre Kaboul et Islamabad pour savoir si l'avion devait décoller de Bagram ou de Kaboul... C'est finalement Kaboul qui l'a emporté : je me suis donc par hasard trouvée dans le premier vol officiel au départ de l'aéroport de Kaboul enfin rouvert, grâce aux bons services de nos bérets démineurs... Cocorico !

Virginie Drocourt
Administratrice pour l'ONG humanitaire
Aide médicale internationale

Février

Lu	Ma	Me	Je	Ve	Sa	Di
				1	2	3
4	5	6	7	8	9	10
11	12	13	14	15	16	17
18	19	20	21	22	23	24
25	26	27	28			

Bruxelles, vendredi 1er
La cour d'appel estime que les uniformes de la police intégrée sont entachés de contrefaçon : elle en interdit le port.

France, vendredi 1er
L'espérance de vie à la naissance est passée, en dix ans, de 70,4 à 75,2 ans pour les hommes, et de 78,5 à 82,7 ans pour les femmes.

Cachemire, vendredi 1er
Affrontements indo-pakistanais à la frontière : 10 morts.

Sidi Lakhdar (Algérie), lundi 4
22 personnes sont assassinées par des islamistes.

France, lundi 4
150 025 personnes ont acquis la nationalité française en 2001.

Washington, lundi 4
Dans son projet de loi de finances pour 2003, George Bush réclame une hausse de 15 % des dépenses militaires.

France, mardi 5
La France est en tête des pays européens pour le nombre de suicides : 50 000 tentatives en 2001, et 10 534 morts.

Lagos (Nigeria), mardi 5
Depuis samedi, les violences entre musulmans et chrétiens ont fait plus de 100 morts.

Arabie Saoudite, mercredi 6
Riyad admet pour la première fois la nationalité saoudienne de quinze des dix-neuf terroristes des attentats du 11 septembre.

Allemagne, mercredi 6
Taux de chômage en janvier : 10,4 % (4,29 millions).

Abidjan, jeudi 7
Air Afrique dépose son bilan. Sa dette : 345 millions d'euros.

Caceres (Espagne), samedi 9
L'UE aprouve le plan français pour le Proche-Orient, rejeté hier par les Etats-Unis : tenue d'élections dans les territoires, et création d'un Etat palestinien reconnu par Israël.

DECES

Berlin, vendredi 1er
Hildegarde Knef, actrice (*28.12.1925).

Paris, dimanche 3
Raymond Gérôme, comédien et metteur en scène belge (*17.5.1920).

4 299,04 — 19,59 $ — € 0,8726 $

Mariage princier aux Pays-Bas sur fond de polémiques politiques

Amsterdam, samedi 2
Les Hollandais auront un jour une reine d'origine argentine, et c'est du reste aux accents très typiques d'un bandonéon qu'ont été célébrées les noces de Willem-Alexander, prince héritier des Pays-Bas, et de la belle et blonde Maxima Zorreguieta. La cérémonie religieuse a eu lieu à la Nieuwe Kerk, selon le rite réformé, bien que Maxima fût catholique. La liesse populaire que n'a pas manqué de susciter ce mariage royal a effacé la polémique qui l'avait précédé. En effet, le père de la princesse avait été secrétaire d'Etat à l'Agriculture sous la dictature du général Videla, à la fin des années 1970 et au début des années 1980. Aussi, pour éviter tout incident, les parents de Maxima ne s'étaient pas déplacés. Il ne semble d'ailleurs pas que Jorge Zorreguieta ait grand-chose à se reprocher, et la présence du secrétaire général des Nations unies, Kofi Annam, était une manière de caution morale.

Maxima, 30 ans, et Willem-Alexander, 34 ans, ont été plébiscités par la foule.

Le Cambodge a voté pour la continuité

Phnom Penh, dimanche 3
Autant les élections législatives de 1998 avaient été contestées et donné lieu à des troubles graves, autant les communales ont marqué un retour à la stabilité au Cambodge. Le Parti du peuple cambodgien (PCC), sous la houlette du Premier ministre Hun Sen, l'a très largement emporté, et l'opposition a reconnu sa victoire. Le PCC tient sa popularité au fait d'avoir été fondé par ceux qui ont chassé les Khmers rouges.

Le 3, à Zolder (Belgique), le titre mondial de cyclo-cross est gagné par le Belge Mario De Clercq et la Française Laurence Leboucher.

La cavale de Didier Schuller est terminée

Créteil, mardi 5
Didier Schuller est devant le juge. Enfin. Dès son arrivée à Roissy, par le vol 3694 en provenance de Saint-Domingue, il a été arrêté et conduit au palais de justice de Créteil. Le juge Philippe Vandingenen l'entend sur l'affaire des HLM des Hauts-de-Seine dont il fut le directeur général de 1986 à 1994. L'ancien conseiller général RPR était sous le coup d'un mandat d'arrêt international depuis qu'il avait pris la fuite en 1995. Au-delà de sa probable mise en examen pour recel d'abus de biens sociaux et trafic d'influence, son retour, en pleine campagne présidentielle, est l'objet de diverses interprétations. Alain Juppé y voit une manipulation des socialistes, qui s'en défendent. Le fuyard a décidé de rentrer après que son fils a révélé publiquement le lieu de son exil. Avant de prendre l'avion, il a semble-t-il négocié avec les autorités françaises pour que sa compagne, Christel Delaval, et leurs deux filles puissent rester sur place. Et, même s'il assure ne pas vouloir « balancer », toute la classe politique est suspendue à ses lèvres. (→ 1.3)

Après deux années aux Bahamas, il s'était établi en 1997 à Saint-Domingue.

Fin des sommets économiques rivaux

New York, mardi 5
Le Forum économique mondial de Davos n'a pas eu lieu cette année à Davos, mais à New York. Malgré quelques désaccords, il aura surtout été marqué par la volonté affichée des Etats-Unis d'empêcher le FMI de « jouer les pompiers » dans des pays qui ne devaient s'en prendre qu'à eux-mêmes s'ils étaient plongés dans la crise : c'est l'Argentine qui se trouvait principalement visée. Mais à Porto Alegre, au Brésil, un autre son de cloche se faisait entendre au Forum social mondial. Le FMI, le néolibéralisme, ainsi que l'« égoïsme brutal » de Washington dont la dette s'élève à 5 000 milliards de dollars, étaient violemment dénoncés.

Ouverture des Jeux olympiques d'hiver dans la capitale de l'Utah

Le drapeau venu au World Trade Center porte les stigmates du 11 septembre.

Salt Lake City, vendredi 8
Malgré l'ampleur exceptionnelle des mesures de sécurité et le patriotisme exacerbé des Américains depuis les attentats du 11 septembre, les Jeux olympiques d'hiver ont donné lieu à une cérémonie d'ouverture à la fois sobre et émouvante. Le Président George W. Bush a eu le bon goût de ne pas politiser l'événement : il s'est borné à déclarer les jeux ouverts. Le souvenir du 11 septembre n'en était pas moins présent dans les esprits, surtout quand le drapeau américain rescapé du World Trade Center est entré dans le Rice-Eccles Stadium, avec une délégation de pompiers et de policiers new-yorkais. L'émotion passée, place fut laissée au spectacle avec une évocation des traditions indiennes de l'Utah. (→ 24)

Les Cris ont enterré la hache de guerre

Waskaganish, jeudi 7
Le gouvernement du Québec et les communautés des Indiens Cris ont repris la formule chère au général de Gaulle pour qualifier l'accord de la Baie-James : la « paix des braves » met en effet un terme au long conflit qui opposait les Cris au Québec sur l'exploitation du territoire de leurs ancêtres en matière d'exploitation hydroélectrique et forestière. Contre une aide de 4 milliards d'euros, qui doit être étalée sur cinquante ans, les Québécois pourront y construire un barrage. Mais de nombreux Cris dénoncent un marché de dupes.

Le chef des GIA meurt au combat

Boufarik, vendredi 8
Souvent annoncée, jamais établie, la mort d'Antar Zouabri est cette fois bien réelle. Il a été tué, avec deux autres « terroristes », dans la maison où il se croyait en sécurité, près du stade de Boufarik, au sud d'Alger. Il aurait été localisé par la CIA, qui aurait décidé, depuis les attentats du 11 septembre, d'aider le président Bouteflika à éradiquer les islamistes. Agé de 31 ans, Zouabri a succédé en 1996 à Djamel Zitouni à la tête des Groupes islamiques armés. Il y a deux ans, il a refusé l'amnistie que Bouteflika avait proposée.

Margaret n'aura jamais connu le bonheur

Elle était restée attachée à sa liberté.

Londres, samedi 9
La plus indépendante et aussi la plus malheureuse des princesses a trouvé la mort ce matin, à 6 h 30, dans son sommeil. Elle avait été admise hier à l'hôpital King Edward VI, à la suite d'une attaque d'apoplexie. La princesse Margaret, sœur cadette de la reine d'Angleterre Elisabeth II, n'avait que 71 ans (*21.8.1930). Sa vie désordonnée, marquée à jamais par son amour impossible pour le Group Captain Peter Townsend et l'échec de son mariage avec Tony Armstrong Jones, ne lui avait jamais aliéné la sympathie du peuple. Mais sa santé avait été altérée par l'abus de l'alcool et du tabac.

Le 5, des fouilles sont entreprises dans la ferme de William Pickton, à Port Coquitlam, près de Vancouver (Canada). Policiers et gendarmes enquêtent sur la disparition, entre 1983 et 2001, de cinquante prostituées.

Le 10, à Bamako (Mali), le Cameroun bat le Sénégal (3-2) en finale de la CAN (Coupe d'Afrique des nations). C'est son quatrième titre. Après un match très disputé, les Lions indomptables se sont imposés aux tirs au but.

Février

Lu	Ma	Me	Je	Ve	Sa	Di
				1	2	3
4	5	6	7	8	9	10
11	12	13	14	15	16	17
18	19	20	21	22	23	24
25	26	27	28			

France, lundi 11
62 % des Français disent ne pas être intéressés par la campagne présidentielle.

Bobigny, lundi 11
Deux jeunes sont condamnés à trois mois de prison avec sursis pour avoir envahi la pelouse du Stade de France lors du match France-Algérie.

Paris, mardi 12
Geneviève de Fontenay (comité Miss France) remet un chèque à Arlette Laguiller pour l'aider à financer sa campagne.

Iran, mardi 12
Un Tupolev 154 s'écrase dans le sud-ouest du pays : 117 morts. La vétusté de la flotte iranienne est mise en cause.

Moscou, mardi 12
Le patriarche Alexis II qualifie de « défi à l'orthodoxie » la décision du Vatican de créer des diocèses en Russie.

Washington, mardi 12
L'ex-P-dg d'Enron, Kenneth Lay, refuse de venir témoigner devant le Congrès. Il s'abrite derrière le 5e amendement.

Rwanda, jeudi 14
Le gouvernement estime à 1 074 017 le nombre de victimes du génocide.

Washington, vendredi 15
Colin Powell, secrétaire d'Etat, accuse le ministre français des Affaires étrangères d'avoir des « vapeurs ». Hubert Védrine avait jugé « simpliste » l'idée d'un « axe du Mal ».

Strasbourg, samedi 16
6 000 Kurdes venus de toute l'Europe manifestent pour la libération du chef du PKK, Abdullah Ocalan, condamné à mort par la justice turque.

France, dimanche 17
Fin du cours légal du franc.

DECES

Auvervilliers, lundi 11
Pierre Bois, figure historique de Lutte ouvrière (*3.3.1922).

Arizona, mercredi 13
Waylon Jennings, chanteur de country (*15.6.1937).

Paris, jeudi 14
Geneviève de Gaulle-Anthonioz, ancienne présidente d'ATD-Quart Monde (*25.10.1920).

4 377,00 — 20,91 $

€ 0,8735 $

Chirac candidat à sa propre succession

Avignon, lundi 11
« Oui, je suis candidat. » C'est par cette seule phrase, en réponse à une question posée par Marie-José Roig, maire de la ville, que Jacques Chirac a confirmé à 12 h 43 ce dont nul ne doutait. Le chef de l'Etat, qui sait qu'un scrutin présidentiel se gagne sur un projet, et non sur un bilan, se propose de « restaurer l'autorité de l'Etat qui a tendance à se dégrader » et de « rétablir la sécurité ». Pour les instituts de sondage, rien n'est joué entre le président-candidat et Lionel Jospin, au coude à coude à 23 %. La surprise vient de Chevènement : il se propulse à la 3e place (13 %). Jean-Marie Le Pen stagne (9 %).

Milosevic conteste la légitimité du TPI

La Haye, jeudi 14
Slobodan Milosevic a la rage. Il tape du poing, pointe l'index ; l'accusé se fait procureur. Ce tribunal n'a, pour lui, aucune légitimité. Il n'a pour but que d'en fournir une, *a posteriori*, à ceux qui ont dévasté son pays. Aux vrais coupables que sont l'Otan et tous les agresseurs du peuple serbe. L'ex-président yougoslave n'avoue aucun des crimes pour lesquels il comparaît depuis deux jours devant le Tribunal pénal international. Ni le génocide en Bosnie, ni les crimes de guerre et ceux contre l'humanité en Croatie et au Kosovo. Seul, sans avocat, il n'a jamais agi, dit-il, que pour son peuple « mis aussi, ici, en accusation ». Le TPI se donne deux ans pour le juger.

Il entend assurer seul sa défense.

Les Argentins égarés entre dollar et peso

En janvier, des manifestants avaient saccagé des établissements bancaires.

Buenos Aires, lundi 11
Le marché des changes a rouvert, et les files d'attente sont interminables. Devant les bureaux de change et les banques, les Argentins attendent de pouvoir se procurer des pesos, pour payer leurs factures, ou des dollars, pour placer dans une monnaie sûre ce qu'il leur reste de pesos. A 10 h, il fallait 2,15 pesos pour acheter un dollar. A midi, il en fallait 2,50. Ce soir, le cours est revenu à 2,10. Les entreprises ont été mieux loties : leur dette a été convertie en pesos. Mais au cours de un peso pour un dollar. Ce qui réduit leur dette de moitié. Le FMI est satisfait. Les Argentins un peu moins. L'inflation pourrait atteindre 15 % dans l'année. Mais le budget ne prévoit pas d'augmenter les salaires. Le mot « ladrones » est sur toutes les lèvres : voleurs.

Un ministre afghan lynché par des pèlerins

Kaboul, jeudi 14
Le fanatisme religieux, ajouté à une bonne dose d'exaspération, a causé la mort d'Abdul Rahman, ministre de l'Aviation civile et du Tourisme de l'Afghanistan. Las d'attendre que la compagnie aérienne Ariana les mènent à La Mecque, des pèlerins ont réussi à pénétrer en force dans le Boeing 727 en partance pour New Dehli, où se trouvait le ministre. Les forcenés l'ont tiré de l'appareil puis livré à une foule déchaînée. Blessé grièvement de coups de couteaux, il a succombé à l'hôpital militaire de Kaboul. Ce drame est d'autant plus grave que les centaines de soldats de la Force internationale d'assistance pour la sécurité (ISAF), présents sur place, n'ont pas bougé.

Le 12 se termine à Saint-Astier (Dordogne), au CNEFG, Centre national d'entraînement des forces de gendarmerie, le premier stage de coordination des gendarmeries européennes dans la perspective de missions communes.

Le Bahreïn s'ouvre à la démocratie

Al-Manama, jeudi 14
Dissous en 1975, le Parlement de ce petit archipel du golfe Persique va renaître. C'est ce qu'annonce l'émir Cheikh Hamad ben Issa Al-Khalifa qui, en même temps, prend le titre de roi. Le Bahreïn, dont l'essentiel des ressources est le pétrole, devient une monarchie constitutionnelle, les élections législatives étant prévues pour le 24 octobre prochain et les municipales pour le 9 mai. Le droit de vote est accordé aux femmes, qui seront également éligibles. Autant de réformes qui devraient apaiser les chiites, majoritaires dans cet Etat, alors que la famille régnante est de confession sunnite.

Le scandale éclate autour du patinage artistique à Salt Lake City

La juge française Marie-Reine Le Gougne est au cœur de la polémique.

Salt Lake City, vendredi 15
L'accusation lancée par les médias américains a porté : Marie-Reine Le Gougne, juge française en patinage artistique, est suspendue par le CIO. Elle est soupçonnée d'avoir favorisé l'attribution de la médaille d'or au couple formé par les Russes Elena Berezhnaïa et Anton Sikharulidze, au détriment des Canadiens Jamie Salé et David Pelletier. Et cela au terme d'un accord secret avec des juges d'anciens pays de l'Est qui, en contrepartie, se seraient engagés à favoriser en danse le couple français Marina Anissina-Gwendal Peizerat. Une ténébreuse affaire qui s'achève dans la confusion : le CIO a déclaré vainqueurs les patineurs canadiens, ex aequo avec les Russes.

La photo numérique connaît en France une magnifique envolée

France, vendredi 15
Selon les chiffres communiqués par Gfk Gruppe, un important institut de marketing allemand, le marché de la photo numérique a connu un « boom » l'an passé en France, avec une croissance en chiffre d'affaires de 66 %. En 2001, 600 000 appareils photo numériques (APN) ont été vendus, soit pratiquement le double de l'année précédente. Et, selon les prévisions de Gfk, les ventes d'APN pourraient atteindre les 900 000 en 2002. Quant au marché mondial, les chiffres sont tout aussi éloquents, avec 18 millions d'appareils vendus en 2001, ce qui représente en CA une progression de 64 %.

Alliée à l'informatique, la photo numérique révolutionne les pratiques.

La Sabena revit avec SN Brussels Airlines

Bruxelles, vendredi 15
Le fameux « S » qui s'inscrivait sur la dérive des appareils de la défunte Sabena ne va pas disparaître : il sera conservé sur ceux de la compagnie belge SN Brussels Airlines, nouveau nom adopté par la DAT (Delta Air Transport). Autre avantage de cette appellation, le code de vol « SN » de la Sabena est gardé. La SN Brussels Airlines, forte des 32 appareils de la DAT, cherche à se rapprocher de sa principale concurrente bruxelloise, Virgin Express, l'une des sociétés du groupe de Richard Branson. Lequel se déclare très intéressé.

Le 17, clôture du 52e Festival de Berlin. Claudia Cardinale reçoit un Ours d'or pour l'ensemble de sa carrière. L'Ours d'argent du meilleur acteur revient à Jacques Gamblin pour *Laissez passer*, de Bertrand Tavernier.

La longue marche des maoïstes du Népal

Népal, dimanche 17
Entre Inde et Chine, le Népal est en état de guerre civile depuis six ans. Les guérilleros maoïstes ont célébré l'événement dans le sang : 128 morts en trois attaques distinctes dans le sud et dans l'ouest du pays contre les troupes du roi Gyanendra. L'état d'urgence, en vigueur depuis le mois de novembre, est sans effet sur les 10 000 combattants de la « guerre populaire de longue durée » lancée en 1996 par le Parti communiste du Népal (maoïste). La guérilla n'a fait que se renforcer : le « gouvernement révolutionnaire » contrôle déjà cinq des 75 districts du pays, et poursuit la lutte armée dans les autres.

Bilan d'une seule journée : 128 morts.

Lu	Ma	Me	Je	Ve	Sa	Di
				1	2	3
4	5	6	7	8	9	10
11	12	13	14	15	16	17
18	19	20	21	22	23	24
25	26	27	28			

Bruxelles, mardi 19
Le vice-Premier ministre, Louis Michel, repousse la proposition de loi visant à donner le droit de vote aux étrangers lors des élections communales.

New York, mercredi 20
Selon la FAA, l'Aviation civile américaine, les boîtes noires de l'Airbus qui s'est écrasé sur le Queens en novembre dernier ne contiennent aucun élément qui permette d'expliquer le crash.

Paris, jeudi 21
Adoption définitive de la loi réformant l'autorité parentale et instaurant la résidence alternée des enfants en cas de séparation des parents.

Paris, jeudi 21
Selon l'Unesco, la moitié des 6 000 langues parlées dans le monde sont en péril.

Paris, jeudi 21
La France adopte l'abattage sélectif des troupeaux en cas de découverte de cas d'ESB.

Naplouse, jeudi 21
La police palestinienne arrête trois hommes soupçonnés du meurtre du ministre israélien du Tourisme, Rahavam Zeevi.

Moscou, jeudi 21
Un bilan officiel et contesté fixe à 3 500 le nombre de soldats russes tués en Tchétchénie depuis octobre 1999.

Washington, jeudi 21
Le département d'Etat révèle la mort, par décapitation, du journaliste Daniel Pearl.

Bruges, samedi 23
Ouverture au public des manifestations de Bruges 2002, Ville européenne de la culture.

Marseille, samedi 23
Boxe : le Français Jean-Marc Mormeck devient champion du monde WBA des lourds-légers face à l'Américain Virgin Hill, tenant du titre.

France, dimanche 24
Amandine, 1er bébé-éprouvette français, fête ses 20 ans.

DECES

Paris, jeudi 21
Georges Vedel, académicien et constitutionnaliste (*5.7.1910).

Corona del Mar, vendredi 22
Chuck Jones, réalisateur de dessins animés (*21.9.1912).

4 245,20 — 20,51 $ — € 0,8771 $

Les restaurateurs veulent la TVA à 5,5

Paris, lundi 18
La grève de la TVA a été lancée en fanfare : un groupe de restaurateurs a investi l'Arc de triomphe. Ils y ont déployé une large banderole, avant de se laisser déloger par les policiers. A l'appel de leur syndicat, l'Umih, les restaurateurs sont invités à verser sur un compte bloqué le différentiel entre la TVA à 19,6 % à laquelle ils sont assujettis, et celle à 5,5 % qu'ils réclament et qui est déjà en vigueur dans la restauration à emporter. Ils estiment qu'un alignement des taux favoriserait l'emploi. Avant de leur donner satisfaction, la France doit obtenir l'accord de l'UE.

L'Egypte sous le choc du train de la mort

Egypte, mercredi 20
Le train reliant Le Caire à Assouan était à 70 km de la capitale quand il s'est embrasé, le feu se propageant de wagon en wagon. Les passagers ne pouvaient échapper aux flammes et à la fumée, le conducteur de la locomotive ne s'étant rendu compte de rien et le train roulant toujours. De plus, les fenêtres étaient obturées par des barreaux. Lorsque le train a fini par stopper, on a relevé plus de 350 morts. La catastrophe a pu être provoquée par un court-circuit ou l'explosion d'une bonbonne de gaz. Et les wagons étaient bondés.

Les territoires palestiniens à feu et à sang

A Ramallah, un poste de police palestinien a été détruit par des roquettes.

Jérusalem, jeudi 21
Israël n'hésitera pas à « intensifier » ses opérations militaires et installera des zones tampons pour empêcher les terroristes venus des territoires palestiniens de s'infiltrer. C'est en termes très fermes que le Premier ministre israélien Ariel Sharon s'est adressé ce soir à ses compatriotes. Il est vrai que la situation n'a cessé de se dégrader, divisant de plus en plus les Israéliens : alors que, le 16 février, à Tel-Aviv, des milliers de pacifistes réclamaient le retrait de l'armée israélienne des territoires, hier, à Jérusalem, des centaines de colons exigeaient au contraire qu'en soient expulsés tous les Palestiniens. Cette dernière flambée de violence a éclaté lundi et mardi derniers avec des attaques palestiniennes contre des militaires israéliens, à Gaza et en Cisjordanie. Attaques entraînant dès hier une très violente réplique de l'armée israélienne qui a engagé des chars, des avions et la marine. A Ramallah, un missile a même été tiré par un hélicoptère à quelques mètres du bureau de Yasser Arafat. Le bilan est dramatique : entre lundi et mercredi, vingt-six Palestiniens et huit Israéliens ont été tués.

Patrice Alègre est condamné à la réclusion criminelle à perpétuité

Toulouse, jeudi 21
La cour d'assises de Haute-Garonne s'est retirée deux heures. Puis elle a rendu son verdict : Patrice Alègre est condamné à la réclusion criminelle à perpétuité, avec 22 ans de sûreté. Le prix de cinq meurtres et de six viols commis entre 1989 et 1997 par ce tueur en série renfermé sur lui-même, et dont les excuses formulées du bout des lèvres n'ont convaincu personne. A commencer par le père de Laure, 19 ans, une des victimes, qui lui a lancé : « Je voulais te voir, et te dire, Alègre, que ma femme et moi, on t'a condamné à mort. Tu ne sortiras pas. On va te faire buter. » Une lettre de sa fille de 12 ans a été lue : elle l'exhortait, en vain, à parler.

Agé de 33 ans, Alègre a exprimé un regret : « Ne pas avoir tué mon père ».

Lionel Jospin veut présider autrement

Paris, jeudi 21
Par fax adressé à l'Agence France Presse, Lionel Jospin a remisé hier son costume de « candidat virtuel » pour endosser celui de candidat tout court. Il veut « présider autrement », slogan qui montre à quel point il a décidé d'axer sa campagne contre le président sortant. Aujoud'hui, sur France 2, il a tenu à préciser : « Mon projet est moderne, pas socialiste. » Son bilan à Matignon lui paraît être son meilleur argument : en cinq ans, 220 lois ont été adoptées, dont les emplois-jeunes, la parité, le Pacs, les 35 heures ou la couverture maladie universelle. « On dit parfois que le pouvoir éloigne, j'ai le sentiment qu'il m'a rapproché de vous. »

Le chef de l'opposition s'autoproclame président des Malgaches

Marc Ravalomanana s'appuie sur le peuple pour renverser Didier Ratsiraka.

Antananarivo, vendredi 22
Madagascar a deux présidents : l'un, Didier Ratsiraka, s'accroche à un pouvoir sur lequel il n'a plus prise ; l'autre, Marc Ravalomanana, essaie de s'en emparer en s'appuyant sur la rue. Ce dernier a en effet décidé de s'autoproclamer président. Il l'a fait devant 100 000 partisans. Prévu pour le 24 mars, le second tour de l'élection présidentielle n'aura donc pas lieu. L'Organisation de l'unité africaine (OUA) a aussitôt dénoncé un « coup de force », et Ratsiraka a décrété l'état de siège dans tout le pays. Ses supporters, rassemblés aux entrées de la ville, se disent décidés à organiser le blocus de la capitale dont Ravalomanana est maire. Des fidèles font rempart de leurs corps devant la villa de ce dernier. (→ 28)

Jonas Savimbi, chef de l'Unita, est abattu

Le maquisard angolais s'appuyait sur l'ethnie majoritaire des Ovimdundus.

Luanda, vendredi 22
Jonas Savimbi est tombé comme il avait vécu : les armes à la main. Le gouvernement angolais a annoncé que le chef de l'Unita avait été tué lors d'un combat contre les forces régulières. Depuis l'indépendance de l'Angola, en 1975, Savimbi avait engagé la lutte contre le MPLA, un mouvement marxiste au pouvoir à Luanda et soutenu massivement par l'URSS et Cuba. Bénéficiant de son côté de l'aide de l'Afrique du Sud et des Etats-Unis, il avait négocié en 1994 un accord avec ses adversaires, et son parti était même entré dans le gouvernement en 1996. Deux ans après, la guerre civile reprenait de plus belle. Savimbi avait 67 ans.

Sélim Sasson était Monsieur Cinéma

La parution de l'autobiographie qu'il venait d'achever sera posthume.

Uccle, vendredi 22
Sélim Sasson est mort, et les petits et grands écrans belges se sont voilés de noir. Pour tout un pays, celui qui était entré à la RTB en 1955 restera comme l'animateur du « Carrousel aux images » puis, bien plus tard, de « Cinémascope ». Esprit libre, il ne fut pas dupe des distributeurs, leur imposant, tant qu'il le put, de choisir lui-même les extraits des films qu'il diffusait, n'hésitant pas à défendre les œuvres auxquelles il croyait, fût-il seul contre tous ses confrères. Comparé à François Chalais ou à Pierre Tchernia pour son aisance et son érudition, il a marqué, et formé, plusieurs générations de cinéphiles. Il avait 72 ans (*18.12.1929).

Le 20, ouverture du parc Vulcania à Saint-Ours-les-Roches (Auvergne). Appartenant à une nouvelle génération de parcs à thème, il propose une synthèse interactive mais aussi ludique des connaissances actuelles sur le volcanisme, les sciences de la Terre et de l'Univers.

Le 23, Ingrid Bétancourt, sénatrice colombienne et candidate écologiste à l'élection présidentielle, est enlevée près de Florencia, à 450 km au sud de Bogota, par les Forces armées révolutionnaires de Colombie (Farc).

Une pluie d'exploits aux Jeux olympiques d'hiver

Salt Lake City, dimanche 24
On a frôlé le pire avec le scandale du patinage artistique et l'exclusion de la juge française Marie-Reine Le Gougne, avec un arbitrage contesté lors de l'épreuve de short track sur 1 500 m (l'Américain Apolo Anton Ohno déclaré vainqueur mais arrivé derrière le Sud-Coréen Kim Dong-sung), avec la menace de boycottage de la délégation russe (qui se disait « maltraitée »), avec enfin trois cas de dopage avérés dont celui surtout du skieur de fond espagnol Johann Mühlegg, triple médaillé d'or. Mais la fête sportive n'en a pas été pour autant gâchée, et la compétition fut finalement passionnante. Le public américain n'a vraiment pas été déçu, avec le record de médailles pour ses représentants (trente-deux), et des exploits à la pelle : quatre victoires en biathlon pour le Norvégien Ole Einar Björndalen, quatre médailles (dont trois en or) en ski alpin pour la Croate Janica Kostelic, ou encore trois titres en combiné nordique que le Finlandais Samppa Lajunen s'est octroyés à 22 ans ! Les Français, de leur côté, ont battu leurs records de Grenoble et d'Albertville, avec onze médailles dont quatre en or, cinq en argent et deux en bronze. Ainsi ont été sacrés champions olympiques : Carole Montillet (descente), Isabelle Blanc (snowboard, géant parallèle), le couple Marina Anissina-Gwendal Peizerat (danse sur glace), ainsi que Jean-Pierre Vidal (slalom) qui fait coup double avec Sébastien Amiez, médaillé d'argent. Rendez-vous aux Jeux de Turin, en 2006 !

Cérémonie de clôture en beauté à Salt Lake City. Des dinosaures géants surplombent le stade olympique Rice-Eccles.

Avec deux médailles d'or (combiné et super-G), le skieur norvégien Kjetil Andre Aamodt inscrit au total sept médailles à son fabuleux palmarès depuis 1992.

Au bout de la descente, Carole Montillet décroche une superbe médaille d'or.

2002 Salt lake City

Ski alpin messieurs

Descente
1. Fritz Strobl AUT 1'39"13
2. Lasse Kjus NOR 1'39"35
3. Stefan Eberharter AUT 1'39"41

Slalom
1. Jean-Pierre Vidal FRA 1'41"06
2. Sébastien Amiez FRA 1'41"82
3. Alain Baxter GBR 1'42"32

Slalom géant
1. Stefan Eberharter AUT 2'23"28
2. Bode Miller USA 2'24"16
3. Lasse Kjus NOR 2'24"32

Super-G
1. Kjetil Andre Aamodt NOR 1'21"58
2. Stefan Eberharter AUT 1'21"68
3. Andreas Schifferer AUT 1'21"83

Combiné
1. Kjetil Andre Aamodt NOR 3'17"56
2. Bode Miller USA 3'17"84
3. Benjamin Raich AUT 3'18"26

Ski alpin dames

Descente
1. Carole Montillet FRA 1'39"56
2. Isolde Kostner ITA 1'40"01
3. Renate Goetschl AUT 1'40"39

Slalom
1. Janica Kostelic CRO 1'46"10
2. Laure Pequegnot FRA 1'46"17
3. Anja Paerson SUE 1'47"09

Slalom géant
1. Janica Kostelic CRO 2'30"01
2. Anja Paerson SUE 2'31"33
3. Sonja Nef SUI 2'31"67

Super-G
1. Daniela Ceccarelli ITA 1'13"59
2. Janica Kostelic CRO 1'13"64
3. Karen Putzer ITA 1'13"86

Combiné
1. Janica Kostelic CRO 2'43"28
2. Renate Goetschl AUT 2'44"77
3. Martina Ertl ALL 2'45"16

Ski de fond messieurs

1,5 km
1. Tor Arne Hetland NOR 2'56"9
2. Peter Schlickenrieder ALL 2'57"0
3. Cristian Zorzi ITA 2'57"2

10 km classique
1. Johann Mühlegg ESP 49'20"4
2. Frode Estil NOR 49'48"9
3. Thomas Alsgaard NOR 49'48"9

15 km libre
1. Andrus Veerpalu EST 37'07"4
2. Frode Estil NOR 37'43"4
3. Jaak Mae EST 37'50"8

30 km classique
1. Johann Mühlegg ESP 1h09'28"9
2. Christian Hoffman AUT 1h11'31"0
3. Mikhail Botvinov AUT 1h11'32"2

50 km libre
1. Mikhail Ivanov RUS 2h06'20"8
2. Andrus Veerpalu EST 2h06'44"5
3. O-Björn Hjelmeset NOR 2h08'41"5

Relais 4 x 10 km
1. Norvège 1h32'45"5
2. Italie 1h32'45"8
3. Allemagne 1h33'34"4

Ski de fond dames

1,5 km
1. Julija Tchepalova RUS 3'10"6
2. Evi Sachenbacher ALL 3'12"2
3. Anira Moen NOR 3'12"7

5 km classique
1. Olga Danilova RUS 24'52"13
2. Larissa Lazutina RUS 24'59"01
3. Beckie Scott CAN 25'09"90

Poursuite 10 km libre
1. Bente Skari NOR 28'05"6
2. Olga Danilova RUS 28'08"1
3. Julija Tchepalova RUS 28'09"9

15 km classique
1. Stefania Belmondo ITA 39'54"4
2. Larissa Lazutina RUS 39'56"2
3. Katerina Neumannova TCH 40'01"3

30 km libre
1. Gabriella Paruzzi ITA 1h30'57"1
2. Stefania Belmondo ITA 1h31'01"6
3. Bente Skari NOR 1h31'36"3

Relais 4 x 5 km
1. Allemagne 49'30"6
2. Norvège 49'31"9
3. Suisse 50'03"6

Biathlon messieurs

10 km
1. Ole Einar Bjoerndalen NOR 24'51"3
2. Sven Fischer ALL 25'20"2
3. Wolfgang Perner AUT 25'44"4

12,5 km poursuite
1. O.Einar Bjoerndalen NOR 32'34"6
2. Raphaël Poiree FRA 33'17"6
3. Ricco Gross ALL 33'30"6

20 km
1. O.Einar Bjoerndalen NOR 51'03"3
2. Frank Luck ALL 51'39"4
3. Victor Maigourov RUS 51'40"6

Relais 4 x 7,5 km
1. Norvège 1h23'42"3
2. Allemagne 1h24'27"6
3. France 1h24'36"6

Biathlon dames

7,5 km
1. Kati Wilhelm ALL 20'41"4
2. Uschi Disl ALL 20'57"0
3. Magdalena Forsberg SUE 21'20"4

10 km
1. Olga Pyleva RUS 31'07"7
2. Kati Wilhelm ALL 31'13"0
3. Irina Nikoultchina BUL 31'15"8

15 km
1. Andrea Henkel ALL 47'29"1
2. Liv Grete Poiree NOR 47'37"0
3. Magdalena Forsberg SUE 48'08"3

Relais 4 x 7,5 km
1. Allemagne 1h27'55"0
2. Norvège 1h28'25"6
3. Russie 1h29'19"7

Saut à skis

K 90
1. Simon Ammann SUI 269,0 pts
2. Sven Hannawald ALL 267,5 pts
3. Adam Malysz POL 263,0 pts

K 120
1. Simon Ammann SUI 281,4 pts
2. Adam Malysz POL 269,7 pts
3. Matti Hautamaeki FIN 256,0 pts

K120 par équipes
1. Allemagne 974,1 pts
2. Finlande 974,0 pts
3. Slovénie 946,3 pts

Combiné nordique

Sprint
1. Sampppa Lajunen FIN 16'40"1
2. Ronny Ackermann ALL 16'49"1
3. Felix Gottwald AUT 17'20"3

15 km individuel
1. Samppa Lajunen FIN 39'11"7
2. Jaakko Tallus FIN 39'36"4
3. Felix Gottwald AUT 40'06"5

Par équipes
1. Finlande 48'42"2
2. Allemagne 48'49"7
3. Autriche 48'53"2

Ski acrobatique

Bosses messieurs
1. Janne Lahtela FIN 27,97 pts
2. Travis Mayer USA 27,59 pts
3. Richard Gay FRA 26,91 pts

Saut messieurs
1. Ales Valenta TCH 257,02 pts
2. Joe Pack USA 251,64 pts
3. Alexei Grichin BLR 251,19 pts

Bosses dames
1. Kari Traa NOR 25,94 pts
2. Shannon Bahrke USA 25,06 pts
3. Tae Satoya JPN 24,85 pts

Saut dames
1. Alisa Camplin AUS 193,47 pts
2. Veronica Brenner CAN 190,02 pts
3. Deidra Dionne CAN 189,26 pts

Luge

Monoplace messieurs
1. Armin Zoeggeler ITA 2'57"941
2. Georg Hackl ALL 2'58"270
3. Markus Prock AUT 2'58"283

Biplace messieurs
1. Leitner-Resch ALL 1'26"082
2. Grimmette-Martin USA 1'26"216
3. Thorpe-Ives USA 1'26"220

Monoplace dames
1. Sylke Otto ALL 2'52"464
2. B. Niedernhuber ALL 2'52"785
3. Silke Kraushaar ALL 2'52"865

Bobsleigh

Bob à deux messieurs
1. Langen-Zimmermann ALL 3'10"11
2. Reich-Anderhub SUI 3'10"20
3. Annen-Hefti SUI 3'10"62

Bob à quatre messieurs
1. Allemagne 3'07"51
2. USA I 3'07"81
3. USA II 3'07"86

Bob à deux dames
1. Bakken-Flowers USA 1'37"76
2. Prokoff-Holzner ALL 1'38"06
3. Erdmann-Herschmann ALL 1'38"29

Patinage artistique

Messieurs
1. Alexei Yagudin RUS 1.5 pt
2. Evgeni Plushenko RUS 4.0 pts
3. Timothy Goebel USA 4.5 pts

Dames
1. Sarah Hughes USA 3.0 pts
2. Irina Slutskaya RUS 3.0 pts
3. Michelle Kwan USA 3.5 pts

Couples
1. Berezhnaya-Sikharulidze RUS 1.5 pt
1. Sale-Peletier CAN 1.5 pt
3. Shen-Zhao CHN 4.5 pts

Danse
1. Anissina-Peizerat FRA 2.0 pts
2. Lobacheva-Averbukh RUS 4.0 pts
3. Fusar Poli-Margaglio ITA 6.0 pts

Patinage de vitesse messieurs

500 m
1. Casey Fitzrandolph USA 69"23
2. Hiroyasu Shimizu JPN 69"26
3. Kip Carpenter USA 69"47

1 000 m
1. Gerard Van Velde NED 1'07"18
2. Jan Bos NED 1'07"53
3. Joey Cheek USA 1'07"61

1 500 m
1. Derek Parra USA 1'43"95
2. Jochem Uytdehaage NED 1'44"57
3. Adne Sondral NOR 1'45"26

5 000 m
1. Jochem Uytdehaage NED 6'14"66
2. Derek Parra USA 6'17"98
3. Jens Boden ALL 6'21"73

10 000 m
1. Jochem Uytdehaage NED 12'58"92
2. Gianni Romme NED 13'10"03
3. Lasse Saetre NOR 13'16"92

Patinage de vitesse dames

500 m
1. C. LeMay Doan CAN 74"75
2. M.Garbrecht-Enfeldt ALL 74"94
3. Sabine Völker ALL 75"19

1 000 m
1. Chris Witty USA 1'13"83
2. Sabine Völker ALL 1'13"96
3. Jennifer Rodriguez USA 1'14"24

1 500 m
1. Anni Friesinger ALL 1'54"02
2. Sabine Völker ALL 1'54"97
3. Jennifer Rodriguez USA 1'55"32

3 000 m
1. Claudia Pechstein ALL 3'57"70
2. Renate Groenewold NED 3'58"94
3. Cindy Klassen CAN 3'58"97

5 000 m
1. Claudia Pechstein ALL 6'46"91
2. Gretha Smit NED 6'49"22
3. Clara Hughes CAN 6'53"53

Short-track messieurs

500 m
1. Marc Gagnon CAN 41"802
2. Jonathan Guilmette CAN 41"994
3. Rusty Smith USA 42"027

1 000 m
1. Steven Bradbury AUS 1'29"109
2. Apolo Anton Ohno USA 1'30"160
3. Mathieu Turcotte CAN 1'30"563

1 500 m
1. Apolo Anton Ohno USA 2'18"541
2. Jiajun Li CHN 2'18"731
3. Marc Gagnon CAN 2'18"806

Relais 5 000 m
1. Canada 6'51"579
2. Italie 6'56"327
3. Chine 6'59"633

Short-track dames

500 m
1. Yang Yang CHN 44"187
2. Evgenia Radanova BUL 44"252
3. Chunlu Wang CHN 44"727

1 000 m
1. Yang Yang (A) CHN 1'36"391
2. Gi Hyun Ko COS 1'36"427
3. Yang Yang (S) CHN 1'37"008

1 500 m
1. Gi Hyun Ko COS 2'31"581
2. Eun-Kyung COS 2'31"610
3. Evgenia Radanova BUL 2'31"723

Relais 3 000 m
1. Corée du Sud 4'12"793
2. Chine 4'13"236
3. Canada 4'15"738

Hockey sur glace

Messieurs
1. Canada
2. USA
3. Russie

Dames
1. Canada
2. USA
3. Suède

Snowboard

Slalom géant messieurs
1. Philipp Schoch SUI
2. Richard Richardsson SUE
3. Chris Klug USA

Half-pipe messieurs
1. Ross Powers USA 46.1 pts
2. Dany Kass USA 42.5 pts
3. Jarret Thomas USA 42.1 pts

Slalom géant dames
1. Isabelle Blanc FRA
2. Karine Ruby FRA
3. Lidia Trettel ITA

Half-pipe dames
1. Kelly Clark USA 47.9 pts
2. Doriane Vidal FRA 43.0 pts
3. Fabienne Reuteler SUI 39.7 pts

Curling

Messieurs
1. Norvège
2. Canada
3. Suisse

Dames
1. Grande-Bretagne
2. Suisse
3. Canada

Skeleton

Messieurs
1. Jim Shea USA 1'41"96
2. Martin Rettl AUT 1'42"01
3. Gregor Staehli SUI 1'42"15

Dames
1. Tristan Gale USA 1'45"11
2. Lea Ann Parsley USA 1'45"21
3. Alex Coomber GBR 1'45"37

Sébastien Amiez et J.-P. Vidal, le doublé français en slalom.

Bobsleigh, médaille d'or : Jill Bakken et Vonetta Flowers (USA).

Les médailles françaises

4 médailles d'or
- Anissina-Peizerat (patinage artistique, danse)
- Carole Montillet (ski alpin, descente)
- Jean-Pierre Vidal (ski alpin, slalom)
- Isabelle Blanc (snowboard, slalom)

5 médailles d'argent
- Doriane Vidal (snowboard, halfpipe)
- Karine Ruby (snowboard, slalom)
- Raphaël Poiree (biathlon, 12.5 km)
- Laure Pequegnot (ski alpin, slalom)
- Sébastien Amiez (ski alpin, slalom)

2 médailles de bronze
- Biathlon relais 4 x 7.5 km
- Richard Gay (ski acrobatique, bosses)

Le tableau des médailles 2002

	Or	Argent	Bronze	Total
Allemagne	12	16	7	35
Norvège	11	7	4	22
Etats-Unis	10	12	11	33
Russie	5	7	3	15
Canada	5	3	8	16
France	4	5	2	11
Finlande	4	2	1	7
Pays-Bas	3	5	0	8
Italie	3	3	4	10
Suisse	3	2	6	11
Croatie	3	1	0	4
Espagne	3	0	0	3
Autriche	2	4	10	16
Chine	2	2	4	8
Corée du Sud	2	2	0	4
Australie	2	0	0	2
Gde-Bret.	1	0	2	3
Estonie	1	0	2	3
R. Tchè.	1	0	1	2
Suède	0	2	4	6
Bulgarie	0	1	2	3
Pologne	0	1	1	2
Japon	0	1	1	2
Slovénie	0	0	1	1
Biélorussie	0	0	1	1

Tableau des médailles 1998

	Or	Argent	Bronze	Total
Allemagne	12	8	4	23
Norvège	10	10	5	25
Russie	9	6	3	18
Canada	6	5	4	15
Etats-Unis	6	3	4	13
Pays-Bas	5	4	2	11
Japon	5	1	4	10
Autriche	3	5	9	17
Corée Sud	3	1	2	6
Italie	2	6	2	10
Finlande	2	4	6	12
Suisse	2	2	3	7
France	2	1	5	8
R. Tchè.	1	1	1	3
Bulgarie	1	0	0	1
Chine	0	6	2	8
Suède	0	2	1	3
Danemark	0	1	0	1
Ukraine	0	1	0	1
Biélorussie	0	0	2	2
Kazakhstan	0	0	2	2
Australie	0	0	1	1
Belgique	0	0	1	1
G-Bretagne	0	0	1	1

Février

Lu	Ma	Me	Je	Ve	Sa	Di
				1	2	3
4	5	6	7	8	9	10
11	12	13	14	15	16	17
18	19	20	21	22	23	24
25	26	27	28			

France, lundi 25
Seuls 22 % des Français jugent que les programmes de Jacques Chirac et de Lionel Jospin sont différents.

Vancouver, lundi 25
Interpellé vendredi, William Pickton est présenté au juge. Il est inculpé pour le meurtre de deux des 50 disparues : Sereena Abotsway et Mona Wilson.

Strasbourg, mardi 26
La Cour européenne des droits de l'homme reconnaît le droit à la France de refuser l'adoption d'un enfant par un homosexuel.

Grasse, mercredi 27
Eric Vigne est mis en examen et écroué pour le meurtre de son épouse, Lolo Ferrari, morte par asphyxie en mars 2000.

Paris, mercredi 27
Achat par Endemol France, le producteur de « Star Academy » et de « Loft Story », de la société Miss France.

Belgique, jeudi 28
Frank Vandenbroucke est inculpé pour avoir été trouvé en possession d'anabolisants. Le cycliste est laissé en liberté.

La Havane, jeudi 28
Sur la foi d'une rumeur, des milliers de Cubains candidats à l'exil assaillent l'ambassade du Mexique.

Ahmadabad, jeudi 28
En représailles à l'attaque menée hier contre un train, qui avait coûté la vie à 58 hindous, des maisons de musulmans sont incendiées. Bilan : 38 morts, brûlés vifs.

Madagascar, jeudi 28
Le président Didier Ratsiraka décrète la loi martiale.

Union européenne, jeudi 28
Fin, à minuit, du cours légal de toutes les anciennes monnaies encore en circulation dans la zone euro.

Bruxelles, jeudi 28
Ouverture de la Convention pour l'avenir de l'Europe sous la présidence de Valéry Giscard d'Estaing. Elle a pour mission de bâtir un « traité constitutif » : une véritable Constitution.

DECES

Paris, lundi 25
François Bloch-Lainé, économiste (*25.3.1912).

4 245,20 — 20,51 $ — € 0,8771 $

La Belgique s'abrite sous les parapluies

Belgique, lundi 25
L'Institut royal de pluviométrie est formel : il n'avait pas autant plu en Belgique depuis 1833. Il est tombé 153 litres d'eau au mètre carré en février, soit effectivement plus que le précédent record de 149 litres en 1946, alors que la normale se situe autour de 53 litres. Et le mois n'est pas terminé. Une seconde anomalie inquiète tout autant les agriculteurs : la température moyenne depuis le 10 janvier (7,1 degrés) est de deux degrés supérieure à la normale. Soit les semences vont pourrir, soit les récoltes seront précoces.

Restructuration à la direction de RTL-TVI

Bruxelles, mardi 26
La logique industrielle a prévalu à RTL-TVI. Le directeur général, Pol Heyse, et Eddy De Wilde, directeur des programmes, sont sacrifiés sur l'autel de la rentabilité. Ils sont tous deux licenciés. Il leur est reproché de n'avoir pas su faire évoluer RTL-TVI, première chaîne généraliste de la Communauté française, face à la menace que représente l'arrivée de la nouvelle chaîne AB3. De Wilde, entré comme cameraman à RTL en 1981, paie son opposition à la téléréalité, qu'il a fini par accepter mais trop tard. Bertelsmann, le principal actionnaire, réduit un peu plus la « belgitude » de RTL Group.

Les Saoudiens proposent la paix à Israël

Aujourd'hui, le prince héritier Abdallah (à droite) a rencontré Javier Solana.

Jérusalem, lundi 25
La déclaration de Moshe Katsav, le président israélien, ne manque pas de diviser la classe politique : il a en effet invité le prince Abdallah Ben Abdel-Aziz à venir à Jérusalem afin de discuter de ses propositions. Le 17 février dernier, dans son éditorial du *New York Times*, le journaliste américain Thomas Friedman faisait état d'un plan de paix dont lui avait fait personnellement part l'héritier du trône d'Arabie Saoudite. Selon celui-ci, Riyad pourrait reconnaître Israël si tous les territoires occupés depuis 1967 étaient restitués. Ce qui embarrasse Ariel Sharon, qui a tout misé sur la manière forte.

Anthrax : la piste intérieure privilégiée

Washington, mardi 26
Malgré les démentis officiels du FBI le *Washington Times* confirme ses informations parues hier : les agents chargés de l'enquête sur les attaques à l'anthrax s'orienteraient vers des laboratoires militaires américains, et non l'étranger. Informations dont avait d'ailleurs déjà fait état, le 12 février, le *Wall Street Journal*. Les souches Ames analysées dans toutes les lettres expédiées en septembre et octobre 2001 (qui ont causé le décès de cinq personnes) sont identiques à celles cultivées par un laboratoire biochimique de l'US Army, l'Amid, installé à la base de Fort Detrick, dans le Maryland. Le FBI se refuse aussi à confirmer qu'un suspect est actuellement « ciblé ».

Le 27, sortie du film *Amen* réalisé par Costa-Gavras. Une évocation controversée des « silences » de Pie XII face à l'holocauste, et une affiche par qui le scandale arrive.

Le 27, à Los Angeles, la chanteuse de rythm'n blues Alicia Keys reçoit cinq récompenses aux 44es Grammy Awards. L'autre grand vainqueur de cette manifestation est le groupe rock irlandais U2 avec quatre médailles.

Yves Saint Laurent jette le dé

Il a tout réussi, même sa sortie. C'était le plus grand. Il a voulu être le dernier. Ce 22 janvier 2002, lorsqu'au terme d'un émouvant défilé testament, Catherine Deneuve et Lætitia Casta, ses muses, émues aux larmes entonnent *Ma plus belle histoire d'amour c'est vous*, la foule d'invités est comme saisie de stupeur. Incrédule.

C'est fini... YSL tire sa révérence et, déjà, les femmes sont inconsolables. Le maître quitte la scène, premier couturier à partir de son vivant, sans attendre qu'un financier ou la mort le pousse vers la sortie. YSL s'en va parce qu'il estime ne plus avoir sa place dans ce monde où la mode appartient désormais plus aux financiers qu'aux créateurs.

La fin d'un règne absolu de plus de 40 ans pour celui qui a si bien su habiller son temps... Depuis ce jour de novembre 1957 où il succède à Christian Dior, à l'âge de 21 ans, avant de fonder en 1962 sa propre maison... La fin surtout d'une époque : celle des grandes maisons de couture, cet art exclusivement français du sur-mesure. Dans les années 50, elles étaient une centaine, les Balenciaga, Balmain, Chanel, Grès, Patou, Nina Ricci et tant d'autres noms oubliés. Aujourd'hui, il en subsiste à peine une dizaine, avec, dans les ateliers, les petites mains, ces doigts de fées capables de donner vie aux caprices d'un créateur et de ses clientes fortunées. Hélas ! il n'y a plus dans le monde que 200 clientes, des princesses arabes pour la plupart, susceptibles de s'habiller haute couture et de payer jusqu'à 150 000 euros une somptueuse robe brodée.

Les autres, les riches élégantes, préfèrent se tourner vers le prêt-à-porter haut de gamme, moins cher et plus discret. Seules les ventes d'accessoires, de parfums et de cosmétiques assurent aujourd'hui de confortables marges aux maisons de luxe. La couture, déficitaire n'est plus qu'une vitrine, une activité de prestige destinée à soutenir l'image. Une « danseuse » que peuvent encore s'offrir quelques grands groupes financiers, comme LVMH, propriétaire de Dior, Lacroix et Givenchy. Les défilés sont devenus des shows conçus par des designers « starisés » à l'extrême. Objectif : faire du spectacle avec des images souvent plus chocs que chics. Et tant pis s'il faut sacrifier le style à l'image !

Dans ce monde d'outrances et d'extravagances, YSL se sentait de plus en plus étranger. Depuis quelque temps, il ne cachait plus son mépris pour les couturiers nouvelle génération dont il brocardait les « déguisements folkloriques ». « La haute couture se sert plus des femmes qu'elle ne les sert », confiait-il, désabusé. Au service des femmes, le couturier le fut, lui, toute sa vie, s'appliquant à les rendre belles, sensuelles, participant à sa manière à leur émancipation en dynamitant « le charme coincé de la bourgeoise des années 60. » Le premier, il offrit aux femmes la plus élégante des allures androgynes. Il osa les habiller avec des vêtements d'homme (mais sensuellement doublés de satin de soie jusque dans les poches) : la saharienne, le trench-coat, le tailleur pantalon et, sa signature, l'indispensable smoking « Saintlaurentissime » décliné de saison en saison depuis 1966. Si Coco Chanel a libéré la femme, YSL lui a donné le pouvoir.

Un style reconnaissable entre mille. Insolemment chic, tant il est vrai qu'il osa tout : sortir le noir de sa couleur de deuil, les unions contre nature du jour et du soir, les mariages de couleurs impossibles comme le vert absinthe et le « rose shocking », les transparences coquines, les métissages ethniques. « Je me dis que j'ai créé la garde-robe de la femme contemporaine, que j'ai participé à la transformation de mon époque. On me pardonnera d'en tirer vanité. Mon seul regret : ne pas avoir inventé le jean. »

Un pionnier, un aventurier de la mode dans son désir de combattre l'élégance stéréotypée et la dictature du bon goût. En 1970, il osa même poser nu pour le lancement de son premier parfum pour homme et, en 1988, défiler à la fête de l'*Humanité*. Du jamais vu !

Saint Laurent, dernier monstre sacré de la mode, si attachant parce que si vulnérable. Longtemps prisonnier de ses démons : la folle angoisse qui ne le quitte jamais, les dépressions chroniques, les nuits blanches noyées dans l'alcool et la drogue. Un génie précoce, un esthète fragile et tourmenté, une âme en perpétuelle souffrance que seul l'art pouvait consoler. Juste retour des choses, à travers ses modèles, c'est aux peintres, aux poètes, qu'il rend hommage : collections Mondrian (1965), Picasso (1979), Matisse (1992). Des chefs d'œuvre qui trouvent aujourd'hui autant leur place dans les galeries que dans les penderies. Un ultime défilé, les dernières commandes à honorer, et puis le 31 octobre, veille de Toussaint, les ateliers vert et or du 5, avenue Marceau ont définitivement fermé leurs portes et le maître s'en est allé. Vers la peinture, la littérature, le Maroc, ses autres passions... « J'ai choisi de dire adieu à ce métier que j'ai tant aimé ». Quarante ans de folle passion entre les femmes et le plus illustre des couturiers. Et puis la belle histoire s'est achevée. Lorsqu'il était enfant, à Oran, le petit Yves Matthieu Saint Laurent s'était promis qu'un jour son nom brillerait en lettres de feu sur les Champs-Elysées. Un rêve aujourd'hui réalisé.

Yves Saint Laurent, adulé par ses femmes, ici avec Lætitia Casta.

« Le plus beau vêtement qui puisse habiller une femme, ce sont les bras de l'homme qu'elle aime. Mais, pour celles qui n'ont pas eu la chance de trouver ce bonheur, je suis là... »

Sabine Gorny
Journaliste à *France 3*

Mars

Lu	Ma	Me	Je	Ve	Sa	Di
				1	2	3
4	5	6	7	8	9	10
11	12	13	14	15	16	17
18	19	20	21	22	23	24
25	26	27	28	29	30	31

Vatican, vendredi 1er
Entrée en vigueur de l'euro. Il porte l'effigie du pape.

Bruxelles, vendredi 1er
Le Conseil des ministres décide d'abandonner le nucléaire civil de façon progressive entre 2015 et 2025.

Colombie, vendredi 1er
Le président Andrés Pastrana décrète « zones de guerre » six provinces tenues par les Farc.

Paris, vendredi 1er
Incarcéré le 6 février, Didier Schuller est remis en liberté.

Melbourne, dimanche 3
Michael Schumacher remporte le GP de F1 d'Australie.

Colombie, lundi 4
L'étudiant belge Karel Dick, enlevé le 25 septembre par l'Armée de libération nationale (ELN), est libéré.

Paris, lundi 4
Parution au *J.O.* du décret donnant libre accès aux patients à leur dossier médical.

Inde, lundi 4
Les violences entre musulmans et hindous dans l'Etat du Gujarat ont fait 544 morts en six jours.

Paris, mardi 5
Jean-Marie Le Pen revèle qu'il n'a pas les 500 signatures pour être candidat à l'Elysée.

Paris, mardi 5
Vivendi affiche une perte nette de 13,6 milliards d'euros pour 2001, un déficit record pour une société française.

Auxerre, mercredi 6
Emile Louis est mis en examen pour les assassinats de sept des disparues de l'Yonne.

Rotterdam, mercredi 6
La liste du populiste Pim Fortuyn obtient 34 % des voix aux municipales.

Chamonix, samedi 9
Réouverture aux automobilistes du tunnel du Mont-Blanc.

DECES

Etterbeek, vendredi 1er
Thomas Owen, maître belge de la littérature fantastique (*22.7.1910).

Paris, samedi 9
Max Clos, éditorialiste vedette du *Figaro* (*6.1.1925).

4 629,11 — 23,25 $ — € 0,8761 $

Lionel Jospin publie un livre de combat

Toulouse, vendredi 1er
La librairie Privat ne désemplit pas : le Premier ministre signe *le Temps de répondre*, livre d'entretiens avec le journaliste Alain Duhamel publié ce matin à 140 000 exemplaires. Les éditions Stock, qui ne disposent du manuscrit définitif que depuis la mi-février, ont fait vite. Le candidat à l'Elysée se place dans le camp des réformistes : « refus des illusions » et « volonté de progrès ». Le ton se fait plus âpre dès qu'il évoque Jacques Chirac, un homme de « jugements sommaires », « capable de tordre les textes et les choses dans le sens qui lui convient », et dont l'attitude fut parfois « déloyale ».

La Suisse à l'ONU par référendum

Berne, dimanche 3
La traditionnelle neutralité suisse a été écornée. C'est du moins ce que disent à cor et à cri tous ceux qui avaient appelé à voter « non » à une adhésion de leur pays à l'ONU. Les électeurs ne les ont pas écoutés, et c'est avec 54,6 % de « oui » qu'ils se sont prononcés par référendum. La Confédération suisse devient donc aujourd'hui le 190e Etat membre de l'Organisation des Nations unies. Le même référendum proposait aussi la réduction du temps de travail à 36 heures. La réponse a été un « non » franc et massif (74,6 %).

Ibrahim Rugova élu président du Kosovo

Pristina, lundi 4
Si le Kosovo reste officiellement une province de la Yougoslavie, un pas vers l'indépendance pourrait avoir été franchi avec l'élection d'Ibrahim Rugova à sa présidence. Tel est du moins le sentiment qui prévaut chez les Kosovars de souche albanaise, et aussi, mais évidemment avec moins d'enthousiasme, chez les Kosovars serbes. Nationaliste « modéré », le premier président du Kosovo a été élu par le Parlement au terme d'une difficile négociation entre les trois principaux partis albanais, et sous la pression instante de l'ONU.

Palmarès équilibré à la 27e Nuit des Césars

Emmanuelle Devos, meilleure actrice incontestée pour « Sur mes lèvres ».

Paris, samedi 2
Cette nuit, au théâtre du Châtelet, on craignait un peu que les Césars ne se contentent de voler au secours du succès et ne fassent tomber sur *le Fabuleux Destin d'Amélie Poulain* une pluie de récompenses. Ce ne fut pas le cas : l'Académie des arts et des techniques du cinéma a fait preuve de sagesse en n'en attribuant « que » quatre au film de Jean-Pierre Jeunet (meilleur film, meilleur réalisateur, meilleure musique, meilleur décor). De ce fait, les votants ont pu mettre en relief une œuvre dont la carrière a été beaucoup plus confidentielle, *Sur mes lèvres* de Jacques Audiard, avec trois Césars. On a évidemment beaucoup remarqué la présence de Lionel Jospin dans le public.

Les avions du *Charles de Gaulle* ont frappé

Afghanistan, lundi 4
Les pilotes français n'ont pas raté leur entrée en scène dans l'opération Anaconda, lancée avant-hier par les Alliés pour détruire le sanctuaire des talibans et de la Qaida au sud-est de Gardez, dans les monts de l'Arma. Alors que l'armée de l'Air engageait ses Mirage 2000D basés à Manas, dans le Kirghizistan, la flottille 17F du porte-avions nucléaire *Charles de Gaulle* passait de son côté à l'action depuis l'océan Indien. Une mission de CAS (« close air support ») visant à apporter un soutien rapproché aux troupes déployées au sol. Et le tout premier coup au but a été donné par deux Super Etendard Modernisé, le premier étant l'« illuminateur » de la cible, le second le « bombier ». La bombe à guidage laser BLU-111 a été tirée par l'enseigne de vaisseau Cellar qui, à son retour sur le porte-avions, a été accueilli par le contre-amiral Cluzel, commandant de la Task Force 473 formée autour du *Charles de Gaulle*. Le groupe aérien du bâtiment, qui inclut également les premiers Rafale de la flottille 12F, avait déjà mené des missions de reconnaissance sur le territoire afghan depuis le 19 décembre 2001.

Les Super Etendard Modernisé de la 17F se ravitaillent au-dessus du Pakistan.

Une hypothèse folle sur le 11 septembre

Paris, jeudi 7
La rumeur courait depuis plusieurs mois sur Internet ; Thierry Meyssan, animateur d'un réseau libertaire, en a fait un livre : *11 septembre 2001, l'Effroyable Imposture*. Il soutient la thèse, incroyable, qu'aucun avion ne s'est écrasé sur le Pentagone. Il en veut pour preuve que nulle image de débris calcinés de l'appareil n'a été diffusée, et que les dégâts relevés sur le bâtiment ne correspondent pas à un tel impact. Il existe pourtant des témoins, mais l'auteur doute de leur fiabilité. Meyssan est persuadé que les attentats du 11 septembre sont le fait d'un « complot intérieur » visant à asseoir la domination du complexe militaro-industriel. Pour folle qu'elle soit, rien n'arrête la rumeur. (→ 29)

George W. Bush prend ses distances avec la politique de Sharon

A 22 h30, le kamikaze a provoqué un carnage au café Moment de Jérusalem.

Jérusalem, samedi 9
Même les Américains commencent à exprimer leur exaspération devant la spirale de la violence. Ce soir, un kamikaze palestinien s'est fait sauter dans un café proche de la résidence d'Ariel Sharon, tuant 13 Israéliens. Mais mercredi soir, alors qu'il était en conversation téléphonique avec Shimon Pérès, Yasser Arafat voyait ses bureaux bombardés par des tirs de missiles. Et, hier, l'Intifada avait connu son jour le plus sombre avec 43 morts (dont 38 Palestiniens), en Cisjordanie et à Gaza. Pourtant dès mercredi, Colin Powell, le secrétaire d'Etat américain, avait ouvertement critiqué l'intransigeance de Sharon, relayé le lendemain par le Président Bush. La mission de médiation qu'il a confiée au général Anthony Zinni s'annonce très difficile.

Le juge Halphen en croisade contre Chirac

Paris, vendredi 8
Avec 68 000 exemplaires vendus en deux jours, le livre d'Eric Halphen passe devant celui de Lionel Jospin dans la liste des meilleures ventes. Dans *Sept Ans de solitude*, le juge qui voulait mettre le président de la République en examen ne lève pas le secret de l'instruction du dossier des HLM de la Ville de Paris, mais il révèle les multiples pressions qui se sont exercées sur lui à tel point, écrit-il, que « la peur est entrée dans ma vie ». Et de narrer par le détail sept ans de coups tordus destinés à l'empêcher de réaliser son objectif : faire tomber Jacques Chirac.

J2M épinglé aux Victoires de la musique

Une belle Victoire pour Noir Désir...

Paris, samedi 9
Zazie déclarée interprète féminine de l'année, ce fut le moment le plus charmant et le plus consensuel des 17es Victoires de la musique. Mais les téléspectateurs de France 2 n'ont pas été déçus, non plus, par le joli coup d'éclat de Bertrand Cantat, le chanteur de Noir Désir (Victoire en catégorie rock). Cantat n'a pas pris de gants pour s'en prendre « bille en tête » à Jean-Marie Messier : il l'a en effet placé sous le signe de la Sainte Trinité « ramification, absorption et profit ». C'était d'autant plus culotté que Noir Désir est produit par une filiale du groupe de J2M !

Le 7, à Paris, la mairie engage trois « éboueures », au nom de la mixité. Il n'y avait plus eu de femmes dans le métier d'éboueur depuis l'année 1917.

Le 10, à Flachau (Autriche), Laure Pequegnot, vice-championne olympique, gagne la Coupe du monde en slalom. L'excellente saison des Français en ski alpin est confirmée par la victoire de Frédéric Covili en slalom géant.

Mars

Lu	Ma	Me	Je	Ve	Sa	Di
				1	2	3
4	5	6	7	8	9	10
11	12	13	14	15	16	17
18	19	20	21	22	23	24
25	26	27	28	29	30	31

Belgique, lundi 11
40 % des 17-18 ans, et 20 % des 15-16 ans, reconnaissent avoir fumé du cannabis.

Etats-Unis, lundi 11
Bilan provisoire des attentats du 11 septembre : 3 063 morts.

Paris, mardi 12
Un sondage Louis-Harris révèle que l'âge de la 1re cigarette est de 11 ans et quatre mois.

Colmar, jeudi 14
François Supéri, ex-directeur du centre « Cheval pour tous », est condamné à 12 ans de prison pour viols et agressions sexuelles sur mineurs.

Europe, jeudi 14
Microsoft lance une nouvelle console de jeux, la X-box.

Bruxelles, vendredi 15
Philippe Delusinne et Freddy Tacheny sont nommés à la direction de la RTL-TVI.

Paris, vendredi 15
Parution du no 1 du quotidien gratuit *20 Minutes*.

Nice, dimanche 17
Cyclisme : le Kazakh Alexandre Vinokourov remporte Paris-Nice. Laurent Jalabert est 3e.

Sepang, dimanche 17
Victoire de Ralf Schumacher au GP de F1 de Malaisie.

Portugal, dimanche 17
Après six ans de pouvoir socialiste, la droite remporte la majorité absolue aux élections législatives.

DECES

New Haven, lundi 11
James Tobin, prix Nobel d'économie 1981 (*5.3.1918).

L'Ile aux Grues (Canada), mardi 12
Jean-Paul Riopelle, peintre (*7.10.1923).

Lyon, mardi 12
Mgr Louis-Marie Billé, primat des Gaules (*18.2.1938).

Heidelberg, mercredi 13
Hans-Georg Gadamer, philosophe (*11.2.1900).

Rome, samedi 16
Carmelo Bene, auteur, acteur et metteur en scène (*1.9.1937).

Paris, dimanche 17
Georges Gorse, homme politique (*15.2.1915).

4 588,33 — 24,38 $

€ 0,8835 $

Le débat s'envenime entre Jospin et Chirac

Paris, lundi 11
Les propos tenus par Lionel Jospin dans l'avion qui le ramenait, hier, de la Réunion ont mis Jacques Chirac en colère. Lors d'une conversation avec les journalistes dont il pensait qu'elle ne serait pas reproduite, le Premier ministre avait jugé son rival « vieilli » et « usé » par l'exercice du pouvoir. Le président n'a pas goûté le propos, qui s'apparente, selon lui, « un peu au délit d'opinion, presque au délit de sale gueule, si j'ose dire ». Et d'appeler « chacun à garder son sang-froid », et à ne pas « substituer les attaques personnelles au débat d'idées », tandis que ses lieutenants font assaut d'invectives.

Maigres concessions pour les Kabyles

Tizi Ouzou, mardi 12
Les esprits sont loin d'être calmés en Kabylie, où le climat est explosif, surtout à Tizi Ouzou. La déception se mêle en effet à la colère après le discours à la nation prononcé par le président Abdelaziz Bouteflika. Si le chef de l'Etat a dit que la langue des Kabyles, le tamazight, ferait l'objet d'une reconnaissance officielle, il a écarté l'hypothèse d'un retrait de la gendarmerie de la région rebelle. Or c'était là l'une des revendications les plus fermes des Kabyles. Bouteflika s'est borné à promettre de punir les exactions commises et à indemniser les victimes. Rien de plus.

L'ONU favorable à un Etat palestinien

New York, mardi 12
Les Etats-Unis paraissent décidés à imposer la paix entre les Israéliens et les Palestiniens, sans doute pour faciliter une éventuelle action armée contre l'Irak. C'est pourquoi ils ont poussé le Conseil de sécurité à voter la résolution 1397 qui préconise la création d'un Etat palestinien. Seule la Syrie s'est abstenue, la résolution ne donnant aucune précision sur les frontières de cet Etat et ne faisant nulle mention du plateau du Golan, territoire syrien annexé par Israël à la suite de la guerre de 1967.

Robert Mugabe se succède à lui-même

Ceux à qui Mugabe a promis les propriétés des Blancs triomphent à Harare.

Harare, mercredi 13
Robert Mugabe pourra continuer à détruire l'économie du Zimbabwe en expropriant les fermiers blancs, malgré les mesures de rétorsion de l'Union européenne et les critiques de la communauté internationale. Il a été réélu président avec 56,2 % des suffrages, au terme d'un scrutin de trois jours. Son adversaire, Morgan Tsvangirai, dénonce les conditions dans lesquelles a été organisée cette élection : fraudes, intimidations et violences de toutes sortes. Tel est également le sentiment qui prévaut à Londres, où l'on s'interroge déjà sur une suspension du Zimbabwe du Commonwealth. L'Organisation de l'unité africaine, de son côté, a jugé le scrutin « équitable ». (→ 19)

Les journaux gratuits sont la cible de la CGT

Paris, jeudi 14
Les ouvriers du Syndicat du livre CGT ont à nouveau frappé : ils ont déversé, près de la place de l'Opéra, 200 000 exemplaires de *Metro* issus de l'arraisonnement de camions qui les acheminaient vers la capitale. La CGT exige que *Metro*, un quotidien gratuit déjà implanté à Marseille, et son concurrent *20 Minutes* soient imprimés dans des imprimeries dites de presse, où elle est implantée. Ce qui n'arrange pas les éditeurs : les imprimeries de labeur, qui ne sont pas contrôlées par le syndicat, ont des coûts moins élevés. (→ 15)

Le 13, *National Geographic* fait sa une avec l'Afghane aux yeux verts qui avait ému le monde entier en 1984 lorsqu'elle fuyait les bombardements soviétiques. Sharbat Gula est toujours en vie : elle a 30 ans et 3 enfants.

La Yougoslavie a été rayée de la carte

Belgrade, jeudi 14
La Yougoslavie, créée en 1929 par le roi des Serbes, des Croates et des Slovènes Alexandre Ier, n'est plus. Réduite depuis 1992 à la Serbie et au Monténégro, elle abandonne son nom historique pour former, sous le parrainage de l'Union européenne, un Etat de Serbie et Monténégro à structure unitaire. L'accord signé ce jeudi par Vojislav Kostunica et Milo Djukanovic, présidents yougoslave et monténégrin, devra être soumis à ratification par leurs parlements. Le nouvel Etat aura la possibilité, dans trois ans, de décider librement de sa prorogation ou de sa séparation en deux Etats indépendants.

Marchandage et manifestation au sommet européen de Barcelone

Jacques Chirac et Lionel Jospin négocient avec l'Espagnol José Maria Aznar.

Barcelone, samedi 16
Ils étaient plus de 300 000 dans les rues de Barcelone pour manifester leur opposition à la mondialisation libérale et marquer à leur façon la fin du sommet des Quinze. Il n'y eut heureusement aucun incident grave et l'atmosphère était plutôt festive. Quant au sommet lui-même, il aura porté, entre autres, sur l'âge de la retraite et sur la libéralisation des marchés de l'électricité, du gaz et du fret ferroviaire. Autant de sujets sur lesquels Jacques Chirac et Lionel Jospin, parlant d'une seule voix, ont dû marchander avec des partenaires plus pressés : d'accord pour retarder l'âge de la retraite de cinq ans, mais répit pour la libéralisation totale des marchés en question.

Le cabinet Andersen répondra en justice

Chicago, vendredi 15
En raison de la destruction massive de « tonnes de documents » liés au scandale Enron, Arthur Andersen a été formellement inculpé hier pour « entrave à la justice ». Le procès pourrait lui valoir une interdiction d'exercer, assortie d'une amende de 500 000 dollars. Encore faut-il que, d'ici à l'audience, le cabinet n'ait pas fait faillite : depuis décembre, Arthur Andersen a perdu 34 clients, dont la compagnie aérienne Delta Airlines. Le gouvernement fédéral lui-même, arguant d'une perte de confiance, a annoncé aujourd'hui qu'il lui retirait tous ses contrats.

Un archevêque est tué en Colombie

Cali, samedi 16
Mgr Isaias Duarte, l'archevêque de Cali, quittait vers 20 h 30 l'église où il venait de marier une centaine de couples, dans une paroisse pauvre de la ville, quand il fut abattu par deux tueurs qui ont aussitôt disparu. Qui a commandité cet assassinat ? La question est sur toutes les lèvres, mais elle risque d'être sans réponse. Ce prélat de 63 ans s'était fait ces dernières années bien des ennemis en dénonçant à la fois la barbarie des guérilleros des Farc, les actions des milices paramilitaires et l'argent de la drogue dans la vie politique. Ce qui fait beaucoup de pistes...

L'ancien ministre Van der Biest se suicide

Il avait dit qu'il sortait se promener.

Grace-Hollogne, dimanche 17
Le suicide ne fait aucun doute : Alain Van der Biest est décédé après une ingestion massive de médicaments. Les boîtes vides d'antidépresseurs et d'anxiolytiques ont été découvertes près de son corps, dans la maison de sa mère décédée il y a deux mois. L'ancien ministre ne supportait plus son « calvaire », explique-t-il dans la lettre qu'il a laissée à l'intention de Betty, son épouse : « Pardon. Je suis innocent. » Il était accusé d'être le commanditaire de l'assassinat, le 18 juillet 1991, de l'ancien vice-Premier ministre socialiste André Cools, un crime pour lequel aucun mobile n'a été trouvé par la justice belge. Van der Biest avait 49 ans (*4.5.1943).

Mis en service le 8, le VAL, le métro de Rennes, est inauguré le 15, après une semaine gratuite dont ont pu bénéficier quelque 300 000 passagers.

Le 16, ouverture d'un second parc Disney à Marne-la-Vallée. Baptisé Walt Disney Studios, il entraîne les visiteurs au cœur du cinéma hollywoodien.

Mars

Lu	Ma	Me	Je	Ve	Sa	Di
				1	2	3
4	5	6	7	8	9	10
11	12	13	14	15	16	17
18	19	20	21	22	23	24
25	26	27	28	29	30	31

Versailles, lundi 18
L'incendie de la synagogue de Trappes (octobre 2000) ne fut pas un acte antisémite. Il est dû à un mégot jeté par mégarde.

Londres, mardi 19
Le Commonwealth suspend le Zimbabwe pour un an.

Italie, mercredi 20
Le gouvernement décrète l'état d'urgence en Sicile pour freiner l'immigration clandestine.

Lima, mercredi 20
Un attentat à la voiture piégée fait 9 morts devant l'ambassade des Etats-Unis au Pérou.

Zimbabwe, mercredi 20
Morgan Tsvangirai, le chef de l'opposition, est inculpé de trahison.

Mazar-e Charif, jeudi 21
Hamid Karzaï lance les festivités du nouvel an perse, interdites par les talibans.

Orio (Espagne), jeudi 21
Un conseiller municipal socialiste est abattu par l'ETA.

Rabat, jeudi 21
Mohammed VI, roi du Maroc, 38 ans, épouse dans l'intimité une informaticienne de 24 ans, Salma Bennani. (→ 12.7)

Tizi Ouzou, vendredi 22
Yacine Betar, 19 ans, est tué lors d'émeutes en Kabylie.

Paris, vendredi 22
En raison de manifestations hostiles, la délégation italienne quitte le Salon du livre dont l'Italie est l'invité d'honneur.

Karachi, vendredi 22
Quatre islamistes sont inculpés du meurtre de Daniel Pearl.

San Remo, samedi 23
Cyclisme : l'Italien Mario Cipollini remporte la classique Milan-San Remo.

Vatican, dimanche 24
En raison de sa fatigue, Jean-Paul II ne peut célébrer la messe des Rameaux pour la première fois de son pontificat.

DECES

Paris, jeudi 21
Renée Massip, romancière et essayiste (*31.3.1907).

Fourqueux, vendredi 22
Marcel Hansenne, neuf fois champion de France du 800 m (*24.1.1917).

4 601,57 — 25,28 $

€ 0,8794 $

Coup dur pour les droits de l'homme

New York, lundi 18
Haut-Commissaire de l'ONU pour les droits de l'homme depuis 1997, Mary Robinson jette l'éponge. Elle ne briguera pas le renouvellement de son mandat. Ancienne présidente de la république d'Irlande, elle ne s'était pas fait que des amis, et les pressions ont été trop fortes. De la part des Américains en particulier, qui n'ont pas accepté ses critiques sur leur conduite au Kosovo et en Afghanistan, ou sur le traitement de leurs prisonniers de Guantanamo. Les Russes aussi voulaient sa tête : elle avait dénoncé avec force leurs exactions en Tchétchénie.

Dick Cheney négocie le soutien des Turcs

Ankara, mardi 19
La dernière étape du voyage que le vice-président américain a accompli au Proche-Orient dégage une forte odeur de pétrole. Dick Cheney est venu aujourd'hui à Ankara afin de s'assurer du soutien de la Turquie en cas d'attaque américaine contre Bagdad. Si le Premier ministre turc, Bülent Ecevit, y est officiellement hostile, son entourage ne verrait pas d'un mauvais œil un démantèlement de l'Irak. La Turquie pourrait alors récupérer les gisements pétrolifères du nord et, par la même occasion, faire obstacle à la création d'un Etat kurde, qui reste sa hantise.

Le spectre du retour des Brigades rouges

Bologne, mardi 19
Les deux hommes ne lui ont laissé aucun chance. Marco Biagi a été tué de trois balles de 9 mm, dont deux dans la nuque, alors qu'il s'apprêtait à rentrer chez lui. Sur un mur voisin, une étoile à cinq branches entourée d'un cercle a été peinte : la signature des Brigades rouges. Agé de 51 ans, Biagi était conseiller au ministère du Travail, et son influence ne cessait de croître. Le projet de réforme du Code du travail initié par Berlusconi porte sa griffe. L'assassinat rappelle en tout cas celui, non élucidé trois ans après, de Massimo D'Antona.

L'Antarctique victime du réchauffement

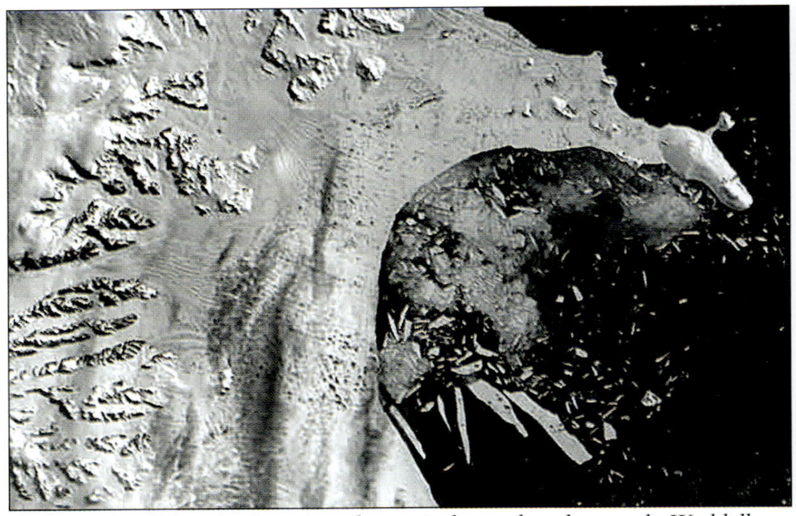

La banquise disloquée s'est répandue en icebergs dans la mer de Weddell.

Boulder, lundi 18
Les images prises par satellite sont formelles : depuis un mois et demi, la banquise Larsen, située au nord de l'Antarctique, a perdu 3 250 km² de glace dans sa partie Larsen B. La nouvelle a été annoncée à Boulder par le National Snow and Ice Data Center de l'université du Colorado. Larsen B s'est disloquée en quelques milliers d'icebergs. Ce phénomène, déjà observé par les chercheurs de l'Instituto Antartico argentin, est de toute évidence lié au réchauffement de la planète : dans l'Antarctique, la température a crû de 2,5 °C depuis les années 1940. La fonte pourrait dans l'avenir affecter les glaciers du continent, risquant de faire monter le niveau de la mer.

Diane Pretty veut mourir dans la dignité

Strasbourg, mardi 19
Elle a toutes ses facultés mentales, mais, victime d'une sclérose latérale amyotropique qui la paralyse et la condamne à une mort atroce, Diane Pretty, une Anglaise de 44 ans, veut en finir avec la vie dans la dignité. Mais elle ne peut se suicider qu'avec une aide extérieure, en l'occurrence celle de son mari. Or celui-ci encourt une peine de quatorze ans de prison pour « meurtre ». Aussi, Diane est venue devant la Cour européenne des droits de l'homme pour plaider sa cause. En utilisant un ordinateur car elle est devenue muette. (→ 11.5)

Son avocat estime que le refus de l'euthanasie est « inhumain et dégradant ».

Pourquoi la Sabena a fait faillite

Bruxelles, mardi 19
Conseiller du gouvernement fédéral belge pour les affaires économiques et sociales, le Bureau du Plan vient de rendre publique son étude sur la faillite de la Sabena. Les causes en seraient essentiellement l'achat, en 1997, de trente-quatre Airbus et le niveau élevé de la masse salariale. Deux facteurs qui auraient grevé la rentabilité de la compagnie, malgré la croissance du chiffre d'affaires. Les conséquences sociales de cette faillite ont également été évaluées par cet organisme indépendant : soit près de 17 000 pertes d'emplois dont 10 300 indirectes.

Trois millions d'Italiens dans la rue

Les manifestants dénoncent à la fois le terrorisme et la politique sociale.

Rome, samedi 23
Une marée humaine... Quel que soit le chiffre retenu, 3 millions selon les organisateurs, 700 000 à en croire la police, ce défilé est le plus important de l'après-guerre. La Confédération générale italienne du travail (CGIL) s'affirme comme la principale force d'opposition à Silvio Berlusconi ; elle envisage déjà d'appeler à une grève générale en avril si le gouvernement ne cède pas. C'est-à-dire s'il ne retire pas sa modification de l'article 18 du statut des travailleurs. Jusque-là, un salarié licencié sans motif valable devait être réintégré. Demain, il ne sera qu'indemnisé. Pour une fois, la gauche italienne est unie.

Guerre des taxes entre Europe et USA

Bruxelles, vendredi 22
La riposte à George Bush ne s'est pas fait attendre. Le 5, le président américain annonçait l'instauration de nouvelles taxes et de quotas sur les importations d'acier, satisfaisant à une revendication de sa puissante industrie sidérurgique confrontée à une crise majeure. L'UE, qui avait porté l'affaire devant l'Organisation mondiale du commerce (OMC) dès le lendemain, vient de dresser la liste des produits américains qu'elle se fera un plaisir de taxer à son tour si Washington persiste. Il y en a pour 2,5 milliards d'euros, exactement le montant du préjudice subi.

Fidel Castro fait un éclat à Monterrey

La Havane, vendredi 22
Alors que s'achevait aujourd'hui, à Monterrey (Mexique), la conférence internationale sur le financement du développement, Fidel Castro s'est expliqué sur son départ précipité, hier, après avoir dans son discours très applaudi dénoncé un « système de pillage et d'exploitation tel qu'il n'y en a jamais eu dans l'histoire ». Propos relayés par le président du Venezuela Hugo Chavez, qui a mis en cause l'« enfer » où conduisait le néolibéralisme. Pour le chef d'Etat cubain, les Américains auraient fait pression sur le Mexique pour qu'il ne puisse venir s'exprimer.

Les Oscars étaient très colorés à Hollywood

Denzel Washington et Halle Berry font triompher leur communauté.

Los Angeles, dimanche 24
La communauté afro-américaine est en délire. C'est une reconnaissance sans précédent qui lui a été faite à la cérémonie des Oscars. Celui du meilleur acteur est revenu à Denzel Washington pour *Training Day*, et celui de la meilleure actrice à Halle Berry pour *A l'ombre de la haine*. Enfin, pour compléter le tableau, un Oscar d'honneur pour l'ensemble de sa carrière a été décerné à Sidney Poitier, qui fut en 1963 le premier acteur noir « oscarisé ». L'Oscar du du meilleur film a été attribué à *Un homme d'exception* de Ron Howard. Une déception : *le Fabuleux Destin d'Amélie Poulain* a raté l'Oscar du meilleur film étranger.

Le 20, sortie de *Monstres & Cie*, un film d'animation de Pete Docter qui démontre la perfection des images de synthèse en 3D. Le film est produit par Pixar, studio fondé par Steve Jobs et contractuellement lié à Disney.

Le 21, à Paris, chez Sotheby's France, la Bibliothèque nationale de France préempte pour 450 000 euros la première épreuve photographique connue, une héliogravure réalisée au cours de l'été 1825 par Nicéphore Niepce.

Mars

Lu	Ma	Me	Je	Ve	Sa	Di
				1	2	3
4	5	6	7	8	9	10
11	12	13	14	15	16	17
18	19	20	21	22	23	24
25	26	27	28	29	30	31

Clairefontaine, lundi 25
Robert Pirès, blessé, déclare forfait pour la Coupe du monde de football.

France, lundi 25
115 149 déclarations de revenus ont été effectuées sur Internet, sept fois plus qu'en 2001.

Sokoto (Nigeria), lundi 25
Safiya Hussaini est acquittée en appel. Elle avait été condamnée à mort pour adultère.

Paris, mardi 26
Jacques Chirac signe le décret de transfert au Panthéon des cendres d'Alexandre Dumas.

Chicago, mardi 26
Démission du P-dg d'Arthur Andersen, Joseph Berardino,

Saint-Denis, mercredi 27
Football : la France bat l'Ecosse (5-0) en match amical.

Douai, mercredi 27
La cour d'assises confirme en appel la condamnation à la prison à vie des frères Jourdain pour les meurtres de quatre jeunes filles en 1997.

Paris, jeudi 28
Le garde des Sceaux, Marylise Lebranchu, sanctionne trois anciens magistrats du parquet d'Auxerre pour négligences graves dans l'affaire des disparues de l'Yonne.

Miami, jeudi 28
Le département de la Justice autorise le procureur à requérir la peine de mort à l'encontre de Zacarias Moussaoui.

France, vendredi 29
100 000 exemplaires de *l'Effroyable Imposture* ont été vendus en une semaine.

Paris, vendredi 29
L'Institut de veille sanitaire annonce un 6e cas de la variante humaine de l'ESB.

Interlagos, dimanche 31
Michael Schumacher remporte le GP de F1 du Brésil devant son frère Ralf.

Strasbourg, dimanche 31
Tentative d'incendie criminel de la synagogue de la ville.

DECES

New Jersey, mercredi 27
Dudley Moore, comédien et pianiste de jazz britannique (*19.4.1935).

4 688,02 — 25,92 $ — € 0,8716 $

Un tremblement de terre aggrave les malheurs de l'Afghanistan

Afghanistan, mardi 26
La terre a tremblé hier soir et encore ce matin à Nahrin, dans le nord-est du pays. Ce séisme, de six degrés sur l'échelle de Richter, a pratiquement rasé la partie la plus ancienne de la ville et touché nombre de villages de la région. Il est difficile, ce soir, de faire un décompte des victimes, les chiffres actuellement avancés étant au minimum de 1 800. Il y aurait des centaines de blessés. La présence en Afghanistan de nombreuses ONG et des puissants moyens de l'Isaf (Force internationale d'assistance à la sécurité) a heureusement permis d'apporter dès aujourd'hui à Nahrin des secours médicaux, alimentaires et logistiques. Hélas ! les villages sont plus difficiles à atteindre.

C'est l'organisation humanitaire Acted, présente à Nahrin, qui a donné l'alerte.

Galileo va faire concurrence au GPS

Bruxelles, mardi 26
Après quatre ans de réflexion, l'UE a décidé de lancer la construction de Galileo, système de positionnement par satellite directement concurrent du GPS. Les pressions américaines pour que le projet n'aboutisse pas ont échoué. Galileo, qui doit être en fonction en 2008, rendra les mêmes services que le GPS, mais avec cet avantage que l'Europe ne sera plus à la merci du bon vouloir des Etats-Unis : lors des guerres du Golfe et du Kosovo, le Pentagone avait fait taire les émissions de signaux. Les trente satellites de Galileo coûteront 3,4 milliards d'euros.

Hollywood a perdu Billy Wilder

Beverly Hills, mercredi 27
Son nom restera à jamais associé à la comédie américaine, dont il signa quelques joyaux impérissables, tels *Certains l'aiment chaud* (1959) ou *la Garçonnière* (1960). Né en Autriche le 22 juin 1906 sous son vrai prénom de Samuel, Billy Wilder avait fui le nazisme et était venu à Hollywood, où son humour mêlant ironie cruelle et tendresse fit merveille. On lui doit des œuvres plus graves, à l'instar de *Boulevard du Crépuscule* (1950), peinture sans concession du « star system ». Il est mort cette nuit.

Massacre à Nanterre

Paris, jeudi 28
Au 4e étage des locaux de la Brigade criminelle, au 36, quai des Orfèvres, Richard Durn semble apaisé. Deux policiers l'interrogent, un gardien de la paix le surveille. On lui a détaché les mains, pour qu'il se sente plus en confiance. Il est 10 h 15, et soudain il bondit, s'élance vers le vasistas et plonge. Le policier qui a essayé de le retenir est resté avec une basket dans les mains... Richard Durn est mort en touchant le sol. Etait-il fou, cet homme de 33 ans ? Ou aurait-il pu être jugé ? Nul n'en saura jamais rien. Il était 1 h 10, dans la nuit de mardi à mercredi, quand Durn avait commis l'impensable : avec méthode et sans affolement, il avait abattu, à coups de 9 mm, huit élus du conseil municipal de Nanterre sur le point de lever la séance. Sans distinction d'appartenance politique ni de sexe. Trente autres furent blessés. Quand la police est arrivée, il a crié « Tuez-moi ! ». Elle l'a arrêté. Il a expliqué qu'il voulait « tuer pour exister ». Il pensait être « un déchet ».

Il était écologiste et trésorier d'une section de la Ligue des droits de l'homme.

Incident au sommet de la Ligue arabe

Beyrouth, jeudi 28
Ariel Sharon avait accepté de laisser Yasser Arafat aller à Beyrouth, pour le sommet de la Ligue arabe, mais il ne lui garantissait pas la possibilité d'en revenir... Aussi le président de l'Autorité palestinienne a choisi de rester à Ramallah. Mais à Beyrouth, il n'a pu, non plus, faire diffuser le message qu'il avait fait enregistrer, la présidence libanaise du sommet s'y étant opposée ! Les chefs d'Etat arabes ont pu réussir à convaincre la délégation palestinienne ulcérée de ne pas claquer la porte. Incident qui s'ajoute à l'absence du président égyptien Hosni Moubarak et du roi de Jordanie Abdallah II. Du coup, cette réunion a renforcé le rôle du prince héritier saoudien Abdallah : son plan de paix, bien accueilli par Washington mais repoussé par Ariel Sharon, a été entériné. Par ailleurs, la fin du sommet aura été marquée par un rapprochement significatif entre l'Irak et le Koweït.

La reine Mère allait avoir 102 ans

Ses sujets lui pardonnaient ses goûts dispendieux et son penchant pour le gin...

Londres, samedi 30
Elizabeth II a fait placarder en fin de journée sur les grilles du palais de Buckingham une annonce dans laquelle il était écrit que « sa mère bien-aimée était morte paisiblement dans son sommeil cet après-midi à Royal Lodge, Windsor ». Celle qui, pour tous les Anglais, était « Queen Mum », avait 101 ans (*4.8.1900). Issue d'une vieille famille écossaise, Elizabeth Bowes Lyon avait épousé en 1923 le duc d'York qui, sous le nom de George VI, fut couronné roi en 1937. La nouvelle reine tint son rang avec simplicité et courage, et en particulier pendant la Seconde Guerre mondiale où elle partagea le sort des Londoniens en refusant de quitter la capitale, bombardée par les Allemands. A l'accession de sa fille Elizabeth au trône en 1952, elle prit le titre de « reine mère » et se fit la meilleure ambassadrice d'une monarchie qu'ébranleront bientôt de multiples scandales conjugaux. Les Anglais l'adoraient. (→ 8.4)

Arafat sous le feu des chars de Sharon

Ramallah, dimanche 31
Les événements se sont précipités à une vitesse absolument effrayante. Mercredi dernier, le Hamas lançait une opération suicide dans un hôtel de Netanya, sur la côte israélienne : vingt-trois morts, dont le kamikaze. Le lendemain, quatre colons étaient tués en Cisjordanie, toujours par le Hamas. Vendredi, en réplique, Ariel Sharon lançait une attaque violente dans la soirée contre la Mouqata'a, le quartier général du président de l'Autorité palestinienne, ordonnant l'occupation en règle de Ramallah et ignorant les demandes de retenue formulées par les Américains. A un point tel que, hier, ces derniers ont dû voter la résolution du Conseil de sécurité exigeant le retrait d'Israël des territoires palestiniens. A quoi Ariel Sharon répondit en accentuant sa pression sur Yasser Arafat. Dès lors le pire ne pouvait que succéder au pire. Ce dimanche, à Haïfa, un kamikaze s'est fait exploser dans un un restaurant : seize morts.

Le QG de Yasser Arafat est privé d'eau, d'électricité et de téléphone. Un pacifiste américain agite une écharpe blanche.

Air Lib se lance dans les vols bon marché

Paris, dimanche 31
Pour doper le marché du transport aérien, la baisse des tarifs devient la panacée des « petites » compagnies. Aujourd'hui, Air Lib lance des vols à 29 euros au départ de Paris pour six destinations provinciales. Mais le mouvement avait été déjà lancé par easy-Jet, Buzz, Transavia, Goodjet ou Ryanair, notamment pour relier à bas prix la France et plusieurs pays d'Europe. Ainsi, easy-Jet offre pour seulement 28 euros un vol au départ de Nice pour Genève !

José Bové est arrêté par les Israéliens

Ramallah, dimanche 31
Tandis que Jean-Paul II, dans son message pascal, dénonçait ceux qui avaient « déclaré la guerre à la paix » au Proche-Orient, les Israéliens s'en prenaient aux pacifistes qui étaient venus à Ramallah soutenir Arafat. Une dizaine d'entre eux, dont José Bové, ont été jetés dans un camp de prisonniers palestiniens. (→ 2.4)

La PAC, Politique agricole commune

La PAC est vieille, veille comme la construction européenne : elle aura 40 ans en 2003. En gros, cette dernière s'est construite dans l'après-guerre, autour de deux piliers : la Communauté du charbon et de l'acier… et la PAC Celle-ci est donc « partie » constitutive de l'Europe. C'est pourquoi, d'ailleurs, il y a un vrai paradoxe à vouloir plus d'Europe et moins de PAC ! Un paradoxe et même une contradiction : moins de PAC, ce serait moins d'Europe.

La PAC coûte-t-elle cher ? En dépense brute, oui : 41 Mds d'euros par an. Mais cela doit nous amener à faire aussitôt trois réflexions :

• d'abord, parce qu'au-delà de cette dépense brute on cite souvent la dépense relative : la PAC, c'est un peu moins de 50 % du budget de l'Europe… On aura bien lu « un peu moins de 50 % ». C'est considérable ! Oui, sauf que la réalité, c'est que le budget de l'Europe est ridiculement faible ! A partir du moment où les pays de l'Union ne daignent verser à l'Europe qu'un pourcentage infime (à peine un peu plus de 1 %…) de leur PIB, il ne faut pas s'étonner de tels pourcentages. Le vrai débat n'est pas de baisser les dépenses de la PAC, il est de donner un vrai budget à l'Europe.

L'agriculture de montagne, terrain privilégié de la révolution qualitative.

C'est quoi la PAC ? C'est une politique commune fondée sur trois grands volets :

• un premier pilier, créé dès l'origine, les « aides de marché », qui comporte les organisations communes de marchés (les OCM.) combinant aussi bien des mécanismes de maîtrise de la production (les quotas laitiers par exemple) que des subventions à l'exportation, critiquées à juste titre par le tiers monde, et des compensations aux baisses de prix imposées depuis le début des années 90 ;

• un deuxième pilier, apparu à ce moment, là, intitulé « le développement rural », qui vise surtout à aider les politiques de qualité et de protection de l'environnement ;

• enfin, un troisième pilier qui ne dit pas son nom en tant que tel mais qui a pris de plus en plus de place au fil des années : la sécurité alimentaire.

La PAC, c'est un ensemble de dispositifs et règlements qui régissent ces trois piliers d'une façon uniforme dans nos quinze pays.

Enfin, il y a les dépenses nettes : la France contribue pour 17 % au budget de l'Union et reçoit 16,7 % des aides communautaires. Nous ne sommes que très faiblement contributeurs nets, alors que nous ne sommes pas vraiment un des pays les plus pauvres de l'Union… En volume, c'est la France qui reçoit le plus. Sur les montants reçus, 73,9 % proviennent de la PAC A l'intérieur de la seule PAC, notre taux de retour est de 22,2 %, soit cinq points de plus que notre contribution. Les plus gros contributeurs nets sont la Suède et l'Allemagne ;

• ensuite, reprenant la célèbre formule d'Abraham Lincoln, « L'éducation coûte cher ? Essayez-donc l'ignorance ! », je dirais volontiers : « Essayez l'agriculture sans PAC », c'est-à-dire sans subventions. C'est possible ! Mais à quel prix ? Au prix de la disparition de centaines de milliers d'exploitations, d'une agriculture encore plus intensive, de régions désertifiées ? Ce n'est pas l'agriculture que je souhaite… C'est pourquoi il faut unir nos efforts pour maintenir une vraie politique agricole commune ;

• la vraie question n'est donc pas s'il faut des subventions à l'agriculture (la réponse est oui) mais quelles subventions sont pertinentes et justes.

C'est là qu'intervient le débat sur « la nécessaire réforme de la PAC ».

En disant d'abord que cette PAC est en réforme permanente depuis le début ! En 1984, quand nous avons créé les quotas laitiers pour maîtriser la production, que n'avons-nous entendu de ceux-là mêmes qui, aujourd'hui, nous disent : « Touche pas à mes quotas » ! Et en 1992, avec les baisses de prix compensées ? « Nous ne voulons pas être subventionnés ! »… Maintenant c'est : « Touche pas à mes subventions ! » On a donc réformé. Et plutôt bien : aujourd'hui, à l'inverse d'il y a dix ou quinze ans, il n'y a plus d'excédents stockés à grands frais pour les contribuables européens. Les marchés sont parfaitement équilibrés : c'était particulièrement vrai du marché de la viande bovine avant la dernière crise de la vache folle.

Mais cette réforme doit se poursuivre. Car le monde bouge et l'Europe et son agriculture avec. Car les attentes de nos concitoyens évoluent et que nous devons y répondre.

C'est dans ce contexte que se pose le projet de réforme de la PAC proposé par le commissaire Fischler.

Ma première réaction est la suivante : Eh quoi ! cela fait des années qu'un certain nombre d'entre nous nous battons pour le découplage des aides de la PAC par rapport à la production, afin de lutter contre le productivisme, pour le plafonnement des aides et leur modulation afin d'aider plus ceux qui en ont le plus besoin, c'est-à-dire les petites exploitations familiales, pour le transfert des aides du premier pilier (les aides de marché) vers le deuxième (le développement rural) afin de mieux prendre en compte la diversité de nos régions, de nos territoires, de nos productions, de nos exploitations, pour l'écoconditionnalité pour encourager les bonnes pratiques agricoles respectueuses de l'environnement… et nous bouderions notre plaisir aujourd'hui, devant les propositions de la Commission ?

Je ne change pas d'avis.
Et je dis qu'il ne faut se tromper ni sur le fond ni sur la méthode.

• Sur le fond, on n'a pas le droit d'argumenter sur le thème « si on met en œuvre cette réforme, ce sont des centaines de milliers d'exploitations qui seraient menacées de disparition ». Quelle honte et, en même temps, quelle dérision d'employer de tels arguments ! Car enfin : des centaines de milliers d'agriculteurs menacés de disparaître, ce n'est pas une nouveauté pour demain, c'est une réalité déjà vécue hier et avant-hier.

Et ce qu'on se garde bien de dire et de préciser, c'est quels agriculteurs disparaissent depuis trente ou quarante ans ?

C'est là qu'il faut être clair : ce sont les petites et moyennes exploitations familiales qui disparaissent depuis des décennies sans que personne dans les rangs conservateurs ne trouve à y redire.

Et pourquoi ces petites exploitations disparaissent-elles ? Parce que ce sont les plus fragiles, bien sûr, mais aussi parce que le système des aides de la PAC — et, notamment, les primes du premier pilier correspondant aux compensations de baisse de prix — est inadapté et injuste dans la mesure où il est proportionnel à la production : « plus tu produis, plus tu touches », tel est le principe qui s'est transformé en « plus tu as d'hectares, donc plus tu produis et plus tu touches ». Et c'est comme cela que 80 % des aides vont à 20 % des exploitations, les plus grosses.

C'est pourquoi on nous ment et on cherche à nous tromper quand on nous dit que la remise en cause de ce système inique menacerait de disparition des centaines de milliers d'exploitations. Ce n'est pas vrai ! La remise en cause de ce système permettrait de mieux aider la petite et moyenne exploitation familiale.

Deuxième faute sur le fond : l'éternelle rengaine selon laquelle « ce ne sont pas des subventions que nous voulons, ce sont des prix rémunérateurs ». Voilà une phrase simple qui résonne positivement à l'oreille des agriculteurs ! Dommage qu'elle soit gâchée et contradictoire quand elle est complétée : « ce ne sont pas des subventions que les agriculteurs veulent mais des prix rémunérateurs... Donc, pas touche à nos subventions ! » Quelle contradiction...Tout le monde rêve de prix rémunérateurs. Mais qui fixe les prix ? La FNSEA ? Le ministre ou le président de la République ? Non, c'est le marché et c'est quand même un comble que ce soit un socialiste qui le rappelle. C'est le marché mondial, sur lequel l'agriculture française est la deuxième puissance exportatrice du globe, la première, même, si l'on parle de produits agricoles transformés. Et c'est pourquoi, plutôt que de s'en tenir à ces raisonnements démagogiques, on ferait mieux d'assumer les subventions : oui, l'agriculture européenne, et française en particulier, doit être subventionnée ! C'est le prix que la société doit payer pour avoir un monde rural vivant, productif, aménagé et aménageur, répondant aux attentes des citoyens. Et on en revient alors au point précédent : reste à

Les charniers de bovins lors de la crise de l'ESB : ne plus voir ces excès.

construire des subventions justes et efficaces par rapport aux attentes de la société. C'est l'enjeu. Car on n'aide pas de la même manière la grosse exploitation céréalière qui se bat à l'exportation sur le marché mondial et le petit éleveur de montagne qui se bat... pour boucler ses fins de mois. A trop défendre les premiers, on laisse crever les seconds.

C'est pourquoi il ne faut pas se tromper de méthode :

• à l'égard de nos partenaires européens : la France ne doit pas s'isoler dans une position défensive et conservatrice ! Et l'accord franco-allemand de la fin 2002 est de ce point de vue inquiétant : il se résume à « reculer pour mieux sauter ». Elle doit être force de proposition : sur

La faim dans le monde : une ardente obligation pour réformer la PAC.

les organisations communes de marché, nous devons nous battre, par exemple, non pas sur la défense des aides mais sur les régulations de marché ou ces maîtrises de production plus efficaces ! Elle doit rentrer dans la discussion et cesser de considérer que les autres n'ont le droit que de payer et se taire. A l'heure de l'humilité et de la modestie... commençons par respecter nos partenaires européens ;

• la seconde, à l'égard des pays candidats à l'adhésion : qui peut et veut leur faire croire que le système d'aides de la PAC peut être conservé en l'état et qu'ils pourront y émarger plein pot ? C'est budgétairement irréaliste. Et d'ailleurs, faut-il encourager ces pays candidats à se précipiter vers un productivisme qui n'est plus de saison ? NON, c'est de développement rural que ces pays ont besoin ;

• la dernière erreur est à l'égard des pays du tiers monde : la PAC y est mise en accusation pour ses aspects protectionnistes. Alors, adressons-leur un signe fort et attendu : on ne peut pas à la fois tenir un discours généreux à Johannesburg et, revenu à Paris, refuser de toucher à une once de la PAC ! Ou alors, on s'enferme dans le double discours qui n'honore pas la politique.

Le débat sur l'avenir de la PAC est un débat profondément politique : ou bien l'on reste sur une position purement conservatrice et de défense de certains privilèges, ou bien l'on se met en recherche d'une politique répondant mieux aux attentes profondes de la société. Il faut aborder ce débat dans la clarté démocratique.

Jean GLAVANY
ancien ministre de l'Agriculture

Avril

Lu	Ma	Me	Je	Ve	Sa	Di
1	2	3	4	5	6	7
8	9	10	11	12	13	14
15	16	17	18	19	20	21
22	23	24	25	26	27	28
29	30					

Orly, mardi 2
Incidents entre militants pro-israéliens et propalestiniens lors du retour de José Bové.

Paris, mardi 2
Le Quai d'Orsay porte à six le nombre de Français détenus sur la base de Guantanamo.

Paris, mardi 2
L'Etat met en vente 10,7 % du capital de Renault. Il conserve la minorité de blocage.

Londres, mardi 2
A 26,86 $ le baril, le cours du pétrole a augmenté de 26 % depuis fin février.

Monde, mardi 2
La tuberculose tue entre 1,7 et 3 millions de personnes par an. 50 millions en sont atteintes.

Paris, jeudi 4
Annonce de la découverte, par des équipes du CNRS et de l'Inserm, de l'hormone régulatrice du fer : l'hepdicine.

Paris, jeudi 4
Présentation du nouveau logo du groupe La Poste : l'oiseau stylisé traditionnel s'inscrit en blanc dans un cercle bleu.

Chicago, jeudi 4
Aldo Cardoso est nommé P-dg par intérim du cabinet Arthur Andersen.

Paris, samedi 6
Le rapport sur le suicide de Richard Durn conclut à des erreurs, mais non à des fautes pénales de la part des policiers.

Paris, samedi 6
Un défilé propalestinien réunit 18 000 personnes.

Meerbeke, dimanche 7
Cyclisme : l'Italien Andrea Tafi remporte le Tour des Flandres.

Villavicencio (Colombie), dim. 7
Un attentat à la voiture piégée, attribué aux Farc, fait 12 morts.

Pau, dimanche 7
Tennis : la France se défait de la République tchèque en quart de finale de la Coupe Davis.

DECES

Paris, jeudi 4
Pierre Marchand, éditeur (*17.11.1939).

Metz, samedi 6
Petru Dumitriu, écrivain roumain d'expression française (*1924).

4 515,70 — 26,87 $ — € 0,8797 $

Une synagogue brûle à Marseille

Marseille, lundi 1er
Il ne reste plus, ce matin, que des débris calcinés de la synagogue du 12e arrondissement de Marseille. Au cours de la nuit, des inconnus ont incendié ce lieu de culte juif, proche d'une cité à très forte concentration maghrébine. La nuit de vendredi à samedi, c'est à la voiture bélier que la synagogue de la Duchère, à Lyon, avait été prise pour cible, tandis que, la nuit suivante, une autre tentative d'incendie avait visé une synagogue de Strasbourg. L'émotion est à son comble dans la communauté juive, où cette vague d'actes antisémites est perçue comme une extension du conflit proche-oriental.

Les Pays-Bas disent oui à l'euthanasie

Pays-Bas, lundi 1er
La loi votée le 10 avril 2001 entre en vigueur. Les Pays-Bas sont ainsi le premier Etat au monde à rendre légale l'euthanasie, qui faisait déjà l'objet d'une large tolérance depuis 1997. Elle ne pourra être toutefois pratiquée que dans des conditions précises. Les malades incurables qui souhaiteront mettre fin à leurs jours devront en faire la demande claire, et seulement en cas de souffrances insupportables. Quant aux médecins qui procéderont à l'acte, ils devront soumettre un dossier à l'avis d'une commission spéciale.

Un premier sommet pour les éoliennes

La Défense, mardi 2
La tenue en France du 1er Sommet mondial de l'énergie éolienne est de bon augure. Fin 2001, la France se plaçait en 12e position des 15 pays de l'UE pour ce secteur énergétique : 89 MW de capacité de production contre 8 750 en Allemagne, 3 650 en Espagne ou 2 400 au Danemark. Ce retard doit être comblé, ne serait-ce que pour respecter la directive qui impose que la part de l'énergie dite verte soit de 21 % en 2010. Parmi les projets à l'étude, les plus originaux sont les sites éoliens en pleine mer : ils ne défigurent pas la campagne.

Bethléem est assiégée

L'opération baptisée Rempart s'étend maintenant à la ville natale du Christ.

Bethléem, mercredi 3
La guerre menée par Israël contre l'Autorité palestinienne a pris une une tournure symbolique très forte avec l'encerclement de l'église de la Nativité, à Bethléem, où se sont hier réfugiés 200 à 400 Palestiniens qui fuyaient les chars israéliens entrés dans la ville. Pour l'instant, Sharon n'envisage pas de donner l'assaut à ce haut lieu de la Chrétienté. Mais le Vatican a convoqué aujourd'hui l'ambassadeur de l'Etat juif auprès du Saint-Siège pour lui exprimer sa condamnation des « humiliations » et des « injustices » dont souffre le peuple palestinien. Alors que le QG de Yasser Arafat restait soumis à un siège drastique et qu'une mission de l'Union européenne était empêchée de le rencontrer, l'occupation des principales villes de Cisjordanie par l'armée israélienne se poursuivait de façon systématique, en particulier à Naplouse où les chars sont entrés en force ce soir. La reprise du dialogue entre Israéliens et Palestiniens est d'autant plus compromise que des témoignages font état d'exactions et de pillages dans les zones occupées, ainsi que de destructions massives d'édifices publics et privés.

Le 1er, à Paris, au théâtre Mogador, Jean Piat remet un Molière à Annie Girardot (meilleure comédienne pour *Madame Marguerite*). Alain Delon lui avait décerné auparavant un Molière d'honneur pour toute sa carrière.

L'espoir de paix est revenu en Angola

Luanda, jeudi 4
Après vingt-sept années de guerre et de reconciliations manquées entre le gouvernement angolais, dominé par le MPLA, et les rebelles de l'Unita implantés dans la riche province du Moxico, dans l'Est, la paix est peut-être enfin en vue. C'est la mort du chef historique de l'Unita, Jonas Savimbi, qui a précipité les choses. Il faut dire que le combat devenait de plus en plus problématique pour l'Unita, soumise à un encerclement par les Forces armées angolaises. Ainsi, Paulo Lukamba « Gato », le successeur de Savimbi, est venu à Luanda pour signer un protocole d'accord avec le chef de l'Etat, José Eduardo Dos Santos. L'Unita sera à terme désarmée et redeviendra un parti politique « normal ». La guerre civile a jeté l'Angola dans le chaos et fait 500 000 victimes.

La liste des seize candidats à la présidentielle est dévoilée

Pierre Mazeaud et Jean-François Colliard entourent Yves Guéna, président du Conseil constitutionnel. Les neuf sages ont validé 17 815 parrainages.

Paris, jeudi 4
Yves Guéna, président du Conseil constitutionnel, a dévoilé la liste des candidats autorisés à se présenter à l'élection présidentielle, c'est-à-dire ayant recueilli les 500 parrainages d'élus exigés par la loi, et les ayant déposés avant mardi minuit. Ils sont seize, un record. Ils étaient douze en 1974, onze en 1981, et neuf en 1988 et 1995. Outre les deux favoris selon tous les sondages, Jacques Chirac et Lionel Jospin, les Français auront le choix entre trois trotskistes, Daniel Gluckstein, Olivier Besancenot (ce facteur est, à 28 ans, le benjamin de la compétition) et Arlette Laguiller, dont c'est la 5e tentative ; Jean Saint-Josse, qui défend les chasseurs face à deux écologistes, Noël Mamère et Corinne Lepage ; François Bayrou, le président de l'UDF, concurrencé par la dissidente Christine Boutin et par le libéral Alain Madelin ; Jean-Pierre Chevènement, qui dit porter les valeurs de la République et du souverainisme, Christiane Taubira, investie par les radicaux de gauche ; le communiste Robert Hue ; et enfin les deux frères ennemis de la droite nationale (ils refusent d'être classés à l'extrême droite), Bruno Mégret et Jean-Marie Le Pen, les difficultés de ce dernier à réunir les parrainages ayant animé les dernières semaines. Il y a réussi, contrairement à Charles Pasqua, qui manque à l'appel.

Grand chelem pour le XV

Saint-Denis, samedi 6
Historique. D'abord parce que, en battant l'Irlande par 44-5 au Stade de France, le XV tricolore remporte son septième grand chelem. Ensuite parce que c'est le premier gagné par une équipe depuis que le Tournoi des Cinq Nations est devenu celui des six avec l'arrivée de l'Italie. Ce succès est dû à la complémentarité entre un capitaine charismatique, Fabien Galthié, et un sélectionneur, Bernard Laporte, qui a rajeuni ses troupes et renouvelé leur jeu offensif tout en les amenant à bien maîtriser la balle, ce qui ne fut pas toujours le cas avant. La France a battu l'Italie le 2 février (33-12), le Pays de Galles le 16 février (37-33), l'Angleterre le 2 mars (20-15) et l'Ecosse le 23 mars (22-10). Le rugby à XV français, en progrès constant, a maintenant une grande ambition : gagner la Coupe du monde l'année prochaine.

Manifestation à Paris pour soutenir Israël

Paris, dimanche 7
L'objectif de la manifestation était double : dénoncer l'antisémitisme et apporter un soutien sans faille à la politique menée par l'Etat d'Israël dans les territoires palestiniens. Les slogans et les pancartes ne laissaient guère de doute sur l'état d'esprit des quelque 100 000 manifestants juifs réunis par le Conseil représentatif des institutions juives de France : « Vive Sharon », « A mort Arafat ». Quelques rares drapeaux français se mêlaient à la marée des pavillons à l'étoile de David. Les organisateurs espéraient une démonstration dans le calme, mais ils ont été débordés. Les militants d'extrême droite de la Ligue de défense juive ou du Bétar s'en sont pris violemment à la presse accusée de complaisance envers les Palestiniens, ont attaqué à coups de battes de base-ball des Maghrébins et ont affronté les forces de l'ordre. Un commissaire de police a même été poignardé à l'abdomen.

La domination de Fabien Pellous et de ses partenaires fut impressionnante.

Des rassemblements avaient été également organisés dans les villes de province.

Avril

Lu	Ma	Me	Je	Ve	Sa	Di
1	2	3	4	5	6	7
8	9	10	11	12	13	14
15	16	17	18	19	20	21
22	23	24	25	26	27	28
29	30					

Jalalabad, lundi 8
L'explosion d'une bombe au passage du ministre afghan de la Défense fait 4 morts.

Chamonix, lundi 8
Réouverture du tunnel du Mont-Blanc aux camions de moins de 19 tonnes.

Bagdad, lundi 8
L'Irak cesse pour un mois ses exportations de pétrole pour protester contre l'offensive israélienne en Cisjordanie.

Chicago, lundi 8
Arthur Andersen annonce la suppression de 7 000 emplois aux Etats-Unis.

Windsor, mardi 9
La reine Mère est inhumée dans la chapelle Saint Georges du château de Windsor au côté de son mari.

Monde, mercredi 10
Selon Amnesty International, 3 048 condamnés à mort ont été exécutés en 2001 dans 31 pays (dont 2 468 en Chine), contre 1 457 en 2000.

Bordeaux, mercredi 10
Mise en liquidation de Kalisto, qui fut le leader français des jeux vidéo.

Paris, jeudi 11
Annonce de l'arrêt définitif de l'usine AZF de Toulouse.

Israël, jeudi 11
Tsahal déclare avoir arrêté 4 185 Palestiniens depuis le début de l'opération Rempart.

Népal, jeudi 11
Une offensive maoïste fait près de 300 morts.

Le Mans, dimanche 14
Victoire de l'équipage français Bayle-Dussauge-Gimbert, sur Suzuki, aux 24 Heures moto.

Imola, dimanche 14
Michael Schumacher remporte le GP de F1 de Saint-Marin.

DECES

Prague, lundi 8
Josef Svoboda, scénographe (*10.5.1920).

Mexico, lundi 8
Maria Félix, star du cinéma latino-américain (*8.4.1914).

Aubergenville, jeudi 11
Pierre Siniac, auteur de romans policiers (*15.6.1928).

4 468,29 — 24,60 $

€ 0,8795 $

Bayrou gifle un petit sauvageon des cités

Strasbourg, lundi 8
François Bayrou est au 1er étage de la mairie annexe du quartier de la Meinau, en compagnie du maire de Strasbourg, Fabienne Keller, quand les pierres se mettent à voler dans leur direction. En bas, un groupe de jeunes lance autant d'insultes que de cailloux. Quand une vitre est brisée, Bayrou décide de sortir. D'aller les tancer et, qui sait, de parvenir à dialoguer. Soudain, il sent une main qui s'introduit dans la poche de sa veste. La sienne, de main, part illico à l'horizontale. Direction la joue du môme. Dans le mille. L'histoire dit que Yacine, 11 ans, en a reçu deux autres en rentrant chez lui.

KirchMedia a croulé sous ses dettes

Munich, lundi 8
L'empire de Leo Kirch est en voie de dislocation. Le dépôt de bilan de KirchMedia, la pièce maîtresse de ce groupe allemand dont la dette se monte à 6,5 milliards d'euros, a été fait. Leo Kirch, qui a démissionné, avait engagé KirchMedia dans une politique d'achats de droits des plus risquées, ceux de la retransmission de la Coupe du monde de football en particulier. Si les activités de l'entreprise devraient continuer au sein d'un holding constitué par les banques créancières, les activités audiovisuelles rentables du groupe seraient conservées.

Une Cour pénale internationale

New York, jeudi 11
La Cour pénale internationale (CPI) est aujourd'hui une réalité, mais son action ne sera effective qu'à partir du 1er juillet prochain. Instituée par l'ONU, elle aura pour tâche de juger les crimes de guerre, les crimes de génocide, ainsi que les crimes contre l'humanité. Mais la CPI ne pourra agir qu'avec l'accord des Etats qui ont ratifié sa création, ce qui n'est pas le cas des Etats-Unis, qui y sont hostiles, de la Russie ou de la Chine. Sa « compétence universelle » en est du coup bien théorique.

Une explosion à la synagogue de Djerba

Djerba, jeudi 11
Accident ou attentat ? Les autorités tunisiennes privilégient la première hypothèse, mais Israël penche pour la seconde. Ce matin, la synagogue de la Ghriba, dans l'île touristique de Djerba, au sud de la Tunisie, a été touchée par une explosion qui a coûté la vie à seize personnes, dont onze Allemands et un Français. En fait, selon les déclarations faites par la police tunisienne, c'est un camion chargé de bonbonnes de gaz qui a heurté le mur d'enceinte de ce haut lieu du judaïsme africain. Roulant trop vite, le véhicule aurait échappé au contrôle de son chauffeur. Si la thèse de l'attentat, en revanche, se confirmait, le coup serait très dur pour le tourisme tunisien.

Pronunciamento manqué au Venezuela

Les « chavistes » sont dans la rue.

Caracas, dimanche 14
Le Venezuela a failli connaître une situation comparable à celle du Chili en 1973, lorsque Salvador Allende fut renversé par le général Pinochet. La différence est que le coup d'Etat a tourné court pour les putschistes, et que le président Hugo Chavez a repris le pouvoir. A l'instigation du patronat, de certains syndicats et de militaires, une manifestation avait été organisée jeudi à Caracas pour réclamer le départ d'Hugo Chavez, dont le « bolivarisme » (une sorte de socialisme mêlé de nationalisme et de populisme) heurtait les intérêts des classes possédantes et inquiétait les pétroliers. Des heurts sanglants eurent lieu avec les « chavistes », et, dès le lendemain, le président était fait prisonnier. Et Pedro Carmona, le « patron des patrons », s'emparait du pouvoir. Pas pour longtemps. En effet, samedi, sous la pression des classes populaires et des unités de l'armée restées fidèles à celui qui fut colonel de parachutistes, Carmona renonçait et était arrêté. Libéré de l'île d'Orchila où il avait été mis au secret, Chavez est rentré au palais présidentiel de Miraflores, sous les vivats de ses partisans.

Le 14, Johan Museeuw remporte son troisième Paris-Roubaix, dont c'était cette année la 100e édition.

Le camp de Jénine a vécu une tragédie

Jénine, dimanche 14
Que s'est-il vraiment passé dans le camp de Jénine ? Les journalistes qui ont été autorisés à le visiter, guidés par des militaires israéliens, n'ont vu que ce qu'on voulait leur montrer, c'est-à-dire pas grand-chose. Assailli par l'armée le 2 avril, soumis à des tirs intensifs d'obus et de missiles, ce camp en dur, situé dans le nord de la Cisjordanie, a été le théâtre de violents combats et n'est plus guère qu'un amas de décombres. Combien de civils ont été tués ? Du côté des Palestiniens, on parle de centaines de cadavres que les bulldozers des militaires auraient ensevelis. Ce que démentent les Israéliens.

Avril

Lu	Ma	Me	Je	Ve	Sa	Di
1	2	3	4	5	6	7
8	9	10	11	12	13	14
15	16	17	18	19	20	21
22	23	24	25	26	27	28
29	30					

Pusan (Corée du Sud), lundi 15
Un Boeing 767 d'Air China se crashe en phase d'approche : 115 morts et 39 survivants.

Sangatte, lundi 15
Un Kurde est tué lors d'une rixe dans le centre de réfugiés.

France, lundi 15
Plus de 300 actes antisémites liés à la situation au Proche-Orient ont été recensés depuis le 29 mars.

Vatican, mardi 16
Atteint par la limite d'âge, le cardinal Ratzinger, préfet de la Congrégation pour la doctrine de la foi, reste à son poste à la demande de Jean-Paul II.

Tunis, mardi 16
Les autorités admettent que l'explosion à la synagogue de Djerba est due à un attentat.

Londres, mercredi 17
Le gouvernement annonce une hausse des impôts afin de sauver le système de santé.

Madagascar, mercredi 17
La Cour suprême annule le 1er tour de la présidentielle. (→ 18)

Timor-Oriental, mercredi 17
José Alexandre Gusmao est élu. Il est le 1er président du pays.

Dakar, jeudi 18
Marc Ravalomanana et Didier Ratsiraka, les rivaux malgaches, signent un accord pour la mise en place d'un gouvernement de coalition.

Paris, vendredi 19
Gérard Bourgoin, président de la Ligue nationale de football, remet sa démission.

Marseille, vendredi 19
Christophe Bouchet est nommé à la tête de l'OM.

DECES

Eugene (Oregon), lundi 15
Damon Knight, écrivain de science-fiction (*19.9.1922).

Bâle, mardi 16
Herbert Wernicke, metteur en scène allemand (24.3.1946).

Colla Michari (Italie), jeudi 18
Thor Heyerdahl, explorateur norvégien (*6.10.1914).

La Varenne-Saint-Hilaire, samedi 20
Francis Lemarque, né Nathan Korb, auteur, compositeur et interprète (*25.11.1917).

4 606,42 — 25,42 $

€ 0,8892 $

Jean-Marie Messier débarque Pierre Lescure de Canal +

Paris, mardi 16
La seule question qui se pose est la suivante : Jean-Marie Messier, P-dg de Vivendi Universal, a-t-il sauvé sa tête en sacrifiant Pierre Lescure, le P-dg de Canal +, figure historique de la chaîne dont il fut, en 1984, l'un des fondateurs ? La même question s'était posée, vendredi, quand Denis Olivennes, n°2 de Canal, avait remis sa démission : il s'était sacrifié pour sauver Lescure... Dans la rédaction, la consternation a vite cédé le pas à la colère, et l'émission « Nulle part ailleurs » a été interrompue au profit d'une assemblée générale en direct. Quoi qu'ils en pensent, ils devront travailler sous les ordres de Xavier Couture, jusqu'à ce matin directeur des programmes de TF1.

La confusion est totale lors de l'assemblée générale tenue devant les caméras.

Une grève générale paralyse l'Italie

Rome, mardi 16
Treize millions de grévistes ont été recensés dans tout le pays : du jamais vu en Italie depuis dix ans. Sergio Cofferati, le secrétaire général de la CGIL (l'équivalent de la CGT), est parvenu à ses fins. Il a réalisé l'union des trois principaux syndicats contre le projet de réforme de l'article 18 du statut des travailleurs, et apparaît comme le seul fédérateur crédible de l'opposition à Silvio Berlusconi. Ce dernier n'entend toutefois pas céder sous la pression. Gianfranco Fini, le vice-président du Conseil, a affirmé que le gouvernement « ne ferait pas machine arrière ».

Fin d'un long exil pour le roi d'Afghanistan

Hamid Karzaï accompagne le retour de Zaher Chah dans son royaume.

Kaboul, jeudi 18
Retour discret au pays pour Zaher Chah, l'ancien roi d'Afghanistan, après vingt-sept ans d'exil. Agé de 87 ans, il est arrivé de Rome à bord d'un C-130 de l'aviation italienne, accompagné d'Hamid Karzaï, chef de l'administration intérimaire. La télévision afghane n'a pas transmis d'images : elle était mystérieusement tombée en panne... Cette discrétion fortuite ou voulue n'a pas chagriné le vieux monarque, qui ne recherche ni le pouvoir ni la publicité. Zaher Chah n'a d'autre but affiché que de contribuer à rétablir l'unité de son pays, en particulier en présidant en juin une Loya Jirga, la traditionnelle assemblée des notables.

Echec de Powell au Proche-Orient

Washington, jeudi 18
Colin Powell est revenu bredouille, ou presque, du Proche-Orient. Les entretiens que le secrétaire d'Etat américain a eus avec Ariel Sharon et Yasser Arafat n'ont pas abouti. Tout juste a-t-il obtenu d'Israël une promesse de retirer son armée des territoires palestiniens, mais aucun calendrier précis n'a été fixé Et ce retrait ne sera que partiel. De son côté, l'Autorité palestinienne s'est refusée à tout engagement tant que le QG d'Arafat serait assiégé. C'est une fois de plus l'impasse.

Le 15, à Enghien, Dominique Desseigne, P-dg du groupe Lucien Barrière, présente des machines à sous. On peut jouer à moins de 100 km de Paris.

La guerre n'est pas finie en Cisjordanie

Jérusalem, dimanche 21
Les forces israéliennes ont amorcé leur retrait de Naplouse, ainsi que d'une partie de Ramallah, marquant ainsi la fin de la première phase de l'opération Rempart en Cisjordanie. Mais Ariel Sharon a précisé qu'une deuxième phase se poursuivrait. Dès aujourd'hui d'ailleurs, les Israéliens ont investi le camp de Kalandia, au sud de Ramallah, et procédé à des arrestations. D'autre part, Sharon a décidé de boycotter le représentant de l'ONU, Terje Roed-Larsen, qui a dit que la situation laissée à Jénine par les Israéliens était « une horreur dépassant l'entendement ».

Le président chinois en quête de pétrole

Téhéran, dimanche 21
Dernière étape du voyage au long cours effectué par Jiang Zemin en Allemagne, en Libye, au Nigeria et en Tunisie : l'Iran, où sa visite s'est achevée aujourd'hui. Dans le cas des quatre derniers pays, il a été surtout question de pétrole, dont le manque est le point faible de la Chine. Le président chinois ne peut prétendre à une politique d'indépendance sans assurer son approvisionnement. Ce qu'il fait en resserrant les liens avec les pays producteurs et en y faisant des investissements.

Surprise : Le Pen est au second tour

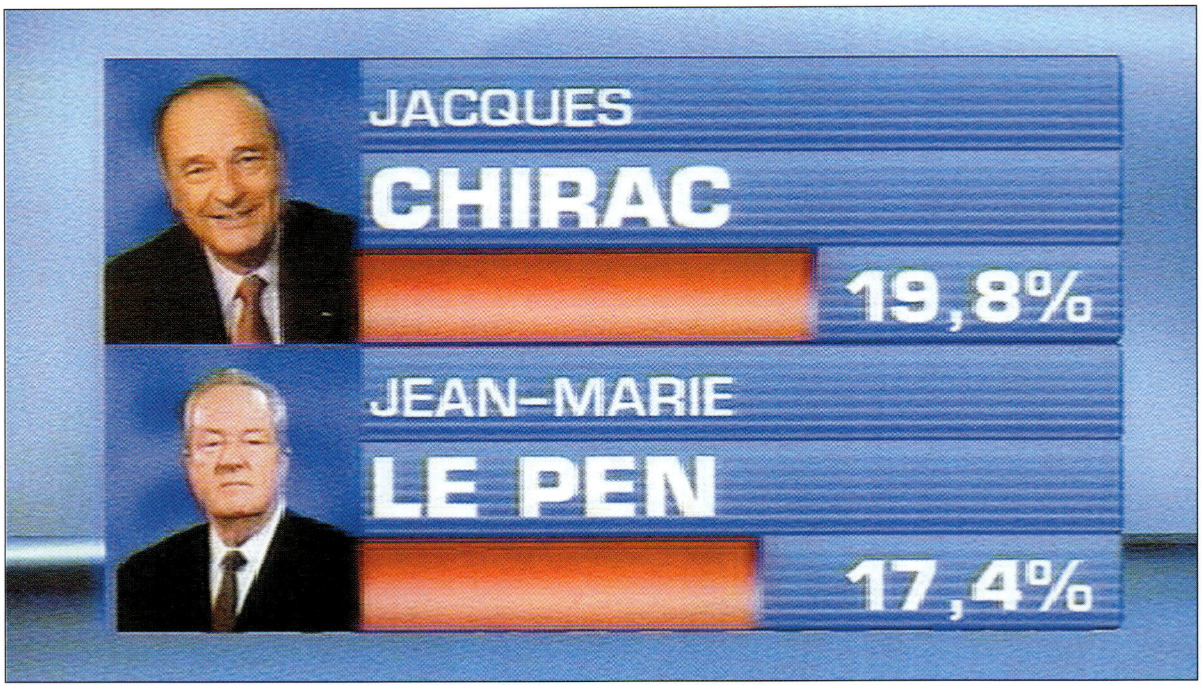

France, dimanche 21
Quand les télévisions ont affiché les visages des deux candidats arrivés en tête, la stupeur s'est abattue sur les militants socialistes. Comme en 1969, la gauche ne sera pas présente au deuxième tour. Avec 16,18 % des suffrages, Lionel Jospin est distancé par Jean-Marie Le Pen (16,86 %). Il s'en est fallu de 200 000 voix. Avec 19,88 %, Jacques Chirac est devant. Digne dans la défaite, Lionel Jospin a annoncé qu'il assumait pleinement « la responsabilité de cet échec » et qu'il se retirait de la vie politique. Jean-Marie Le Pen s'est, lui, posé en candidat « des petits, des sans-grade, des exclus » qu'il a appelés à « entrer dans l'espérance », reprenant le mot de Jean-Paul II lors de son élection, tandis que Jacques Chirac réclamait un « sursaut démocratique » lors du second tour. En ajoutant les 2,34 % de Bruno Mégret, le populisme de droite totalise 19,20 % des suffrages. La certitude que Lionel Jospin serait au deuxième tour paraît avoir incité des électeurs de gauche à émettre un vote de protestation, soit au profit des trotskistes, forts de 10,44 % des voix (5,72 % pour Laguiller, 4,25 % pour Besancenot), soit en faveur de Christine Taubira (2,32 %). Robert Hue est l'autre victime de ce scrutin. Il réalise le plus faible score (3,37 %) jamais enregistré par le PCF depuis sa création. Et si François Bayrou (6,84 %) et Noël Mamère (5,25 %) ont atteint leurs objectifs, ce n'est pas le cas de celui qui voulait être le « troisième homme » : Chevènement n'obtient que 5,33 % des voix.

Le 18, à Milan, un avion de tourisme Rockwell Commander 112C, piloté par un Suisse de 67 ans, Gino Fasulo, se jette sur la tour Pirelli : au moins trois morts et des dizaines de blessés. La police évoque un possible suicide.

Le 20, au Stade de France, devant 79 923 spectateurs, les Girondins de Bordeaux écrasent Lorient par 3-0 (deux buts de Pedro Miguel Pauleta et un de Camel Meriem). C'était en finale de la Coupe de la Ligue de football.

La montée du populisme

A quelques notables exceptions (Allemagne, Grande-Bretagne et Espagne), les principaux pays européens ont enregistré, à la suite de la France qui a fait figure de précurseur en la matière au début des années 80, les succès électoraux de mouvements étiquetés « populistes ».

Un espace idéologique inoccupé

Les raisons de cette montée du populisme sont multiples.

• L'une d'elles est que l'occupation de l'espace politique ne correspond plus à l'occupation de l'espace idéologique. La présence de partis conservateurs et progressistes ne signifie plus rien d'autre que la coexistence (et parfois la cohabitation) de deux écuries concurrentes, que plus grand-chose ne distingue hors la personnalité de leurs leaders. Par un phénomène centripète, le clivage droite/gauche s'est épuisé au profit d'un recentrage généralisé, d'un tropisme général vers le social-libéralisme. La bipolarisation ne s'effectuant plus que dans un périmètre électoral restreint, un espace considérable s'est ouvert pour de nouvelles formations. Il eût été étonnant qu'il demeurât inoccupé.

• La capacité du courant populiste à prendre possession de cet espace réside dans son aptitude à se trouver en phase avec les trois inquiétudes principales de la population européenne que sont les effets sociaux dévastateurs de ce qu'on appelle la « mondialisation » ; la construction d'une Europe au mode de fonctionnement et aux décisions incompréhensibles pour une grande partie des citoyens ; l'arrivée en nombre de populations immigrées à dominante musulmane, concomitante à une démographie européenne déclinante.

• Mus par le sentiment d'être dépossédés de leur destin, et même de leur histoire, les électeurs, qui ne trouvent plus dans leurs dirigeants la volonté politique nécessaire au redressement, reportent presque mécaniquement leurs espoirs sur ceux qui leur apparaissent à la fois dégagés de toute responsabilité dans un présent qu'ils exècrent, et aptes à leur rendre les dignités civique, sociale et culturelle dont ils s'estiment délestés.

Un vote de dynamitage

Face à un système bloqué mais présenté comme inéluctable, le vote populiste apparaît comme un vote de dynamitage. De même que l'abstention est la forme passive de la protestation, le vote populiste en est la forme active. Dans les deux cas d'ailleurs, les motivations sont diverses, allant du simple rejet de l'offre au rejet total du système.

• Voter populiste apparaît, pour « ceux d'en bas », comme le seul moyen de se faire entendre par « ceux d'en haut », jugés, au choix, irresponsables, corrompus, sclérosés et totalement coupés des réalités quotidiennes.

• Voter populiste est aussi avoir le sentiment de reprendre possession de ses prérogatives, et notamment de la première d'entre elles : la liberté de choisir son destin.

Les ambiguïtés du populisme

Dans ses formes actuelles pourtant, le populisme ne manque pas d'ambiguïtés.

• Protestation antisystème, il n'existe que par la voie électorale, et donc à l'intérieur du système qu'il prétend combattre (il est d'ailleurs remarquable que ce courant, généralement analysé comme présentant des dangers pour la démocratie, ne se soit nulle part engagé dans la voie de l'illégalité). Les partis populistes n'ont d'autre possibilité, pour réussir, c'est-à-dire pour parvenir au pouvoir, que de se faire admettre par le système, en prenant ainsi le risque de voir leurs représentants les plus malléables se faire absorber, et n'avoir plus de raison d'être, tandis que les plus rétifs se voient éjectés et marginalisés. Les exemples autrichien, italien et, dans une moindre mesure, hollandais en témoignent : à l'épreuve du pouvoir, le populisme a partout décliné, miné par des querelles internes, englué dans une culture protestataire inopérante face aux exigences de gouvernement.

• En se disant « socialement de gauche et économiquement de droite », programme partagé par ses alter ego européens, Jean-Marie Le Pen énonce une impossibilité théorique et pratique. Mais il répond à deux aspirations tout aussi contradictoires d'une large frange de la population : un besoin de sécurité, qui réclame plus d'Etat, et un besoin de liberté, qui en exige moins (ou mieux).

• Faute de programme de gouvernement clairement établi – ce qui est d'ailleurs une de ses forces électorales –, le populisme hésite entre deux postures : le national-populisme et le libéral-populisme. Il serait paradoxal que ce soit justement cette deuxième forme, dont Silvio Berlusconi apparaît comme l'archétype, qui l'emporte, comme cela paraît être le cas, alors que le populisme s'est nourri durant des années du rejet d'un système libéral perçu comme déshumanisant.

Scores des candidats populistes aux dernières législatives, par pays

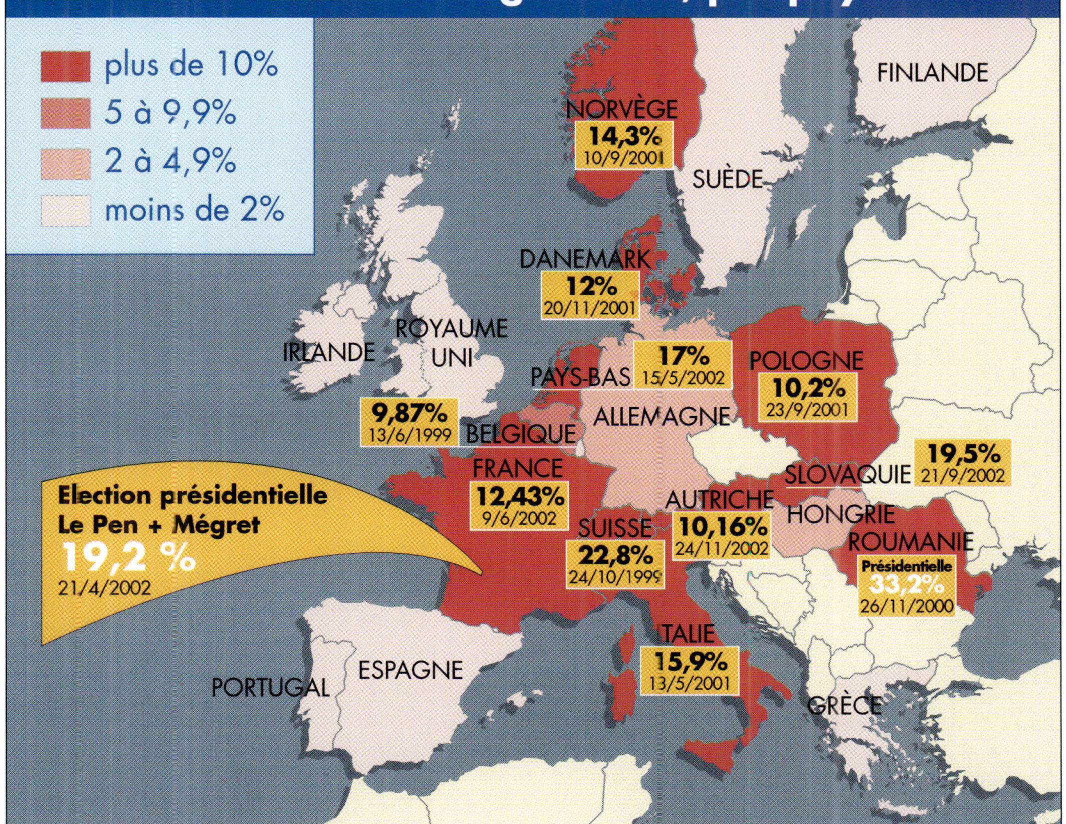

Avril

Lu	Ma	Me	Je	Ve	Sa	Di
1	2	3	4	5	6	7
8	9	10	11	12	13	14
15	16	17	18	19	20	21
22	23	24	25	26	27	28
29	30					

France, lundi 22
Après cinq semaines de grève, les douaniers obtiennent une hausse de leur prime de risque.

Buenos Aires, mardi 23
Démission du ministre argentin de l'Economie, en désaccord avec le président Duhalde.

Longuenesse, mardi 23
Markus Warnecke, agresseur du gendarme Daniel Nivel lors du Mondial 98, est libéré après quatre ans de détention.

Etats-Unis, mercredi 24
AOL-Time Warner révèle une perte record de 54 milliards de dollars au 1er trimestre.

Abidjan, jeudi 25
Mise en liquidation judiciaire de la compagnie Air Afrique.

Paris, vendredi 26
Dans un communiqué, Lionel Jospin appelle les électeurs à exprimer le 5 mai « leur refus de l'extrême droite ».

Barcelone, dimanche 28
Michael Schumacher remporte le GP d'Espagne de F1.

Liévin, dimanche 28
Basket : Valenciennes remporte l'Euroligue face aux Polonaises de Gdynia (78-72).

Strasbourg, lundi 29
La Cour européenne des droits de l'homme refuse le droit à Diane Pretty de se faire assister pour mourir.

Madagascar, lundi 29
La Haute Cour déclare Marc Ravalomanana vainqueur avec 51,46 % des suffrages, jugement contesté par Ratsiraka.

Afghanistan, mardi 30
Selon le HCR, 400 000 exilés sont rentrés depuis mars.

Lausanne, mardi 30
La Fédération internationale de patinage exclut Marie-Reine Le Gougne et Didier Gailhaguet de compétition pour 3 ans.

DECES

Denver, lundi 22
Linda Lovelace, née Boreman, 1re star du porno (*10.1.1949).

Sant Feliu de Guixols (Espagne), samedi 27
Le baron suisse Hans Heinrich von Thyssen-Bornemisza, un des plus grands collectionneurs d'art (*13.4.1921).

4 453,08 — 25,90 $

€ 0,8992 $

Difficile réveil après le premier tour

Les sondeurs sont montrés du doigt

Paris, lundi 22
Les instituts de sondage se sont-ils vraiment trompés ? A première vue, oui. Aucun d'eux n'avait imaginé un tel duel. Selon les derniers sondages publiés vendredi, Chirac et Jospin étaient entre 18 et 20 %, et Le Pen entre 14 et 15 %. Mais leurs études, expliquent-ils, sont mal interprétées. On les prend pour des prédictions, ce qu'elles ne sont pas. Elles n'ont d'autre objet que de fournir un état de l'opinion à un moment donné. Or vendredi, 40 % des électeurs disaient pouvoir encore changer d'avis.

Chirac refuse tout débat avec Le Pen

Rennes, mardi 23
Contredisant Michèle Alliot-Marie, la présidente du RPR, qui assurait que le traditionnel débat de l'entre-deux tours aurait bien lieu, Jacques Chirac, en meeting à Rennes, s'y est catégoriquement opposé. Le chef de l'Etat estime que « face à la haine et à l'intolérance, il n'y a pas de débat possible ». « Il a peur de la vérité », a aussitôt réagi Jean-Marie Le Pen face à cette « pitoyable dérobade ». Et de nier, tel de Gaulle, vouloir à son âge commencer une carrière de dictateur.

A marche forcée vers un parti chiraquien

Paris, mardi 23
En moins de 48 heures, l'affaire a été réglée. Les chiraquiens ont créé leur « grande formation de la droite et du centre » : l'UMP (Union pour la majorité présidentielle). Le RPR, l'UDF et Démocratie libérale ont, selon eux, vocation à s'y dissoudre, ce qui n'est pas du goût de François Bayrou. Il refuse d'être « phagocyté par un parti de godillots », qui aurait de plus vocation à mettre en piste Alain Juppé pour 2007.

Le Parti communiste est dans le rouge

Paris, mardi 23
En dessous de 5 % des suffrages, les candidats ne peuvent prétendre au remboursement que d'un maximum de 739 800 euros. Or Robert Hue en a dépensé 6,3 millions. Les finances du PCF, déjà exsangues, ne peuvent supporter de payer la différence. Le Parti communiste n'a trouvé qu'une solution : lancer une souscription. Il lui faut recueillir 1,5 million d'euros d'ici à la fin juin pour s'épargner un dépôt de bilan.

Lycéens et étudiants contre le « fascisme »

France, jeudi 25
« Votez escroc, pas facho ! » Tel est le principal mot d'ordre des lycéens et étudiants qui défilent depuis lundi dans les principales villes du pays, effrayés à l'idée que Jean-Marie Le Pen puisse accéder au pouvoir. Ils étaient 330 000 aujourd'hui à défiler contre le « fascisme », encadrés par leurs syndicats qui ont pris en main un mouvement à l'origine spontané. Le Pen leur rappelle que 16 % des 18-24 ans ont voté pour lui.

Le 23, au Vatican, Jean-Paul II reçoit treize cardinaux américains. Il leur demande de se séparer, sans hésitation, des prêtres qui ont commis des actes pédophiles, « péchés épouvantables aux yeux de Dieu ».

Le 27, Ruth Handler meurt à Los Angeles (*4.11.1916). Elle avait créé la poupée Barbie en 1959.

Patrick Dils acquitté à son troisième procès

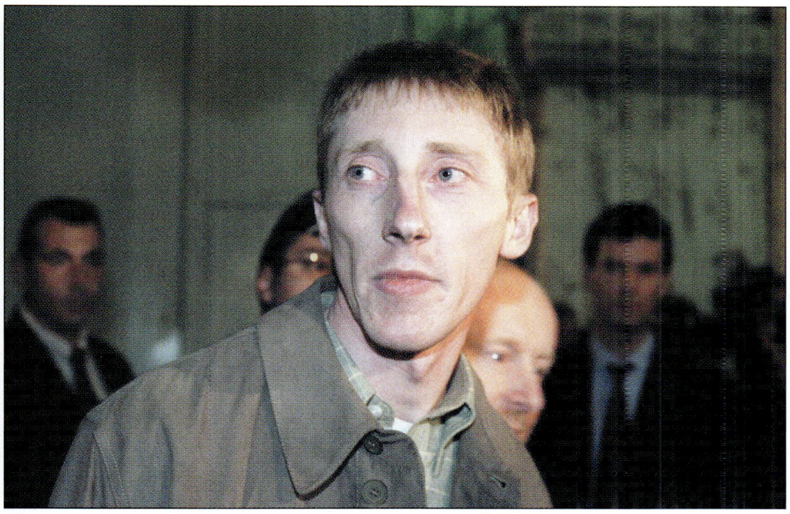

L'ancien apprenti cuisinier a passé quinze ans de sa vie en prison. Pour rien.

Lyon, mercredi 24
Parce qu'il avait 16 ans au moment des faits, Patrick Dils, 31 ans, a été jugé par la cour d'assises d'appel des mineurs du Rhône. Mais en public, en vertu d'une disposition législative nouvelle. En 1989, Patrick Dils avait été condamné à la perpétuité pour le meurtre de deux enfants en 1986. Ce garçon longiligne et quelque peu demeuré avait avoué. Trop vite ? La présence, sur les lieux du crime, de Francis Heaulme, le tueur en série, fut avérée, permettant la révision de son procès. En 2001, il n'en fut pas moins à nouveau condamné à 25 ans de réclusion, malgré les réquisitions d'acquittement. Cette fois, Patrick Dils a enfin retrouvé la liberté : il a été acquitté par les jurés.

Grève générale dans les prisons belges

Belgique, jeudi 25
552 détenus dans la prison d'Anvers pour 342 places, 102 à Ypres pour 55 places, 8 900 détenus dans tout le pays alors que les établissements ne devraient en accueillir que 7 600 : les 32 prisons sont surpeuplées, et les personnels pénitentiaires sont à bout. Gardiens, médecins, assistants sociaux..., tous participent à une grève générale de 24 heures qui a débuté ce soir à 22 heures. La police assure la surveillance, les repas sont fournis par la Protection civile, et la Croix-Rouge dispensera les soins le cas échéant. Les grévistes réclament une refonte de la politique carcérale, tant pour eux que pour les détenus.

Sanglante vengeance d'un lycéen allemand

Erfurt, vendredi 26
Robert Steinhaüser, 19 ans, avait dit à ses camarades qu'il voulait devenir « célèbre ». Il y est, hélas ! parvenu. En fin de matinée, il est revenu tout de noir vêtu et les armes à la main (un fusil à pompe et un pistolet) au lycée Johann Gutenberg d'Erfurt, en Allemagne, établissement d'où il avait été exclu l'an dernier. Et très vite il s'est mis à tirer, tuant treize professeurs, deux élèves et l'un des policiers accourus au premier appel du concierge. Puis le jeune homme s'est enfermé et s'est donné la mort. Des témoignages pouvaient laisser penser qu'il n'avait pas agi seul. Les recherches menées dans l'après-midi n'ont toutefois rien donné.

Le tueur fou était considéré comme plutôt « sympa » par ses camarades.

Le général Lebed tué dans un crash aérien

Après le retrait d'Eltsine, il avait été marginalisé par Vladimir Poutine.

Krasnoïarsk, dimanche 28
L'avion qui transportait le général Alexandre Lebed s'est écrasé dans la région de Krasnoïarsk, en Sibérie, dont il était le gouverneur élu depuis 1998. Il est décédé à l'hôpital de la capitale régionale où il fut conduit peu après l'accident. Né le 20 avril 1950, cet ancien parachutiste avait joui d'une indéniable popularité par sa volonté de remettre de l'ordre en Russie et de lutter contre les mafias et la corruption. En 1996, Alexandre Lebed avait obtenu 15 % des voix à l'élection présidentielle, puis s'était rallié à Boris Eltsine. Ce dernier lui préféra toutefois Vladimir Poutine pour lui succéder. Alexandre Lebed était favorable à la négociation avec la rébellion tchétchène.

Le 29, la Cité de la mer ouvre ses portes à Cherbourg, dans l'ancienne gare maritime Transatlantique de style Art-Deco. On y visite un complexe dédié à l'aventure des Hommes dans les grands fonds, un aquarium géant et *Le Redoutable*, premier sous-marin nucléaire accessible au grand public.

Le 30, Luc Varenne s'éteint, laissant un inoubliable souvenir à ses « chers auditeurs ». De 1945 à 1979 sa voix a transmis sa passion du football, du cyclisme et du tennis sur la RTBF. Un « Dimanche sportif » au paradis ?

Mai

Lu	Ma	Me	Je	Ve	Sa	Di
		1	2	3	4	5
6	7	8	9	10	11	12
13	14	15	16	17	18	19
20	21	22	23	24	25	26
27	28	29	30	31		

Madrid, mercredi 1er
Un attentat de l'ETA fait 17 blessés près du stade où se tient ce soir un match entre le Real Madrid et le FC Barcelone.

Paris, jeudi 2
Laetitia Pujol devient étoile du Ballet de l'Opéra de Paris.

Berlin, jeudi 2
Le décès d'un Allemand porte le bilan de l'attentat de Djerba à 19 morts.

La Haye, jeudi 2
Nikola Saivonic, ancien vice-Premier ministre yougoslave, se constitue prisonnier auprès du Tribunal pénal international.

Bruxelles, vendredi 3
L'Union européenne inscrit le PKK kurde sur la liste des organisations terroristes.

Paris, vendredi 3
Selon le rapport annuel de Journalistes sans frontières, 31 journalistes ont été tués dans le monde en 2001.

Union européenne, vendredi 3
Lancement par Nintendo de sa console de jeux GameCube.

Etats-Unis, vendredi 3
Le chômage atteint 6 % de la population active, son plus haut niveau depuis 1994.

Washington, vendredi 3
George Bush rétablit au profit de l'Afghanistan la clause de la « nation la plus favorisée ».

Bangladesh, samedi 4
Plus de 400 personnes périssent dans le naufrage d'un ferry.

Népal, dimanche 5
Plus de 550 maoïstes ont été tués en trois jours au cours d'une vaste offensive des forces armées gouvernementales.

DECES

Moscou, samedi 4
Evgueni Svetlanov, pianiste et chef d'orchestre (*6.9.1928).

Santa Cruz, dimanche 5
Hugo Banzer, ancien chef de l'Etat bolivien (*10.5.1926).

Paris, dimanche 5
Antoine Riboud, fondateur et ancien président de BSN, devenu Danone (*24.12.1918).

Las Vegas, dimanche 5
George Sidney, réalisateur de comédies musicales (*4.10.1916).

4 354,92 — 25,12 $

€ 0,9133 $

Mobilisation massive dans tout le pays contre Jean-Marie Le Pen

Paris, mercredi 1er
La mobilisation anti-Le Pen a connu aujourd'hui son point culminant. De République à Bastille, trajet familier au « peuple de gauche », 400 000 à 900 000 personnes, selon que l'on se fie aux chiffres de la préfecture de police ou à ceux des organisateurs, CGT en tête, ont défilé sans incident contre la menace de voir Jean-Marie Le Pen accéder à la présidence de la République. Ils étaient 800 000 à faire de même dans les principales villes de province. Place de l'Opéra, le président du Front national a de son côté rassemblé 50 000 partisans. Il a exhorté les Français à ne pas se laisser « aveugler par ces campagnes hystériques » et s'est dit convaincu de dépasser 30 % des voix.

La plus grande mobilisation depuis celle contre le plan Juppé en 1995.

Une taxe écologique pour les Baléares

Palma de Majorque, mercredi 1er
Le principe du pollueur-payeur est entré en vigueur aux Baléares, avec une écotaxe d'un euro, en moyenne, par touriste âgé de plus de 12 ans et par nuitée. Cette *ecotasa*, instituée par le gouvernement régional, avait été combattue par José Maria Aznar mais avait reçu, en janvier dernier, l'aval du Tribunal constitutionnel. L'expansion du tourisme a fait des Baléares la province la plus polluée de l'Espagne, entraînant de graves problèmes d'eau.

Cherche âme sœur par le *speed dating*

France, mercredi 1er
Le phénomène, né aux Etats-Unis, est à la mode de ce printemps. Le *speed dating*, que l'on peut traduire par « rendez-vous express », touche les jeunes célibataires urbains qui ne parviennent pas à rencontrer l'âme sœur. Moyennant une inscription de 30 euros, ils sont conviés à se réunir dans un bar à la mode et disposent de sept fois sept minutes pour faire connaissance avec sept célibataires du sexe opposé, un temps suffisant, selon les organisateurs qui recrutent les volontaires sur le Net, pour se faire une première impression. Pour revoir l'éventuel élu (l'*after soirée*), prière d'envoyer un courriel.

Arafat est libre de sortir

Ramallah, jeudi 2
La rue palestinienne est partagée. Il y a, tout d'abord, un sentiment de victoire : ce matin, vers 1 h 15 (heure locale), l'armée israélienne a levé le siège de la Mouqata'a dévastée de fond en comble, laissant libre de ses mouvements Yasser Arafat. Mais de nombreuses voix se font également entendre pour dénoncer ce qu'elles appellent un « marchandage » : six hommes recherchés par Israël (dont deux accusés du meurtre de l'ancien ministre Rehavam Zeevi) ont quitté quelques heures auparavant le QG d'Arafat, où ils s'étaient retranchés, pour être incarcérés dans une prison de Jéricho. Où ils ont été conduits par une escorte « neutre » formée de Britanniques et d'Américains. Ariel Sharon a toutefois rappelé que, si le président de l'Autorité palestinienne quittait les territoires, ce serait pour un voyage sans retour.

Yasser Arafat salue ses compatriotes en faisant le signe classique de la victoire.

Bras de fer entre Milosevic et Rugova

La Haye, vendredi 3
Le président du Kosovo était venu pour témoigner des exactions serbes contre son peuple, le voici contraint de se défendre. Slobodan Milosevic, jugé pour crimes contre l'humanité par le TPI, accuse son accusateur : l'UCK n'était-elle pas composée de terroristes ? 360 000 non-Albanais, pour la plupart des Serbes, n'ont-ils pas été expulsés du Kosovo depuis 1999 ? Rugova ne sait plus que dire, se tourne vers le tribunal, cherche de l'aide, n'en trouve pas. Les juges, débordés, laissent faire.

Pas une fois il n'a regardé l'accusé.

Chirac réélu avec 82,21 % des voix

Paris, dimanche 5
Un raz de marée : avec 82,21 % des suffrages, Jacques Chirac obtient un score jamais atteint dans l'histoire de la République française, résultat de la mobilisation des électeurs, qui, contrairement au premier tour, ont été voter en masse. Seuls 20,29 % se sont abstenus. Avec 17,79 %, Jean-Marie Le Pen gagne tout de même près de 700 000 nouveaux électeurs, signe que les suffrages qui se sont portés sur son nom ne sont pas que des votes protestataires. Aussitôt sa réélection connue, Jacques Chirac a assuré avoir compris « la force de ce moment exceptionnel » qui depasse les « clivages traditionnels ». Puis il a énoncé les grandes orientations du quinquennat qui s'ouvre à lui : lutte contre l'insécurité, diminution des impôts et des charges, refus de toute discrimination, aide aux familles et sauvegarde du régime de retraites. Accompagné de son épouse, il s'est rendu place de la République, où se tenait une fête rythmée par du disco et du raï, où il s'est félicité que la France ait repoussé « la tentation de l'intolérance et de la démagogie ». Au même moment, à la Bastille, un autre rassemblement, organisé par des partis et syndicats de gauche et d'extrême gauche, réclamait que se tienne, à la rentrée, un « troisième tour social », avec un slogan assez agressif contre le président. Ce n'est pas tant Chirac qui a été élu que Le Pen qui a été battu.

Jacques et Bernadette Chirac sont tout à la joie d'une réélection triomphale.

L'Olympique Lyonnais champion de France

Lyon, samedi 4
Depuis 1950, l'année de sa création, l'Olympique Lyonnais avait attendu le coup de sifflet final qui, enfin, lui donnerait le beau titre de champion de France de football. Entraînés par Jacques Santini et « supportés » par le public de la cité des Gônes, les joueurs l'ont entendu à 21 h 52 au stade Gerland. A la fin d'un match « au finish » contre le Racing Club de Lens, match qui a déjoué tous les pronostics : le RC Lens, dominateur pendant toute la saison, a été battu par 3-1, ce RC Lens auquel il eût suffi d'un match nul pour ramener le titre ! Mais l'OL, lui, y croyait dur comme fer, à commencer par Jean-Michel Aulas, son président. Qui a su lui en donner les moyens.

Le capitaine brésilien Sonny Anderson aura été l'artisan de la victoire de l'OL.

Bruno Peyron reconquiert le Jules-Verne

Brest, dimanche 5
Seuls les grands peuvent briguer le Trophée Jules-Verne. Et, depuis sa création en 1990, ce tour du monde à la voile avec équipage mais sans escale n'avait été réussi que quatre fois, le premier vainqueur étant déjà un certain Bruno Peyron, en 1993. Neuf ans après, le skipper français a non seulement réédité son exploit, avec ses douze équipiers, mais il a battu le record détenu depuis 1997 par Olivier de Kersauzon. Parti de Brest le 2 mars après un faux départ le 14 février, son catamaran géant *Orange* a « bouclé la boucle » en un temps de très exactement 64 jours, 8 heures, 37 minutes et 24 secondes. Malgré une grave avarie de mâture après le passage du cap Horn.

Le 5, retour au Kazakhstan à bord du Soyouz TM-34 de Mark Richard Shuttleworth, un milliardaire sud-africain de 28 ans. Second « touriste » de l'espace, il a passé dix jours dans la Station spatiale internationale (ISS).

Mai

Lu	Ma	Me	Je	Ve	Sa	Di
		1	2	3	4	5
6	7	8	9	10	11	12
13	14	15	16	17	18	19
20	21	22	23	24	25	26
27	28	29	30	31		

Bangladesh, lundi 6
Le bilan du naufrage du ferry est porté à 286 morts.

France, lundi 6
En 2001, 47 291 personnes ont demandé l'asile politique.

New York, lundi 6
L'Organisation internationale du travail évalue à 247 millions le nombre d'enfants âgés de 5 à 17 ans contraints de travailler à travers le monde.

Népal, mercredi 8
140 policiers et soldats sont tués dans une offensive maoïste.

Bruxelles, jeudi 9
Football : le FC Bruges bat (1-0) l'Excelsior Mouscron en finale de la Coupe de Belgique.

Kaspiik (Daghestan), jeudi 9
Un attentat à la bombe visant un défilé militaire russe fait 41 morts, dont 13 enfants. La piste tchétchène est évoquée.

Londres, vendredi 10
Le déraillement d'un train de banlieue fait 7 morts.

Luton, samedi 11
Diane Pretty décède de sa maladie dans un centre de soins palliatifs. Elle avait 43 ans.

Tel-Aviv, samedi 11
60 000 Israéliens manifestent contre la politique de leur pays en Cisjordanie et dans la bande de Gaza.

Ankara, samedi 11
Arrestation du Belge Jacques Monsieur, recherché pour trafic d'armes.

Vatican, dimanche 12
Jean-Paul II bénit Internet et souhaite que le réseau devienne « un forum d'évangélisation ».

Bamako, dimanche 12
Le général Amadou Toumani Touré est élu président du Mali face à Soumaïla Cissé, candidat du parti au pouvoir.

DECES

Nashville, lundi 6
Otis Blackwell, pionnier du rock'n'roll (*16.2.1931).

Barcelone, lundi 6
Xavier Montsalvatge, compositeur (*11.3.1912).

Paris, vendredi 10
Elen Dosia, soprano française d'origine grecque (*13.10.1913).

4 329,84 — 26,33 $

€ 0,9129 $

Marc Ravalomanana tout près du pouvoir

Antananarivo, lundi 6
Une main sur la Constitution, et non plus sur la Bible comme il l'avait fait le 22 février, Marc Ravalomanana a prêté serment devant le doyen de la Haute Cour constitutionnelle. Il est donc, officiellement, président de la République malgache. A ceci près que Didier Ratsiraka refuse de se déclarer vaincu, que ses partisans renforcent le blocus de la capitale, et que quatre des six régions se sont proclamées autonomes. Quant aux principaux partenaires du pays, les Etats-Unis et la France, ils n'avaient pas envoyé leurs ambassadeurs. Le temps de la reconnaissance officielle n'est pas encore venu.

Jean-Pierre Raffarin est Premier ministre

Lionel Jospin quitte l'Hôtel Matignon, Jean-Pierre Raffarin le remplace.

Paris, lundi 6
Le suspense a été levé à 12 h 21 : le président de la République a choisi Jean-Pierre Raffarin pour succéder à Lionel Jospin au poste de Premier ministre. La passation de pouvoirs a eu lieu dans l'après-midi. Atypique dans le sérail politique, Raffarin est tout à la fois un homme de terrain et de communication dont la récente notoriété doit beaucoup au concept, qu'il a propagé durant la campagne, de la « France d'en bas » qui serait négligée par celle « d'en haut » : les gouvernants. Président de la région Poitou-Charentes depuis 1988, il fut ministre des PME de 1995 à 1997, mais n'a jamais été élu au suffrage universel direct. Humaniste, libéral et consensuel, il a 53 ans.

La junte birmane libère son opposante

Rangoon, lundi 6
La dictature de fer que font régner les militaires en Birmanie va-t-elle s'adoucir ? Un signe encourageant a été donné avec la libération d'Aung San Suu Kyi, la farouche opposante à la junte au pouvoir. Assignée à résidence depuis septembre 2000, après l'avoir été une première fois de 1989 à 1995, elle avait fondé la Ligue nationale pour la démocratie qui avait triomphé aux élections de 1990. Elections balayées d'un trait de plume par les militaires. Le rôle de Razali Ismaïl, le représentant de l'ONU, a été décisif pour obtenir la remise en liberté de cette lutteuse de 56 ans, qui a dit vouloir se battre jusqu'au retour à la démocratie.

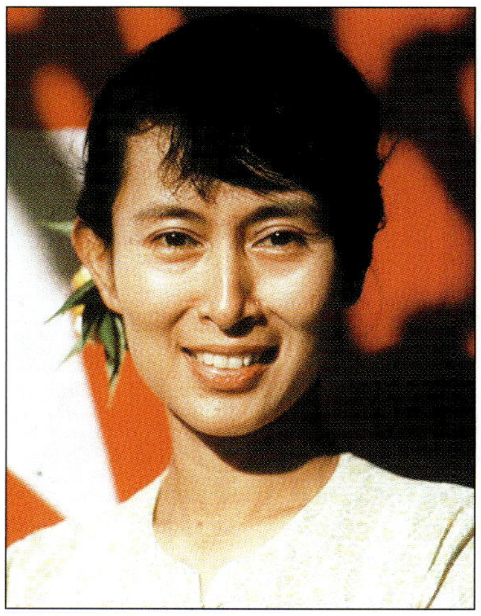

Elle a eu le Nobel de la paix en 1991.

Le leader hollandais Pim Fortuyn abattu

Hilversum, lundi 6
Pim Fortuyn sortait du studio de la radio publique quand l'homme s'est avancé vers lui, une arme à la main, et a tiré à cinq reprises. Touché à la tête, au cou et à la poitine, Fortuyn est décédé sur le coup. Son assassin, Volkert Van der Graaf, a été arrêté peu après : il appartient à Ecologie offensive, un mouvement de défense des animaux. A 54 ans, Pim Fortuyn était le grand favori des législatives prévues pour le 15 mai. Homosexuel et dandy flamboyant, il avait séduit en quelques mois une large part de l'électorat en dénonçant l'insécurité, la médiocrité des politiciens et le poids de l'islam, mais se défendait d'être raciste, excipant de son attrait pour les jeunes Marocains...

Pim Fortuyn avait adopté ce salut pour dire à son peuple : « A votre service ».

Une salle de billard explose en Israël

Rishon Letzion, mardi 7
La levée du siège du QG de Yasser Arafat avait fait entrevoir une lueur d'espoir. Mais, maintenant, on peut s'attendre à une nouvelle reprise de l'escalade. Ce soir, un kamikaze du Hamas a frappé au cœur d'Israël, dans une salle de billard d'une cité ouvrière du sud de Tel-Aviv. Bilan provisoire : quinze tués et des blessés par dizaines. Arafat a condamné cet attentat visant des civils innocents avec la plus grande fermeté, jugeant que le Hamas agit contre l'« intérêt du peuple palestinien ». Ce qui n'a pas empêché Ariel Sharon, qui est actuellement à Washington, de l'en rendre responsable.

Les Français sont frappés au Pakistan

C'était le bus réservé aux employés de la Direction des constructions navales.

Karachi, mercredi 8
Ce matin, près de l'hôtel Sheraton, alors que des employés de la DCN prenaient place dans un autobus de la Marine pakistanaise, celui-ci a été percuté par une Toyota piégée. Le bus a été littéralement broyé, et des débris humains ont été projetés aux alentours. Parmi les treize victimes, on compte onze Français venus de Cherbourg pour aider le Pakistan à construire un sous-marin. Et douze autres ont été blessés. Tandis que la police pakistanaise n'excluait pas la responsabilité de la Qaida, Michèle Alliot-Marie, ministre de la Défense, partait à Karachi à la demande de Jacques Chirac pour « y prendre les mesures qui s'imposent ».

L'église de la Nativité a été libérée

Bethléem, vendredi 10
Les négociations menées depuis une semaine par l'Union européenne, le Vatican et les Etats-Unis ont enfin abouti. Les Israéliens ont accepté de laisser sortir de l'église de la Nativité les Palestiniens qu'ils assiégeaient depuis trente-huit jours. Ils ont fait des concessions qui soulèvent déjà des polémiques au sein du cabinet d'Ariel Sharon. Treize Palestiniens soupçonnés d'attaques terroristes en Israël ont été transférés à Chypre, d'où ils gagneront un pays d'accueil en Europe. Vingt-six autres ont été exilés dans la bande de Gaza, où ils ont été fêtés en héros. Les autres ont pu retourner chez eux.

Environ 130 Palestiniens et militants pacifistes ont pu sortir de la basilique.

Rubens Barrichello frustré de sa victoire

Spielberg, dimanche 12
Michael Schumacher n'a pas sa tête des bons jours. Et pourtant, une fois de plus, il a gagné. Mais dans des conditions qui ne font pas honneur à l'éthique sportive. A deux tours de l'arrivée du Grand Prix d'Autriche, les deux Ferrari caracolent en tête. Comme d'habitude est-on tenté de dire. Rubens Barrichello est devant, « Schumi » juste derrière. Vraiment pas de quoi l'inquiéter pour la suite du championnat de F1 ! Mais pour Jean Todt, directeur de la Scuderia, rien ne doit être négligé : il donne à Barrichello l'ordre de ralentir et de laisser passer Schumacher.

Yves Robert est allé lui aussi au paradis

Paris, vendredi 10
Resté fidèle à ses origines ouvrières et à ses convictions de gauche, Yves Robert ne faisait toutefois pas dans le genre « cinéma militant ». Acteur de théâtre formé à l'école de Boris Vian ou de Marcel Aymé, il avait le goût du bonheur, de l'amitié et de la farce. Passé derrière la caméra, il s'imposera avec des films destinés à ce public populaire à qui il aimait tellement faire plaisir, de *la Guerre des boutons* (1961) à *Nous irons tous au paradis* (1977), du *Grand Blond avec une chaussure noire* (1972) à *la Gloire de mon père* (1990). Il allait sur ses 82 ans (*19.6 1920).

Le 11, au Stade de France, des supporters de Bastia sifflent *la Marseillaise* avant le coup d'envoi de la finale de la Coupe de France de football, où leur équipe sera battue par Lorient (1-0). Jacques Chirac quitte la tribune.

Le Gouvernement

Secrétaire d'Etat aux Relations avec le Parlement, porte-parole du gouvernement
Jean-François Copé

Dans l'ordre protocolaire, Nicolas Sarkozy est le n° 2. Dans l'ordre des priorités politiques, il est le n° 1. Car nul ne doute que c'est d'abord sur la capacité à restaurer la sécurité des personnes et des biens que cette équipe sera jugée. Jean-Pierre Raffarin, qui voulait un gouvernement « d'action et de mission », a dû composer avec les exigences de Jacques Chirac et celles d'Alain Juppé, très actif dans les coulisses, pour livrer finalement une liste de quinze ministres, six ministres délégués et six secrétaires d'Etat, qui, dans leur grande majorité, sont des chiraquiens fidèles, signe que leur première mission est de permettre à l'UMP de remporter les législatives. Quelques innovations permettent de percevoir les projets que le Premier ministre entend réaliser : le ministère de l'Intérieur, rebaptisé ministère de la Sécurité intérieure et des Libertés locales, et la création d'un ministère délégué aux Libertés locales, reflètent sa volonté de décentralisation, voire de régionalisation du pouvoir. Il en va de même avec l'attribution d'un secrétariat d'Etat au Développement durable : il appartient à Tokia Saïfi, la titulaire, de démontrer qu'il n'est pas un gadget. Tout aussi risquée est l'ouverture à la société civile de deux ministères aussi cruciaux que ceux de l'Education et de l'Economie, le premier au philosophe Luc Ferry, le second à l'industriel Francis Mer. A tous, Raffarin a dit : « Un ministre, c'est un serviteur. »

Premier ministre
Jean-Pierre Raffarin est né le 3 août 1948 à Poitiers. Il commence sa carrière comme membre de la direction marketing des Cafés Jacques Vabre entre 1973 et 1976, avant de devenir conseiller technique au cabinet de Lionel Stoléru, ministre du Travail, de 1976 à 1981. Il est aussi conseiller municipal de Poitiers de 1977 à 1995, adjoint au maire de Chasseneuil-du-Poitou de 1995 à 2001, conseiller régional puis président du conseil régional de Poitou-Charentes. En 1989, il est élu parlementaire européen puis sénateur de la Vienne en 1995 et 1997. En 1995, il est nommé ministre des Petites et Moyennes Entreprises, du Commerce et de l'Artisanat. De plus il est secrétaire général de l'UDF en 1995 et vice-président de Démocratie libérale depuis 1997.

Ministre délégué aux Libertés locales
Patrick Devedjian

Ministre de l'Intérieur, de la Sécurité intérieure et des Libertés locales
Nicolas Sarkozy

Ministre délégué à la Ville
Jean-Louis Borloo

Secrétaire d'Etat à la Lutte contre la précarité et l'exclusion
Dominique Versini

Ministre des Affaires sociales, du Travail et de la Solidarité
François Fillon

Ministre de la Justice, garde des Sceaux
Dominique Perben

Ministre délégué aux Affaires européennes
Renaud Donnedieu de Vabres

Ministre des Affaires étrangères, de la Coopération et de la Francophonie
Dominique Galouzeau de Villepin

Ministre de la Défense et des Anciens Combattants
Michèle Alliot-Marie

Ministre délégué à l'Enseignement scolaire
Xavier Darcos

Ministre délégué à l'Enseignement supérieur et à la Recherche
François Loos

Ministre de la Jeunesse, de l'Education nationale et de la Recherche
Luc Ferry

Le gouvernement du 7 mai.

Ministre délégué au Budget
Alain Lambert

Secrétaire d'Etat aux PME, au Commerce, à l'Artisanat et aux Professions libérales
Renaud Dutreil

Ministre de l'Economie, des Finances et de l'Industrie
Francis Mer

Secrétaire d'Etat à la Mer
Nicole Ameline

Secrétaire d'Etat aux Transports
Dominique Bussereau

Ministre de l'Equipement, des Transports, du Logement, du Tourisme et de la Mer
Gilles de Robien

Secrétaire d'Etat au Développement durable
Tokia Saïfi

Ministre de l'Ecologie et du Développement durable
Roselyne Bachelot-Narquin

Ministre de la Santé, de la Famille et des Personnes handicapées
Jean-François Mattéi

Ministre de l'Agriculture, de l'Alimentation, de la Pêche et des Affaires rurales
Hervé Gaymard

Ministre de la Culture et de la Communication
Jean-Jacques Aillagon

Ministre de la Fonction publique, de la Réforme de l'Etat et de l'Aménagement du territoire
Jean-Paul Delevoye

Ministre de l'Outre-Mer
Brigitte Girardin

Ministre des Sports
Jean-François Lamour

Présidents des Chambres

Assemblée nationale

En fonction le 16 juin 2002 :

Raymond Forni, élu le 29 mars 2000.

Elu le 25 juin 2002 :

Jean-Louis Debré

Sénat

En fonction le 16 juin 2002 :

Christian Poncelet, élu le 1er octobre 1998.

Mai

Lu	Ma	Me	Je	Ve	Sa	Di
		1	2	3	4	5
6	7	8	9	10	11	12
13	14	15	16	17	18	19
20	21	22	23	24	25	26
27	28	29	30	31		

Cherbourg, lundi 13
Jacques Chirac remet la Légion d'honneur à titre posthume aux 11 Français tués à Karachi.

Ramallah, lundi 13
Après l'adoption hier par le Likoud (le parti d'Ariel Sharon) d'une résolution refusant la création d'un Etat palestinien, Yasser Arafat estime caducs les accords d'Oslo de 1993.

Bâle, lundi 13
La compagnie aérienne suisse Crossair prend le nom de Swiss International Air Lines.

Cachemire, mardi 14
Une attaque islamiste contre une base militaire indienne fait 30 morts.

Cannes, mercredi 15
Woody Allen reçoit la « Palme des palmes » pour l'ensemble de son œuvre.

Bruxelles, jeudi 16
Adoption d'une loi autorisant partiellement l'euthanasie.

Londres, jeudi 16
La Chambre des Communes autorise les couples non mariés et les couples homosexuels à adopter des enfants.

Strasbourg, vendredi 17
Le maire, Fabienne Keller, signe un arrêté interdisant la prostitution dans le quartier des Quinze, un des plus bourgeois de la ville.

France, vendredi 17
Sortie de *Star Wars, l'attaque des clones*, de George Lucas.

Séoul (Corée du Sud), sam. 18
Kim Hong-gul, fils du président Kim Dae-jung, est arrêté pour corruption et incarcéré.

Madrid, samedi 18
Six pays de l'UE acceptent de recevoir les 13 Palestiniens bannis par Israël après le siège de la Nativité.

Marseille, samedi 18
Zinedine Zidane est le papa d'un 3e garçon : Théo.

Moscou, samedi 18
L'armée russe affirme avoir tué 13 004 Tchétchènes et perdu 2 386 hommes depuis la reprise de la guerre en octobre 1999.

Paris, dimanche 19
Philippe Massoni est nommé secrétaire général du Conseil de sécurité intérieure.

4 442,94 — 25,98 $
€ 0,9208 $

Retour controversé des poids lourds sous le tunnel du Mont-Blanc

Chamonix, lundi 13
Le ministre des Transports Gilles de Robien a tenu les engagements pris par son prédécesseur, Jean-Claude Gayssot : le tunnel du Mont-Blanc a été réouvert aux camions de plus de 19 tonnes mais n'ayant pas plus de quatre essieux. Cette ouverture a été toutefois retardée par un millier de manifestants qui ont bloqué l'entrée de 10 h 30 à 16 heures, à l'appel de l'Association pour le respect du site du Mont-Blanc et avec le soutien de maires de droite comme de gauche. En fait, pour eux, la vraie bataille aura lieu le 25 juin, quand le tunnel sera ouvert à tous les poids lourds, sauf ceux transportant des matières dangereuses ou polluantes.

Les manifestants n'ont pas réussi à aller à la rencontre des opposants italiens.

Sanctions révisées contre l'Irak

New York, mardi 14
La résolution 1409 adoptée par le Conseil de sécurité de l'ONU est à double tranchant pour l'Irak. Si elle prolonge le programme dit « pétrole contre nourriture » et si elle permet à Bagdad d'importer plus facilement des produits de consommation, elle devrait avoir pour conséquence de priver le président Saddam Hussein de l'argument de propagande selon lequel l'ONU affamerait son peuple. Tel est du moins le point de vue des Américains, qui poursuivent avec les Anglais leurs raids aériens sur l'Irak. Sans mandat international.

Populisme aux Pays-Bas

La Haye, mercredi 15
Malgré l'assassinat de son leader, la Liste Pim Fortuyn a bel et bien créé la surprise : elle arrive en deuxième position aux élections législatives, et détient 26 des 150 sièges à pourvoir. Un score d'autant plus remarquable que ce parti, sans réel programme et sans chef, n'existait pas il y a trois mois. Le grand perdant de ce scrutin est le PvdA travailliste, qui passe de 43 sièges à 23 après avoir gouverné le pays durant huit ans à la tête de la « coalition violette ». Le prochain chef de gouvernement devrait être Jan Peter Balkenende, président du CDA chrétien-démocrate, qui, avec 43 sièges, devient la première force politique du pays. L'inconnue réside dans la capacité de la LPF (la Liste Pim Fortuyn) à intégrer une culture de gouvernement. Mat Herben, qui vient de s'en proclamer président, a déjà exigé trois ministères pour son parti : l'Intérieur, l'Intégration et la Santé, afin de traduire dans les actes deux des slogans de la LPF : « Les Pays-Bas sont pleins » (il n'y a plus de place pour d'autres immigrés) et « Plus de policiers dans les rues », et de réformer le système de soins qui, comme en Angleterre, se caractérise par la longueur des listes d'attente. Balkenende est prêt à négocier.

Lancé le 8 mai, le Vanilla Coke est en vente le 15 aux Etats-Unis.

Le 17, à Clermont-Ferrand, François Michelin fait ses adieux à tous ses actionnaires. Il transmet le flambeau de l'entreprise à son fils Edouard.

Voyage historique de Carter à Cuba

La Havane, vendredi 17
Avant de regagner les Etats-Unis, Jimmy Carter a déclaré à la presse qu'il souhaitait que sa visite à Cuba ait pu « améliorer les relations entre les deux peuples ». Arrivé dimanche à La Havane et accueilli par Fidel Castro, l'ancien président américain n'était chargé d'aucune mission, ni officielle ni officieuse. Il est venu à titre privé, mais non sans excellentes arrière-pensées. Jimmy Carter est en effet convaincu que l'embargo dont est victime Cuba est un obstacle à la démocratisation du pays et nuit aux intérêts américains autant qu'à ceux des Cubains. Mais il n'était pas pour autant décidé à donner un satisfecit au régime. Militant résolu des droits de l'homme et de la paix par le biais de sa Fondation Carter, il a obtenu de Fidel Castro de pouvoir circuler librement et de voir qui il voulait, en particulier des opposants. Mardi, il a prononcé un important discours à l'université de La Havane, au cours duquel il a critiqué l'embargo, mais aussi vanté le « projet Varela », une initiative de dissidents réclamant, en vertu de la Constitution cubaine, un référendum sur la libéralisation du pays. Et cela en présence de Castro lui-même et sous les caméras de la télévision d'Etat ! Dès le lendemain, à Washington, quarante membres du Congrès, aussi bien républicains que démocrates, invitaient George W. Bush à mettre fin à l'embargo. Le Président a fait aussitôt savoir qu'il n'en était pas question.

Jimmy Carter avec Fidel Castro : son initiative est très critiquée à Washington.

Greenpeace agresse le Défi français

Lorient, samedi 18
Déjà hier, le baptême par Patricia Kaas et Claude Lelouch du voilier construit par le Défi français pour la Coupe de l'America, le *FRA 69*, avait été perturbé par des militants écologistes de Greenpeace. Grief : le Défi français est sponsorisé par le géant du nucléaire français Areva. Mais, aujourd'hui, la manifestation a tourné délibérément à l'agression : un Zodiac de Greenpeace a percuté la coque du voilier à tribord. Le Défi a porté plainte pour « abordage en mer, destruction volontaire et mise en danger d'autrui ». L'évaluation des dommages est en cours.

Le Timor-Oriental est maître de son destin

Dili, dimanche 19
A minuit précis, le Timor-Oriental est devenu le 192e Etat de la planète, et ses couleurs ont été hissées : une étoile blanche sur fond rouge, jaune et noir. Sous domination portugaise durant quatre siècles, puis asservi à l'Indonésie pendant 24 ans, le Timor-Oriental était placé depuis 1999 sous la protection de l'ONU. Il est l'Etat le plus pauvre d'Asie : 41 % de ses 750 000 habitants vivent sous le seuil de pauvreté. Kofi Annan, secrétaire général de l'ONU, a promis que sa mission ne s'arrêterait pas là et qu'il aiderait ce peuple si « courageux ».

Le 18, en match préparatoire de la Coupe du monde, les Bleus sont battus au Stade de France par les Diables rouges (1-2). Les Belges ont mis en évidence les faiblesses de l'équipe de Roger Lemerre. Inquiétant...

Le 19, en Grande-Bretagne, l'agence Ansaar diffuse une vidéo d'Oussama Ben Laden qui aurait été enregistrée il y a deux mois. Ce que conteste la chaîne Al Jezira qui affirme que les images datent d'octobre 2001.

Mai

Lu	Ma	Me	Je	Ve	Sa	Di
		1	2	3	4	5
6	7	8	9	10	11	12
13	14	15	16	17	18	19
20	21	22	23	24	25	26
27	28	29	30	31		

Beyrouth, lundi 20
Ahmad Jibril, fils du chef du FPLP, est tué dans un attentat à la voiture piégée attribué à Israël.

Washinton, lundi 20
George Bush refuse de lever l'embargo sur Cuba tant que des élections libres ne seront pas organisées et que tous les prisonniers politiques n'auront pas été libérés.

France, mercredi 22
7 720 personnes sont mortes sur les routes en 2001.

Union européenne, mercredi 22
Arrivée des 13 Palestiniens bannis par Israël.

New York, jeudi 23
L'ONU prolonge pour six mois la mission de l'Isaf à Kaboul mais refuse qu'elle soit étendue à tout le territoire afghan.

Pakistan, vendredi 24
La France demande à ses ressortissants dont la présence n'est pas indispensable de quitter le pays pour des raisons de sécurité.

Isère, vendredi 24
Les 25 collégiens et 3 adultes bloqués depuis hier dans la grotte des Cuves de Sassenage en raison d'une brusque montée des eaux sont retrouvés sains et saufs et libérés.

Tallin (Estonie), samedi 25
Le 47e Concours Eurovision de la chanson est remporté par une Lettonienne : Marija Naumova, avec *I wanna*.

Taiwan, samedi 25
Un Boeing 747 de China Airlines s'écrase dans le détroit de Taiwan. Bilan : 225 morts.

Plovdid (Bulgarie), dimanche 26
Le pape béatifie trois prêtres fusillés en 1952 par le régime communiste.

Bogota, dimanche 26
Alvaro Uribe est élu président de la Colombie dès le 1er tour avec 52,8 % des suffrages.

DECES

Lille, mardi 21
Arthur Notebart, homme politique, figure du socialisme lillois (*12.7.1914).

Paris, jeudi 23
Pierre de Boisdeffre, diplomate et écrivain (*11.7.1926).

4 337,43 — 25,15 $

€ 0,9226 $

L'ambassade d'Israël à Paris détruite par un incendie accidentel

Paris, jeudi 23
Il était 2 h 04, ce matin, lorsque les policiers de garde rue Rabelais, dans le VIIIe arrondissement, ont vu le feu se répandre dans l'ambassade d'Israël et ont déclenché l'alerte. Arrivés sur les lieux trois minutes après, les sapeurs-pompiers ont pu immédiatement mesurer l'ampleur du désastre. Ils seront très vite 164, venus de différentes casernes, pour en venir à bout. L'incendie a ravagé totalement l'immeuble. A l'aube, ce n'était plus qu'une carcasse noircie par les flammes. Heureusement, on ne déplore que huit blessés légers, huit sapeurs-pompiers. La police et l'ambassade d'Israël ne croient pas à l'hypothèse d'un attentat.

Il a fallu cinq longues heures aux sapeurs-pompiers pour juguler le sinistre.

Jean-Paul II met fin à la piste bulgare

Sofia, vendredi 24
Au deuxième jour de son voyage en Bulgarie, un pays qui ne compte pas plus d'une centaine de catholiques, Jean-Paul II a sidéré le monde entier en déclarant : « Je n'ai jamais cru à la prétendue piste bulgare » dans la conception de l'attentat dont il a été victime en 1981 place Saint-Pierre. Le geste de Mehmet Ali Agça reste donc, officiellement, celui d'un fou isolé. Puis il a prononcé un discours sur l'Europe, qui doit « revenir à ses racines chrétiennes ».

La bataille contre l'insécurité est engagée

Nicolas Sarkozy se veut intraitable.

Paris, vendredi 24
Bien conscient que la sécurité est la première exigence des Français, le gouvernement agit à marche forcée. Nicolas Sarkozy a d'abord placé, le 9 mai, l'ensemble de la gendarmerie (100 000 militaires) sous la tutelle du ministère de l'Intérieur, puis créé, le 17, les GIR, groupes d'intervention régionaux, qui réunissent policiers, gendarmes, douaniers et agents du fisc. Aujourd'hui se tenait le premier conseil de sécurité intérieure, sous la présidence de Jacques Chirac. Les débats et décisions ne feront l'objet d'aucune communication.

Le 21, Niki de Saint-Phalle meurt à San Diego (Californie). Située près du Centre Pompidou, cette Fontaine Stravinsky est l'œuvre la plus célèbre de la plasticienne française (*29.10.1930).

Le 24, à Trondheim, la princesse Märtha Louise de Norvège, 30 ans, épouse l'écrivain controversé Ari Behn (29 ans). Ce dernier est moins connu pour ses talents littéraires que pour ses frasques dans les boîtes de nuit...

Bush et Poutine enterrent la guerre froide

Les accords permettront à l'Amérique d'avoir accès au pétrole de la Caspienne.

Moscou, vendredi 24
Spectaculaire rapprochement entre les Etats-Unis et la Russie, scellé au Kremlin par un traité portant sur la réduction des arsenaux nucléaires et par une déclaration commune. Sur le premier point, Vladimir Poutine et George W. Bush se sont engagés à ramener à une échéance de dix ans leurs stocks d'ogives nucléaires de 6 000 à 2 000 environ chacun. Quant à la déclaration, elle a inauguré un vaste partenariat géostratégique en Asie centrale et dans le Caucase : les présidents russe et américain se sont accordés sur la nécessité d'œuvrer ensemble pour stabiliser cette zone critique. En revanche, Poutine n'a pas cédé sur les relations privilégiées qui lient la Russie et l'Iran.

Roman Polanski décroche la Palme d'or

Consolation pour le cinéma hexagonal : Polanski a la nationalité française.

Cannes, dimanche 26
Le Pianiste de Roman Polanski n'est peut-être pas le film le plus original de son brillant auteur, mais il a pour mérite certain d'aborder le thème de la Shoah avec plus d'intelligence et de finesse que ne l'ont fait avant lui bien d'autres cinéastes. Polanski a donné à son film un caractère très international : parlé en anglais, il est le fruit d'une coproduction entre la France, la Pologne, le Royaume-Uni et l'Allemagne. Par ailleurs, le jury présidé par David Lynch a distingué notamment le réalisateur finlandais Aki Kaurismäki pour *l'Homme sans passé* (grand prix du jury), ainsi que le Coréen Im Kwon-taek, auteur du joyeux *Ivre de femmes et de peinture* (prix de la mise en scène).

La Coupe d'Europe aux Anglais de Leicester

Cardiff, samedi 25
Bis repetita placent... Le vieil adage latin (« ce qui se répète plaît ») aura trouvé une illustration idéale dans le cœur des joueurs de Leicester qui, pour la seconde année d'affilée, ont gagné la Coupe d'Europe de rugby. L'an dernier, c'était contre le Stade Français. Cette fois-ci, ce sont les Irlandais de Munster, plutôt donnés favoris, qui auront fait les frais de la détermination des Anglais, de leur défense intraitable et de leur demi d'ouverture Austin Healey, adroit et malin comme un singe (et auteur de l'un des trois essais marqués par son équipe). Les Irlandais n'ont marqué, eux, que trois pénalités, par Ronan O'Gara. La victoire des Tigres est d'ailleurs sans appel : 15-9.

Grave tension entre l'Inde et le Pakistan

Pakistan, samedi 25
Le président Pervez Musharraf s'est félicité du tir réussi d'un Ghauri, un missile balistique capable de porter une tête nucléaire et de toucher une cible à 1 500 km. La communauté internationale, elle, s'inquiète. Car cette expérience menée par l'armée pakistanaise intervient au moment où le problème du Cachemire indien provoque un regain de tension entre Islamabad et New Delhi. Au point que nul ne peut exclure l'hypothèse d'une confrontation nucléaire entre les deux pays. Jeudi, au Cachemire, c'est Atal Bihari Vajpayee, Premier ministre indien, qui s'était déclaré prêt au « combat final » contre une guérilla islamique fomentée, selon lui, par le Pakistan.

Le 25, Claudia Schiffer épouse à Londres le producteur Matthew Vaughn, que Robert Vaughn avait reconnu sans en être le père.

Michel Jobert est définitivement ailleurs

Paris, dimanche 26
Michel Jobert avait deux passions : la nation française et la civilisation européenne, dont il fut le défenseur intransigeant. D'abord en tant que ministre des Affaires étrangères, en 1973, sous Georges Pompidou, puis comme ministre d'Etat, chargé du Commerce extérieur, sous François Mitterrand, en 1981. Hostile à tous les impérialismes, il ne se voulait ni de droite ni de gauche : il disait qu'il était « ailleurs ». Position originale, qui lui a coûté une marginalisation définitive. Michel Jobert est mort terriblement isolé (* 1.9.1921).

La vitesse tue en banlieue parisienne

Vitry-sur-Seine, dimanche 26
Jeanny Canaldo attendait l'autobus, le 183, à l'arrêt Camille-Groult, au bord de la nationale 305 baptisée ici avenue Youri-Gagarine, quand une Porsche Carrera est arrivée à plus de 100 km/h. Sur les huit personnes fauchées, trois sont décédées, dont Jeanny et ses deux filles de trois et cinq ans. Le jeune conducteur s'est constitué prisonnier après avoir pris la fuite. Le véhicule serait à un ami d'un ami. Connu de la police, Samir a été placé en garde à vue.

Mai

Lu	Ma	Me	Je	Ve	Sa	Di
		1	2	3	4	5
6	7	8	9	10	11	12
13	14	15	16	17	18	19
20	21	22	23	24	25	26
27	28	29	30	31		

Saint-Mère-Eglise, lundi 27
Jacques Chirac et George Bush se rendent sur les plages du Débarquement à l'occasion du Memorial Day américain.

Népal, lundi 27
L'état d'urgence est prolongé de trois mois.

Pakistan, lundi 27
Dans un discours à la nation, le président Pervez Musharraf accuse l'Inde de faire preuve d'« hystérie guerrière », mais assure qu'il ne déclenchera pas la guerre avec son voisin.

Afghanistan, mardi 28
Des soldats britanniques sont déployés le long de la frontière pakistanaise afin d'empêcher le retour de talibans.

France, mardi 28
Sortie de *Boucan d'enfer*, premier album de Renaud depuis 1994.

Londres, mardi 28
Stephen Byers, ministre des Transports, remet sa démission.

Séoul, mercredi 29
Joseph Blatter est réélu pour 4 ans président de la Fifa.

Algérie, jeudi 30
Le FLN remporte la majorité absolue aux législatives, marquées par une très forte abstention (54 %) et un boycott du scrutin en Kabylie.

Châteauroux, jeudi 30
Jacques Chirac appelle les Français à lui donner une majorité « claire et cohérente » aux élections législatives.

Etats-Unis, jeudi 30
Publication dans *Science* des données fournies par la sonde *Mars Odissey 2001* : elle a décelé d'importantes quantités d'eau glacée sur Mars.

Clermont-Ferrand, vendredi 31
Révélation de la découverte d'une sépulture gauloise : elle contient les squelettes de huit guerriers inhumés avec leurs chevaux.

DECES

Toledo (Etats-Unis), mardi 28
Mildred Wirt Benson, écrivain, créatrice du personnage de la détective Alice (*5.7.1905).

Paris, jeudi 30
Jean-Denis Malclès, décorateur de théâtre (*15.5.1912).

4 274,64 — 24,45 $ — € 0,9342 $

L'Otan et la Russie scellent un accord de coopération militaire

Pratica di Mare, mardi 28
C'est en un lieu chargé de symboles historiques que les pays membres de l'Otan et la Russie ont consacré la création d'un conseil Otan-Russie. Située à l'ouest de Rome, Pratica di Mare n'est pas seulement la seconde plus grande base aérienne d'Europe occidentale. C'est également le nom moderne de Lavinium, la mythique cité fondée par Enée, le légendaire ancêtre de Romulus et Remus... Le souvenir de l'Empire romain n'a pas empêché cette initiative destinée à promouvoir une large coopération militaire d'être surtout une affaire américano-russe, dans la lignée de la rencontre Bush-Poutine de vendredi dernier, à Moscou.

Vladimir Poutine et George W. Bush ont été les vrais acteurs de ce sommet.

Un incendie détruit 3 millions de livres

Gasny (Eure), mercredi 29
L'incendie qui a ravagé dans la nuit l'entrepôt des Belles-Lettres a tout détruit. Tout, c'est-à-dire 3 millions d'ouvrages, parmi lesquels les stocks des 800 titres de la célèbre collection Budé (éditions bilingues des auteurs grecs et latins), qui, depuis 1921, fait référence dans les lettres classiques. En raison de leurs faibles ventes, il n'est pas certain qu'ils puissent tous être réimprimés. Au-delà des Belles-Lettres, c'est tout un pan de l'édition française qui est fragilisé, car elles assuraient la distribution des livres de 80 autres éditeurs. Ceux-là aussi sont partis en fumée.

La LNF devient la LFP avec Frédéric Thiriez

Cannes, jeudi 30
La Ligue nationale de football a fait sa révolution en changeant de nom : elle s'appellera désormais la Ligue de football professionnel. Ainsi en a décidé son conseil d'administration qui, hier, avait élu à sa présidence l'avocat Frédéric Thiriez. Ce dernier succédait de ce fait au controversé Gérard Bourgoin, démissionnaire le 19 avril dernier. Le rôle de la LFP reste identique à celui de la LNF, à savoir principalement réglementer, organiser et gérer les championnats des divisions 1 et 2, qui deviennent maintenant les ligues 1 et 2. Thiriez était le candidat unique.

L'arrivée de l'euro relance les attaques

Pacy-sur-Eure, jeudi 30
Quand le Renault Express a bloqué leur fourgon et qu'un homme s'est posté devant eux, un lance-roquettes à l'épaule, les trois convoyeurs ont compris qu'il était vain de chercher à résister. Suivant les ordres qui leur étaient intimés par mégaphone, ils ont engagé le véhicule dans un sous-bois, où les gangsters, au nombre de trois ou quatre, se sont emparés de la cargaison de billets estimée à trois millions d'euros. Les braquages, qui avaient cessé dans les derniers mois du franc – que faire de billets bientôt sans valeur ? –, ont repris en janvier, effet inattendu du passage à l'euro.

Le 30, à New York, les travaux de déblaiement de Ground Zero sont achevés. Bilan : 2 832 morts.

Le 31, à Nantes, à l'issue du 45e congrès de la CFDT, Nicole Notat laisse à François Chérèque, fils de l'ancien syndicaliste et ancien ministre Jacques Chérèque, le poste de secrétaire général qu'elle occupait depuis dix ans.

La Coupe du monde de football s'installe en Asie

Les prix fous, fous, fous du Mondial

Séoul, vendredi 31
Cet événement n'est pas seulement sportif. Il est également, et plus que jamais, économique et politique. La planète football, jusqu'à aujourd'hui pratiquement circonscrite à la vieille Europe et à l'Amérique latine, s'est spectaculairement élargie à l'Asie, la Corée du Sud et le Japon organisant conjointement la Coupe du monde. Au prix d'investissements énormes en infrastructures d'accueil. Quant aux sommes engagées par tous les sponsors agréés par la Fifa, elles défient l'imagination. Par exemple, les quinze principaux partenaires du Mondial ont dû payer 40 millions de dollars chacun le « ticket d'entrée » (en moyenne). Quant aux droits de retransmission télévisée, achetés et rétrocédés par KirchSport, ils sont tout aussi astronomiques : ainsi, TF1 a versé 168 millions d'euros pour en avoir l'exclusivité en France. Cette chaîne compte évidemment sur un nouvel exploit de l'équipe de France pour rentrer dans ses frais. Or, de ce côté, les choses ne vont pas pour le mieux. Le détenteur du titre, qui ouvre les hostilités ce soir contre le Sénégal, part avec un handicap très sérieux : Zinedine Zidane ne sera pas de la partie. Dimanche, à Suwon, il a été blessé à la cuisse au cours d'un match de préparation difficilement gagné contre la Corée du Sud (3-2).

A la cérémonie d'ouverture, à Séoul, le XI tricolore affichait une grande ambition : rééditer son exploit de 1998.

Les Bleus sont tombés dans le piège tendu par les Lions du Sénégal

Séoul, vendredi 31
Les Bleus ont-ils été « maraboutés », comme les joyeuses commères des marchés de Dakar l'avaient prédit ? Privée de Zidane, blessé, ainsi que de Robert Pirès, forfait, l'équipe de France est tombée de son piédestal quand Bouba Diop, à la 30e minute, a ouvert la marque pour le Sénégal : stupeur en France et explosion de joie en Afrique devant les écrans de télévision. Et les Bleus, à court de solutions tactiques et d'énergie, ne réussiront pas à renverser le cours du jeu. 1-0 pour les Lions, ce sera le score au coup de sifflet final. Même si David Trezeguet et Thierry Henry se sont montrés dangereux, ils n'ont rien pu faire contre des Sénégalais formidablement motivés, à l'image de leur gardien Tony Sylva ou de ce diable d'Hadji Diouf. Le 6 juin, les joueurs de Roger Lemerre devront absolument battre l'Uruguay.

2002 : huit groupes, 32 équipes qualifiées

Groupe A
France
Sénégal
Uruguay
Danemark

Groupe B
Espagne
Slovénie
Paraguay
Afrique du Sud

Groupe C
Brésil
Turquie
Chine
Costa Rica

Groupe D
Corée du Sud
Pologne
Etats-Unis
Portugal

Groupe E
Allemagne
Arabie Saoudite
Irlande
Cameroun

Groupe F
Argentine
Nigéria
Angleterre
Suède

Groupe G
Italie
Equateur
Croatie
Mexique

Groupe H
Japon
Belgique
Russie
Tunisie

Prostitution : les nouvelles donnes

Plus ou moins dénoncé ces dernières années, le trafic des êtres humains, notamment celui de femmes prostituées, connaît un « boum » médiatique en 2002. Les reportages se multiplient, les statistiques sont terrifiantes : 300 000 femmes et enfants d'Europe orientale seraient chaque année victimes de trafiquants à destination de l'Europe occidentale. Réseaux organisés, femmes victimes ou « consentantes », prostitution de plus en plus voyante…

En trente ans, la prostitution (conduite individuelle) s'est transformée en un système prostitutionnel (dimension collective, économique et sociale). Le phénomène n'est plus local, ni national mais mondial (industrialisation, mondialisation, normalisation) et régi comme tel.

Causes et effets d'un nouvel esclavagisme sexuel

Deux indispensables « complices » alimentent ce commerce : le trafiquant et le client. Quant aux prostituées, à quelques milliers d'exceptions près, leur situation résulte généralement d'une série de causes individuelles douloureuses (pauvreté, isolement, ruptures, rencontre avec le milieu, etc.). Les prostituées *« heureuses »* se retrouvent surtout dans les pays riches et choisissent délibérément de gagner beaucoup d'argent en peu de temps.

A priori, ces dernières ne forment pas la majorité des prostituées. La preuve : en France, 70 % des prostituées sont étrangères. En Autriche, les filles de l'Est sont cinq fois plus nombreuses que les « locales ». D'après l'Organisation internationale des migrations (OIM, 2001), 30 000 femmes entrent illégalement chaque année en Italie pour l'industrie du sexe. En Belgique cohabitent trois catégories de victimes : les filles de l'Est, les Africaines et les Latino-Américaines. En Allemagne, la traite a doublé entre 1995 et 2000… Tous les pays de l'Union européenne se partagent cette nouvelle « topographie » de la prostitution.

Aujourd'hui, les clients trouvent facilement des femmes très jeunes et de toutes origines. Un choix qui prend sa source dans les pays pauvres. La misère des femmes dans maints Etats les pousse à émigrer. Naïves, isolées et migrantes, elles deviennent des proies faciles pour toutes sortes de réseaux. Les organisations criminelles sont largement responsables de l'ampleur massive du trafic actuel des femmes. Un trafic qui débouche directement et sauvagement dans les rues de pays développés.

Mondialisation et prostitution

A partir de la fin des années 80, plusieurs facteurs vont irrémédiablement changer les *« trottoirs »* occidentaux : la chute du mur de Berlin, le professionnalisme criminel des proxénètes, les profits colossaux tirés de cette nouvelle *« industrie »*. Selon Interpol*, au cours d'une année, un proxénète installé en Europe gagne approximativement 100 000 euros par fille. D'où l'apparition d'un lucratif « marché aux femmes » pris en main par des réseaux internationaux. Fin 2002, ce commerce international, en termes de profit, occuperait le troisième rang derrière le trafic de drogue et d'armes. Et les proxénètes encourent toujours des peines de prison moindres que celles appliquées aux trafiquants de drogue.

Outre des facilités liées aux actuels moyens de transport, les réseaux criminels profitent… d'Internet ! Cette technologie sert aussi l'exploitation sexuelle contemporaine (pornographie enfantine et pédophilie comprises) : anonymat exploitable par le client comme par le proxénète, diffusion de photos ou vidéos, mises à jour permanentes de « femmes à consommer », information sur les évolutions juridiques prises dans différents pays, échange d'informations entre consommateurs, séjours de tourisme sexuel vendus via des guides spécialisés, catalogues de prostitué(e)s, etc. Sur Internet, les trafiquants bénéficient des différentes législations nationales. Si des policiers poursuivent pour cette infraction un rendez-vous pris à Paris, si le proxénète réside (et perçoit) dans un pays non répressif, la police française ne peut que… le dénoncer !

Europe : *modus operandi* de filières criminelles

Trois traits essentiels caractérisent la traite sexuelle des femmes : la constitution de filières, le nomadisme des victimes et la violence quasi permanente. D'après Europol*, en Europe occidentale, les principaux groupes criminels sexuels se déclinent ainsi : les réseaux d'Europe centrale et d'Europe de l'Ouest, les réseaux asiatiques, les filières africaines et les réseaux d'Amérique latine.

Les proxénètes présentent différentes origines ethniques, mais les moyens d'opérer restent relativement identiques. A l'instar des méthodes pratiquées par les très actifs proxénètes des Balkans : recrutement via des connaissances ou des « rabatteurs » qui font miroiter des emplois grassement payés ailleurs. Si des femmes savent qu'il s'agit de prostitution, elles ignorent toujours qu'elles ne gagneront presque rien et effectueront des dizaines de passes par jour. Une fois approchée, la femme est introduite clandestinement dans le pays de destination choisi. Elle contracte dès lors une dette à l'égard des organisateurs (transport, papiers). Une fois parvenue à destination, papiers confisqués, ces femmes doivent travailler pour rembourser leur dette. Gardées telles des esclaves, elles sont étroitement surveillées, violentées et leurs familles restées au pays, menacées. En situation illégale, expulsables, elles sont parfaitement malléables. Ce mode opératoire généralement approprié aux réseaux d'Europe orientale commencerait aujourd'hui à toucher également les filières africaines jusqu'alors moins violentes.

La mafia albanaise (spécialisée dans le « bas de gamme » quand le crime organisé russe alimente plutôt la prostitution de luxe) détient le record en la matière. L'Albanie/Kosovo fonctionne — comme l'ensemble des Balkans — à la fois comme pays d'envoi, de transit et de destination. Depuis cette terre, cette mafia (multicarte armes et drogue) « fournit » les pays occidentaux. Ses victimes sont albanaises, roumaines, moldaves, ukrainiennes... Avec les proxénètes des Balkans, ce n'est plus de la prostitution mais de l'esclavagisme : après avoir été pernicieusement recrutées par des entremetteurs rémunérés (40 % d'entre eux sont des femmes) bosniaques, roumains, moldaves, yougoslaves, ukrainiens, bulgares, etc... dans des villes ou villages de pays sources, elles sont amenées clandestinement en Albanie. Elles y seront vendues entre 610 et 1 600 euros par femme. En cours de route, elles ont été violées, reviolées, vendues, revendues, bref « conditionnées ». Ensuite, les filières organisent un débarquement clandestin vers l'Italie. Réceptionnées en Italie par les proxénètes, elles vont être réparties à travers plusieurs villes occidentales. Les filles vont tourner de pays en pays.

Pour ou contre la prostitution : la France est divisée.

Pour exploiter des femmes dans un pays comme la France, les réseaux utilisent à la fois faux papiers et... lenteur administrative. Une demande d'asile (nécessitant juste une domiciliation même postale) permet d'obtenir une autorisation provisoire de permis de séjour. Le temps pour les filles de travailler en toute régularité en attendant que l'Office français de protection des réfugiés et apatrides (OFPRA) statue sur leur demande. La réponse peut demander deux ans et, si elle est négative, le même processus va être employé dans d'autres pays. D'autres filières donnent à ces femmes des papiers de pays en guerre. Ils recourent alors à l'emploi de faux papiers (un marché en plein essor) comme ce fut le cas cette année pour le Sierra Leone.

Si l'Europe de l'Est et orientale fournit encore un important « contingent » de prostituées, la concurrence est rude, les « réalités » peuvent changer rapidement. Comme en France, où les filières africaines se sont montrées particulièrement actives en 2001 et 2002. En 2002, l'Office central pour la répression de la traite des êtres humains (OCRTEH) estimait les Africaines (filières nigérianes notamment) plus nombreuses que les femmes originaires de l'Europe centrale et orientale : 35 % dans le premier cas contre 25 % dans le second.

Villes françaises : interdire ou réglementer ?

Face à ces arrivées massives de prostituées en France, maires ou collectifs de riverains ont réagi différemment. Si le déclencheur s'avère commun (nuisance, arrivée soudaine de filles dans un endroit précis, prostitution voyante), les « remèdes » proposés se sont diversifiés. Strasbourg, Orléans et Aix-en-Provence ont pris des arrêtés d'interdiction de la prostitution sur le territoire de la commune (zone précise). Un collectif de riverains strasbourgeois a photographié des plaques d'immatriculation des clients en les menaçant de les diffuser sur Internet. A Bordeaux, le préfet a rendu passibles de racolage sur la voie publique des clients surpris en voiture. Le 15 octobre dernier, le premier client de prostituée poursuivi pour « racolage actif » sur la voie publique a finalement été relaxé par le tribunal de police de Bordeaux.

Réglementer, légaliser ou abolir ? Il suffirait d'abord de faire appliquer les lois françaises existantes qui prévoient de poursuivre le proxénète et de protéger la prostituée. Des lois françaises qui datent de 1960 permettent aux personnes du trottoir d'être hébergées et protégées dans des centres qui n'ont jamais été ouverts par l'Etat. La réouverture des maisons closes n'est pas une bonne solution. Elle donnerait un statut légal aux proxénètes, « enfermerait » encore plus les victimes et permettrait des profits, des TVA et taxes sur salaires. Enfin, plus la prostitution prend des allures d'esclavagisme forcené, moins il semble possible d'ignorer le rôle tenu par le client. Ce « commerce » prospère grâce à un client largement demandeur.

D'une façon générale, la France pèche par l'absence d'une politique nationale réaliste sur la question. Comme le prouve l'absence d'effectifs affectés auprès de l'OCRTEH, quelques dizaines pour toute la France. Si les lois Sarkozy semblent indispensables pour mieux lutter contre le crime organisé, mieux vaut ne pas trop oublier leur pendant. A savoir la protection des victimes. Aujourd'hui, deux pays font référence en la matière : la Belgique et l'Italie. Deux pays européens où, contre dénonciation d'un réseau, les prostituées sont protégées, réinsérées professionnellement et peuvent obtenir un permis de séjour. Les pays récepteurs de cette traite sont des démocraties. La force des démocraties se situe d'abord dans leurs lois. Seule une nouvelle législation commune pour l'ensemble des pays européens pourra endiguer le fort peu « sexy » trio contemporain : proxénète criminel, client complice et femme victime...

Sabine Dusch
« Le Trafic des êtres humains », PUF, mars 2002
Prix Louis-Marin 2002

* Organisation internationale de police criminelle
* Office de police de l'Union européenne

Juin

Lu	Ma	Me	Je	Ve	Sa	Di
					1	2
3	4	5	6	7	8	9
10	11	12	13	14	15	16
17	18	19	20	21	22	23
24	25	26	27	28	29	30

New York, samedi 1er
L'ONU décide d'évacuer son personnel basé au Pakistan et en Inde à la suite de trois attentats en 24 heures.

Machelen, lundi 3
Joanna Turcksin, doyenne des Belges, fête ses 112 ans.

Madagascar, lundi 3
Douze personnes sont tuées en 24 heures lors d'affrontements entre partisans de Ratsiraka et de Ravalomanana.

France, mardi 4
Sortie du disque *Entre-deux*, de Patrick Bruel, avec la chanson *Mon amant de Saint-Jean*.

Corée du Sud, mercredi 5
Le Brésilien Rivaldo écope d'une amende de 7 828 euros pour avoir simulé une faute lors du match Brésil-Turquie.

Paris, mercredi 5
Le plan Vigipirate renforcé est reconduit pour trois mois.

Calais, mercredi 5
Un Kurde irakien du centre de Sangatte est retrouvé tué d'une balle dans la tête près du terminal ferry du port.

Belfast, mercredi 5
Alex Maskey devient le premier maire Sinn Fein (la branche politique de l'IRA) de la ville.

Spich (Allemagne), vendredi 7
Albert II assiste, en compagnie du président Johannes Rau, à une cérémonie marquant la fin de la présence militaire belge en Allemagne.

Paris, samedi 8
Vivendi annonce la cession de la chaîne italienne Telepiu à Rupert Murdoch. (→ 1.10)

Memphis, samedi 8
Boxe : Lennox Lewis conserve le titre de champion du monde des lourds en battant Mike Tyson par KO à la 8e reprise.

Montréal, dimanche 9
Michael Schumacher remporte le GP de F1 du Canada.

DECES

Paris, samedi 1er
Jacques Fauvet, directeur du *Monde* de 1969 à 1982 (*9.6.1914).

Paris, vendredi 7
Jacques Merleau-Ponty, philosophe (*26.7.1916).

4 020,27 — 24,13 $ — € 0,9452 $

Le dopage a entaché le Tour d'Italie

Milan, dimanche 2
Le Tour d'Italie s'est achevé par une sixième victoire d'étape pour le sprinter Mario Cippolini et, pour Paolo Savoldelli, avec le maillot rose du classement général final. Mais ce n'est pas ce que l'on retiendra de ce Giro, pris une fois de plus dans la spirale du dopage : trois coureurs ont dû quitter la course en raison de contrôles positifs, dont deux favoris, Stefano Garzelli et Gilberto Simoni, vainqueur en 2001. Et les enquêtes de la police révélaient le 22 mai un trafic de produits dopants organisé par la Camorra. Marco Pantani, le 29, abandonnait. Discrètement.

Il tue une copine comme dans *Scream*

Nantes, lundi 3
Wes Craven est-il responsable de la mort d'Alice, 15 ans, poignardée en fin d'après-midi par un camarade de lycée de 17 ans ? L'auteur du crime, arrêté dans la soirée, s'était identifié aux tueurs masqués de la fameuse trilogie *Scream* du metteur en scène américain. Ce drame atroce a eu lieu à Saint-Sébastien-sur-Loire, près de Nantes. Le jeune assassin a donné dix-sept coups de couteau à Alice et s'est enfui lorsqu'un promeneur est apparu. L'adolescente a eu le temps de le dénoncer avant de mourir peu après au CHU de Nantes. Le lycéen a tout avoué, sans remords.

Les généralistes ont eu gain de cause

Paris, mercredi 5
Jean-Pierre Raffarin voulait que la crise soit dénouée, et vite. C'est fait depuis ce matin, à 6 h 35, au terme de douze heures de discussions. Les syndicats des médecins généralistes et la Caisse nationale d'assurance-maladie (CNAM) sont parvenus à un accord : bloquées à 18,5 euros, les consultations passeront à 20 euros le 1er juillet ; les visites, quant à elles, seront revalorisées à 30 euros. Les généralistes, excédés de ne pas être entendus, avaient lancé la grève des gardes le 15 novembre 2001. Et elle n'avait cessé de se durcir.

Elizabeth II fête ses cinquante ans de règne

Le carrosse d'Etat de la reine est une vraie pièce de musée : il date de 1762.

Londres, mardi 4
Le 6 février 1952, le roi George VI mourait dans son sommeil, laissant le trône à sa fille aînée Elizabeth. Il y a donc cinquante ans que règne sur le Royaume-Uni Elizabeth II, et c'est de façon à la fois fastueuse et festive que ses sujets ont assisté à la fin des cérémonies qui, quatre jours durant, auront marqué ce « Golden Jubilee ». Ils étaient des centaines de milliers aujourd'hui pour acclamer la reine quand elle s'est rendue de Buckingham à la St Paul Cathedral, dans son splendide carrosse rococo. Hier soir, 12 000 personnes tirées au sort avaient assisté dans les jardins du palais à un concert donné, entre autres, par Paul McCartney, Elton John, Phil Collins et Eric Clapton.

La Journée mondiale de l'environnement

Shenzhen, mercredi 5
Fondée le 15 décembre 1972 par les Nations unies, la Journée mondiale de l'environnement se déroule tous les 5 juin. Cette année, c'est la ville chinoise de Shenzhen, réputée pour la qualité de ses espaces verts, qui en accueille les manifestations les plus importantes. Organisées par le Programme des Nations unies pour l'environnement, ces manifestations concernent 120 pays sur le thème : « Donnez une chance à la planète ». Une action de sensibilisation qui est en quelque sorte l'avant-programme du Sommet de la Terre qui débutera le 26 août à Johannesburg. Et là les choses sérieuses commenceront car les Etats « pollueurs » seront mis au pied du mur, sinon au pilori. (→ 28.8)

Le 6, le premier bilan officiel fait état de 22 morts, de quatre disparus et de milliers de sans-abri après la rupture, samedi dernier, du barrage de Zeyzoun sur le fleuve Oronte, en Syrie. Il avait été construit en 1995.

Nouvelle offensive contre le QG d'Arafat

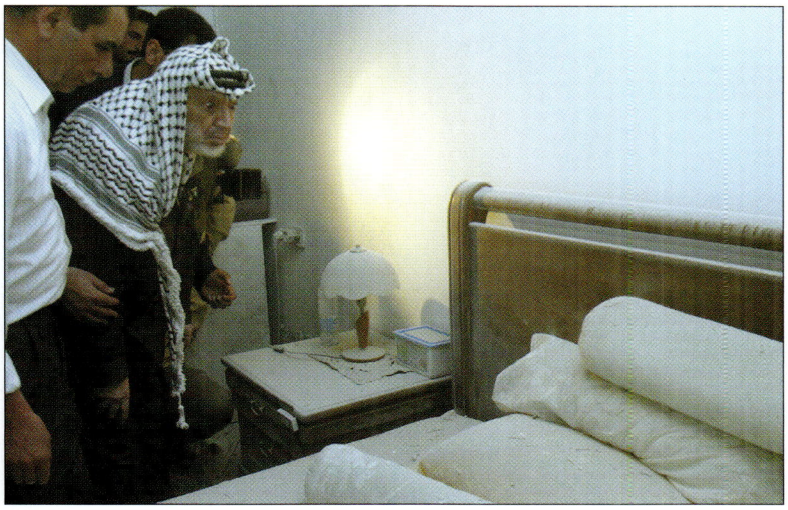

Yasser Arafat découvre sa propre chambre ravagée par les impacts des tirs.

Ramallah, jeudi 6
George W. Bush aura bien du mal à esquisser un plan de paix avec le président égyptien Hosni Moubarak qu'il doit recevoir demain à Camp David. Cette nuit, les Israéliens ont fait une incursion armée au cœur de la Mouqata'a déjà en ruines, tirant à la mitrailleuse lourde jusque dans les appartements de Yasser Arafat, dont l'un des gardes a été tué. On a un peu l'impression qu'Ariel Sharon a voulu donner ainsi au président de l'Autorité palestinienne un dernier avertissement. Cette démonstration de force répondait à l'attentat que le Djihad islamique a commis dans le nord-est d'Israël, hier, faisant dix-sept tués dont treize jeunes soldats au carrefour de Meggido.

Les Bleus sont dans la spirale de l'échec

Pusan, jeudi 6
Les chances des Bleus d'accéder aux huitièmes de finale se réduisent car, après leur incroyable défaite contre le Sénégal, ils n'ont pu faire mieux que 0-0 contre l'Uruguay. Et encore ont-ils évité le KO quand, dans les dernières secondes, Fabien Barthez a dans un trait de génie dévié un tir assassin de Federico Magallanes. Il est vrai que Zidane, toujours blessé, était sur le banc de touche, et que Thierry Henry a été expulsé dès la 25e minute. Maintenant, la France devra battre le Danemark, avec au moins deux buts d'écart.

Disparition de la veuve de Léopold III

Argenteuil (Belgique), vendredi 7
La princesse de Réthy était l'un des personnages les plus mystérieux, les plus fascinants, mais également les plus controversés de l'histoire de la Belgique. Fille d'un avocat flamand qui fut plusieurs fois ministre, Lilian Baels était femme d'une rare beauté et au destin romanesque. Elle devint princesse après son mariage secret en 1941 avec le roi Léopold III, veuf de la populaire reine Astrid. On lui a prêté une influence néfaste sur son époux, en particulier lorsqu'il a été contraint d'abandonner la couronne en 1951. Plus tard, la reine Fabiola l'écartera de Laeken. La princesse de Réthy avait 84 ans (*28.11.1917).

La princesse Lilian de Réthy (1998).

La droite est bien partie aux législatives

France, dimanche 9
Le premier tour des législatives est déjà la confirmation du net recul de la gauche à la présidentielle : ce soir, la droite est pratiquement assurée de disposer d'une très large majorité à l'Assemblée nationale. Ont d'ores et déjà été élus 56 candidats de droite, contre 2 seulement pour la gauche. La vague bleue attendue est bien arrivée, et le Front national ne semble pas en mesure, à l'inverse de ce qui s'était passé aux élections de 1997, de perturber le jeu, car le parti de Jean-Marie Le Pen ne pourra se maintenir au second tour que dans 37 circonscriptions. A gauche, le PC et les Verts sont en difficulté, ce qui laisse au PS une chance de sauver les meubles face à l'UMP. (→ 16)

Le sacre d'Albert Costa à Roland-Garros

Paris, dimanche 9
Finale messieurs 100 % espagnole à Roland-Garros, mais finale surprise aussi. Le public, qui attendait Juan Carlos Ferrero, a vu le favori balayé par son compatriote Albert Costa, au terme d'un match où ce dernier a imposé son jeu en force, ne faisant pratiquement aucune faute. Ce qui ne fut pas le cas de Ferrero dont la défaite est sans appel : 6-1, 6-0, 4-6, 6-3. Samedi, la finale dames fut une simple affaire de famille américaine entre les sœurs Williams. Cette fois, c'est Serena qui a pris le dessus sur Venus (7-5, 6-3). Le tennis français s'est consolé avec la belle victoire, en juniors, du jeune et prometteur Richard Gasquet (15 ans), opposé à Laurent Recouderc (6-0, 6-1).

Le 8, au Stade de France, il a fallu la prolongation pour départager Agen et Biarritz, en finale du championnat de France. C'est un drop de Laurent Mazas qui apporte aux Biarrots leur premier titre depuis 63 ans (25-22).

Un « tout espagnol » lors de la finale messieurs des Internationaux de France.

Juin

Lu	Ma	Me	Je	Ve	Sa	Di
					1	2
3	4	5	6	7	8	9
10	11	12	13	14	15	16
17	18	19	20	21	22	23
24	25	26	27	28	29	30

New Delhi, lundi 10
L'Inde rouvre son espace aérien aux avions pakistanais en signe d'apaisement.

Paris, mardi 11
France Telecom met fin à sa coopération avec l'opérateur allemand MobilCom.

Vatican, mardi 11
Le pape accepte la démission de Mgr Kendrick Williams, un évêque américain accusé de pédophilie.

Paris, jeudi 13
François Cheng est élu à l'Académie française. Chinois naturalisé français, il est le premier Asiatique à y siéger.

Etats-Unis, jeudi 13
Annonce de la découverte par des astronomes américains d'un système solaire semblable au nôtre, situé à 41 années-lumière de la Terre.

Washington, jeudi 13
Le Pentagone dément que des prisonniers talibans aient été exécutés en novembre 2001.

Toulouse, vendredi 14
Neuf cadres de l'usine AZF, dont le directeur, sont mis en examen pour « homicides et blessures involontaires ».

Londres, samedi 15
Elizabeth II anoblit Michael Philip Jagger, le chanteur des Rolling Stones.

Houston, samedi 15
Arthur Andersen est reconnu coupable d'entrave à la justice.

Cuba, dimanche 16
536 prisonniers sont désormais détenus à Guantanamo.

Le Mans, dimanche 16
Audi réalise un triplé historique aux 24 Heures. Et l'équipage Kristensen-Pirro-Biela obtient sa 3e victoire consécutive.

Israël, dimanche 16
Début d'érection d'une barrière de 120 km de long entre Israël et la Cisjordanie.

DECES

Paris, mercredi 12
Jean de Beaumont, ancien vice-président du CIO (*13.1.1904).

Paris, vendredi 14
Jacques Rouland, créateur de « la Caméra invisible » (*13.11.1929).

3 847,07 — 24,65 $ — € 0,9459 $

C'est terminé pour l'équipe de France

Incheon, mardi 11
C'est fini. L'équipe de France rentre à la maison sans avoir pu marquer un seul but. Battus par des Danois que l'on disait très « prenables », les champions du monde ont terminé le match à bout de souffle, sur le score de 2-0. Des excuses, il y en a certes : les absences d'Emmanuel Petit et de Thierry Henry (« cartonnés »), trop de tirs malchanceux, un Zidane de retour mal guéri de sa blessure. Ce qui n'explique pas tout. Les Bleus ont sans doute perdu la « rage » des années précédentes et peut-être trop cédé aux sirènes des médias et de la publicité. Dès aujourd'hui, c'est le sélectionneur Roger Lemerre qui est pointé du doigt : son système de jeu a fait faillite en Corée.

Immense déception pour les supporters des Bleus, qu'ils croyaient invincibles.

Les paysans veulent maintenir la PAC

Strasbourg, mardi 11
Ils étaient de 12 000 à 15 000 venus des pays de l'Union européenne et des pays candidats à l'adhésion pour s'opposer à toute modification de la Politique agricole commune (PAC) : les aides qu'ils reçoivent pourraient être réduites au profit du projet de « développement rural » étudié par la Commission. Les représentants des paysans européens ont été reçus chaleureusement par le président du Parlement de Strasbourg, l'Irlandais Pat Cox, qui leur a témoigné de son attachement au « modèle agricole » de l'Union européenne.

L'atroce agonie des prisonniers talibans

Strasbourg, mercredi 12
Les députés européens qui avaient répondu à l'invitation de la Gauche unitaire européenne en sont restés muets de stupéfaction. La GUE leur a projeté, au Parlement européen, un documentaire de Jamie Doran formé de témoignages affirmant que 4 000 talibans faits prisonniers par l'Alliance du Nord le 20 novembre 2001 sont morts asphyxiés dans les conteneurs où on les avait entassés pour les conduire à la forteresse de Quala e-Zeini. Selon les témoins, les Américains auraient donné l'ordre d'achever les mourants.

Verdict de clémence pour François Besse

Paris, mercredi 12
François Besse risquait en théorie le maximum, outre la peine de quinze ans de réclusion qu'il purge suite à un jugement de 1975 et celle de huit ans écopée en 1998. Mais l'ancien complice de Jacques Mesrine, dont les braquages, les fusillades et aussi les cavales ont défrayé le chronique, a impressionné les jurés de la cour d'assises de Paris par sa loyauté à l'égard de la justice et cette forme de sagesse qu'il a acquise en prison. Verdict : huit ans, confondus avec la peine précédente. Il pourrait sortir dans cinq ans. Il aura alors 63 ans.

***Spider-Man* sort en France le 11. Le film a rapporté 400 millions de dollars sur le marché américain.**

Le 11, Sir Paul McCartney épouse l'ancien mannequin Heather Mills au château de Leslie (Irlande). Parmi les invités : Ringo Starr et Bill Clinton.

Hamid Karzaï a été élu pour établir la démocratie en Afghanistan

Kaboul, jeudi 13
Hamid Karzaï aura fait quasiment l'unanimité. Les délégués réunis à la Loya Jirga, assemblée traditionnelle afghane, l'ont choisi pour diriger le pays par 1 285 voix sur 1 575. Chose remarquable, le vote était à bulletins secrets, et l'un des candidats qui lui étaient opposés était une femme, le docteur Massouda Jalal. Une tâche gigantesque attend le nouveau chef de l'Etat : former un gouvernement, organiser des élections et préparer une Constitution, et tout cela dans un pays qu'il est encore très loin de contrôler. Hamid Karzaï, lui-même d'origine pachtoune, s'est adressé aux anciens talibans, qu'il considère comme des compatriotes « abusés » par des étrangers, désignant par là implicitement Ben Laden. (→ 5.9)

A la Loya Jirga, Hamid Karzaï a joué la carte de la réconciliation nationale.

Le CAC 40 est passé sous les 4 000 points

Paris, vendredi 14
Vendredi noir au palais Brongniart. Le CAC 40 a chuté de 2,89 %, soit à 3 843,07 points. C'est son niveau le plus bas depuis les lendemains des attentats du 11 septembre 2001. Les sociétés les plus affectées par cette crise de confiance des investisseurs sont Vivendi Universal, Alcatel et France Telecom. Les causes de cette crise qui affecte la plupart des places boursières (l'indice Nikkei a clôturé en baisse à - 2,01 %) sont multiples. Mais les principales sont la vague de scandales qui submerge l'économie américaine et la crainte d'une rapide détérioration de la situation dans le Proche-Orient, risquant de conduire à une guerre avec l'Irak.

La Marine à l'assaut d'un cargo de drogue

Océan Atlantique, jeudi 13
Surveillé par un satellite américain et deux appareils de patrouille de la Marine française, le cargo *Winner*, battant pavillon cambodgien, était soupçonné de transporter quelque deux tonnes de cocaïne à destination de l'Espagne. Deux avisos français, le *Lieutenant-de-vaisseau-Le-Hénaff* et le *Commandant-Bouan*, ont alors été chargés de l'arraisonner, avec les commandos Jaubert. Ce qui fut fait au large des Canaries, après deux coups de semonce. Les trafiquants ont eu toutefois le temps de jeter à la mer 500 kg de cocaïne.

Un nouvel attentat à Karachi vise cette fois le consulat américain

Cette action terroriste rappelle celle qui avait frappé des Français le 8 mai.

Karachi, mardi 14
Onze morts et quarante-six blessés dans un état grave : tel est le résultat de l'attentat à la voiture piégée qui a été commis dans la matinée devant le consulat des Etats-Unis. Toutes les victimes sont pakistanaises, sauf un marine légèrement touché. Selon les premiers témoignages recueillis, le véhicule, une camionnette Suzuki, a explosé en roulant, détruisant en partie le mur d'enceinte du consulat et creusant un profond cratère dans la chaussée. L'attentat suicide a été revendiqué par un groupe islamiste inconnu, « Porte-parole de la Loi ». Les Etats-Unis ont fermé tous leurs consulats et leur ambassade.

Majorité confortable pour Jacques Chirac et Jean-Pierre Raffarin

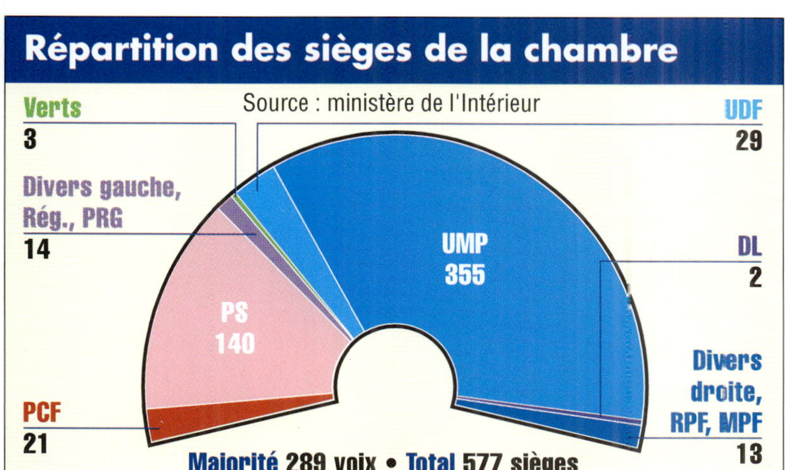

France, dimanche 16
Les électeurs ont délivré un blanc-seing à Jacques Chirac, au second tour des législatives. Sur 577 sièges à pourvoir, la droite en gagne 399 (dont 355 pour la seule UMP). Le Front national n'a aucun élu, mais le PC réussit *in extremis* à former un groupe, de même que l'UDF. Le PS reste la seule composante solide de la gauche (140 sièges), malgré la cuisante défaite de Martine Aubry à Lille. Autre échec significatif, celui de Jean-Pierre Chevènement : il perd son siège de Belfort et se retrouve marginalisé. Un chiffre inquiétant : près de 40 % d'abstention.

Le 16, à Rome, le pape canonise Francesco Forgione, le capucin aux stigmates, dit « Padre Pio ».

Juin

Lu	Ma	Me	Je	Ve	Sa	Di
					1	2
3	4	5	6	7	8	9
10	11	12	13	14	15	16
17	18	19	20	21	22	23
24	25	26	27	28	29	30

France, lundi 17
Une canicule s'abat sur le pays. Le record est atteint à Clermont-Ferrand : 39 °C.

Rome, lundi 17
Le cycliste Marco Pantani est suspendu 8 mois pour dopage.

Europe, lundi 17
Selon un sondage publié par le *Wall Street Journal*, 70 % des Européens estiment que les patrons sont trop payés.

Genève, mardi 18
Selon un rapport des Nations unies, 65 % des Africains vivent avec moins d'un dollar par jour.

Australie, mercredi 19
L'Américain Steve Fossett engage sa 6e tentative de tour du monde en ballon en solitaire.

France, mercredi 19
52,9 % des ménages sont endettés, le taux le plus élevé jamais enregistré.

Ramallah, mercredi 19
Yasser Arafat demande l'arrêt immédiat des attentats suicides contre les civils israéliens.

Irak, jeudi 20
Un raid anglo-américain contre un centre de commandement militaire fait 4 morts.

Cisjordanie, jeudi 20
L'armée israélienne investit les villes autonomes palestiniennes de Bethléem, Kalkiliya, Jénine et une partie de Ramallah, et rappelle des réservistes.

Paris, vendredi 21
Rejet du référé déposé par le Mrap pour interdire le livre d'Oriana Fallaci, *la Rage et l'Orgueil*, hostile à l'islam.

Genève, vendredi 21
L'Europe est déclarée exempte de poliomyélite.

Chine, dimanche 23
Les inondations qui touchent 19 provinces depuis début juin ont déjà fait 150 morts.

Nürburgring, dimanche 23
Victoire de Rubens Barrichello au GP de F1 d'Europe.

Qatar, dimanche 23
Dans une vidéo diffusée par Al Jezira, la Qaida revendique l'attentat contre la synagogue de Djerba.

Arizona, dimanche 23
155 000 hectares de forêt ont été incendiés depuis mardi.

3 799,53 — 24,37 $ — € 0,9696 $

La téléportation est devenue une réalité

Canberra, lundi 17
Le mythe de la téléportation, cher aux écrivains de science-fiction, n'en est plus un. Le ministre australien de la Science, Peter McGauran, en a fait l'annonce : des chercheurs de l'Australian National University ont réussi à téléporter un rayon laser sur un mètre de distance. L'expérience, élaborée par le physicien d'origine chinoise Ping Koy Lam, consistait à jumeler deux rayons laser, le second devenant par signal radio la réplique exacte du premier en temps réel (en neuf milliardièmes de seconde pour être précis). Un champ nouveau est ouvert pour l'informatique.

Jean-Pierre Raffarin reconduit à Matignon

La cosmonaute Claudie Haigneré a fait son entrée au gouvernement.

Paris, lundi 17
C'est un cabinet très sensiblement élargi qu'a reconstitué Jean-Pierre Raffarin. Si les ministères les plus sensibles sont inchangés (Intérieur, Justice, Affaires sociales, Défense, Economie, Education), on observe que Renaud Donnedieu de Vabres, mis en examen dans les affaires du financement du Parti républicain, a cédé la place à Noëlle Lenoir aux Affaires européennes. On compte douze nouveaux venus dont Nicole Fontaine, l'ancienne présidente du Parlement européen, qui devient le ministre délégué à l'Industrie, et Claudie Haigneré, qui a été nommée ministre délégué à la Recherche et aux Nouvelles Technologies.

Un kamikaze du Hamas fait exploser un autobus à Jérusalem

Jérusalem, mardi 18
Les services de sécurité israéliens se doutaient de quelque chose, et l'état d'alerte maximum avait été dès hier déclenché à Jérusalem. Ces mesures n'ont pas empêché un kamikaze du Hamas de prendre l'autobus reliant la colonie de Gilo à la gare routière de Jérusalem et de se faire exploser, ce matin, à 8 heures. Le bus a alors volé en éclats, faisant vingt morts (dont le kamikaze lui-même) et une cinquantaine de blessés. Cet attentat a eu lieu alors que commençait la construction d'un long mur destiné à isoler la Cisjordanie d'Israël. Une initiative critiquée à Washington, où l'épouse de George W. Bush a parlé hier de « barrière de haine ».

C'est la première fois qu'Ariel Sharon se rend sur les lieux d'un attentat.

Alain Juppé prend en main les chiraquiens

Paris, mardi 18
L'UMP n'est pas encore un parti (le congrès constitutif de l'Union pour la majorité présidentielle est prévu en octobre prochain), mais il a déjà un patron : Alain Juppé. Le maire de Bordeaux a été désigné président de la direction du mouvement par les membres de son conseil fondateur. « A l'unanimité et par acclamation » a précisé Jean-Claude Gaudin. Le maire de Marseille devient d'ailleurs l'adjoint d'Alain Juppé avec celui de Toulouse, Philippe Douste-Blazy. Le trio s'est donné pour mission de fédérer les courants de l'UMP. Et « sans caporalisme », a tenu à dire l'ancien Premier ministre.

C'est son grand retour politique.

Raymond Barre part à la retraite

Lyon, mercredi 19
Premier ministre de 1976 à 1981, maire de Lyon de 1995 à 2001, mais aussi candidat à la présidentielle de 1988, Raymond Barre a annoncé ce soir qu'il se retirait de la politique. Agé de 78 ans, cette figure originale de la droite française aura marqué par une indépendance d'esprit qui devait parfois l'isoler au sein de son propre camp : le 18 décembre 2001, il avait ainsi voté le projet de loi sur la Corse présenté par Lionel Jospin. Lundi, il a invité le gouvernement à engager les réformes impopulaires qu'il juge indispensables.

José Bové n'a pas raté son entrée en prison

Ses partisans scandaient tous en chœur : « Chirac en prison, José à la maison ! »

Villeneuve, mercredi 19
José Bové a impeccablement mis en scène son incarcération à la prison de Villeneuve-lès-Maguelonne, dans l'Hérault, où il purgera le reliquat de sa peine de trois mois à laquelle il a été condamné pour l'affaire du McDonald's de Millau, démonté le 12 août 1999. Convoqué à 8 heures, il n'est arrivé qu'à 16 heures, vêtu d'une tenue de bagnard et enchaîné. La pipe à la bouche, le leader de la Confédération paysanne avait pris le chemin des écoliers, avec tout un cortège de paysans montés sur leurs tracteurs et de nombreux militants antimondialisation. Aux portes de la maison d'arrêt, la « caravane » s'est transformée en manifestation contre la « justice politique ».

Bush a lancé sa croisade contre l'obésité

Parallèlement à l'obésité, le diabète progresse au rythme de 6 % par année.

Washington, jeudi 20
« Une Amérique plus saine est une Amérique plus forte. » C'est par ces paroles de bon sens que George W. Bush a lancé la campagne nationale contre l'obésité. Aux Etats-Unis, les cas d'obésité ont en effet plus que doublé depuis les années 1960, et on compte environ 40 millions d'obèses aujourd'hui, soit un septième de la population américaine. Une étude de l'université de Caroline du Nord a montré que 26 % des hommes et 28 % des femmes deviennent obèses à l'âge de 36 ans en moyenne. Bush a vivement invité ses compatriotes à pratiquer un sport au moins trente minutes par jour et à manger plus de légumes et de fruits frais afin de combattre cet inquiétant fléau.

Retour des mercenaires de Madagascar

Lyon, jeudi 20
L'expédition de ces dix mercenaires français qui avaient été, selon toute vraisemblance, recrutés pour aider Didier Ratsiraka à renverser Marc Ravalomanana, à Madagascar, s'est soldée par un pitoyable aller-retour France-Tanzanie en Falcon 900. Les soldats de fortune avaient tous leurs papiers en règle, mais la DGSE les avaient ciblés. Contraints mercredi de se poser à Dar es-Salaam, ils ont alors été priés de s'en retourner dans leurs foyers... Ils sont arrivés à Lyon au lieu du Bourget. Par souci de discrétion. Comme rien ne leur était légalement reproché, ils sont sortis libres de l'aéroport.

Chute vertigineuse de France Telecom

Paris, vendredi 21
Mais jusqu'où va descendre France Telecom ? Telle est la question que se posent quelque 1,6 million de petits actionnaires du groupe dont l'Etat détient 53,8 % du capital. Son titre a perdu en une semaine 21,7 % de sa valeur, atteignant aujourd'hui son niveau le plus bas : 12,41 euros. Il faut rappeler que lorsque France Telecom a été introduit en Bourse, en 1997, le titre était vendu au prix de 27,75 euros. Cette dégringolade affecte d'ailleurs tous les opérateurs européens, tels Deutsche Telekom, Telecom Italia ou Vodafone. British Telecom est le seul à résister ou, du moins, à limiter la casse.

Les Quinze désunis au sommet de Séville

Séville, samedi 22
Le sommet des Quinze, placé sous la présidence de José Maria Aznar, le Premier ministre espagnol, s'est achevé dans une ambiance morose. Non parce que les artères de Séville étaient envahies par des dizaines de milliers de manifestants hostiles à la mondialisation, mais parce que rien de concret n'en est sorti. Que ce soit sur l'immigration clandestine, point sur lequel Jacques Chirac a opposé son veto aux propositions drastiques de Tony Blair, ou sur l'agriculture, la pomme de discorde qui sépare la France de l'Allemagne.

Le 22, à Kwangju, surprise au Mondial : la Corée du Sud élimine l'Espagne en quart de finale (5 tirs au but à 3 après 0-0). Le même jour, la Turquie se qualifie pour les demi-finales en battant le Sénégal (1-0), à Osaka. Les petites nations deviennent grandes dans cette Coupe du monde inédite !

Roselyne Bachelot défend le nucléaire

Paris, dimanche 23
Roselyne Bachelot met rarement sa langue dans sa poche. Elle le prouve encore aujourd'hui en déclarant au *Journal du dimanche* que, du point de vue des effets de serre, l'énergie nucléaire « est une bonne solution si l'on pratique la transparence, si on résout la question des déchets et de la sécurité ». Ministre de l'Ecologie et du Développement durable, elle avait déjà, mercredi dernier, dit sur France-Inter que le nucléaire était l'industrie « la moins polluante » et qu'elle seule pouvait assurer « notre indépendance énergétique ».

Juin

Lu	Ma	Me	Je	Ve	Sa	Di
					1	2
3	4	5	6	7	8	9
10	11	12	13	14	15	16
17	18	19	20	21	22	23
24	25	26	27	28	29	30

France, lundi 24
Un spot télévisé de la Sécurité routière met pour la 1re fois en scène la mort d'un enfant.

Washington, lundi 24
La Cour suprême annule 150 condamnations à mort, car elles ont été prononcées par des juges et non par des jurys.

Zimbabwe, lundi 24
Fin, à minuit, de l'ultimatum exigeant que les fermiers blancs cessent toute activité.

Paris, mardi 25
La Cour de cassation juge qu'un fœtus ne peut pas être victime d'un homicide.

Chamonix, mardi 25
Le tunnel du Mont-Blanc est ouvert à tous les camions.

Bruxelles, mercredi 26
La justice juge irrecevables les plaintes déposées contre Ariel Sharon pour le massacre de Sabra et Chatila.

Paris, mercredi 26
Le conseil mondial de la FIA condamne Ferrari, Schumacher et Barrichello à un million de dollars d'amende, dont la moitié avec sursis, pour leur arrangement au GP d'Autriche.

Antananarivo, mercredi 26
Les Etats-Unis reconnaissent la légitimité de Ravalomanana.

Londres, jeudi 27
La Haute Cour de justice refuse l'extradition vers la France de Rachid Ramda, impliqué dans les attentats de 1995 à Paris.

Abidjan, samedi 29
L'opposant Alassane Ouattara obtient la nationalité ivoirienne.

Daegu (Corée du Sud), sam. 29
La Turquie bat la Corée du Sud (3-2) dans le match pour la 3e place de la Coupe du monde.

Brest, samedi 29
Les 11 marins du *Winner* sont mis en examen pour trafic de stupéfiants.

DECES

Luxembourg, lundi 24
Christian Pierre Werner, ancien Premier ministre et précurseur de l'euro (*29.12.1913).

Rome, mercredi 26
Homeira chah, épouse de l'ex-roi afghan Zaher chah (86 ans).

3 897,99 — 25,38 $ — € 0,9875 $

J2M abandonné par Bernard Arnault

Paris, mardi 25
Jean-Marie Messier reste à la tête de Vivendi Universal. Ainsi en a décidé son conseil d'administration, mais son siège de président ressemble de plus en plus à un siège éjectable. La position de J2M devient en effet intenable. Deux coups durs se sont abattus sur lui hier : le titre a perdu 23,31 % de sa valeur, et le P-dg de LVMH, Bernard Arnault, a quitté le conseil d'administration. La crise de confiance est si grave que la COB a demandé au groupe un état précis de ses flux financiers depuis janvier et de sa trésorerie actuelle.

Graves inondations en Russie et en Chine

Russie, mardi 25
Le sud de la Russie a été ravagé par des inondations provoquées par des pluies diluviennes : le premier bilan officiel est de 76 morts, tandis que 83 000 personnes ont été évacuées. Les dégâts sont estimés aujourd'hui à environ 400 millions d'euros. Mais la situation est encore plus grave en Chine, où les intempéries auraient fait à ce jour 530 morts, ainsi que plusieurs centaines de disparus, en particulier dans le Shanxi, province située dans le nord-ouest du pays. Selon les chiffres de la Croix-Rouge, il y aurait 683 000 sans-abri.

Le Premier ministre turc prié de partir

Ankara, mardi 25
Les Turcs reportent leurs espoirs sur leur équipe qui, demain, affrontera le Brésil en demi-finale du Mondial. Car, sur le plan politique, le pays vit dans l'incertitude complète, du fait de la maladie du Premier ministre, Bülent Ecevit, pratiquement absent depuis des semaines. Au point que neuf députés de son parti, le DSP (Parti de la gauche démocratique), ont demandé sa démission dans une conférence de presse, au Parlement. Bayral Firat Dayanikli, porte-parole de ces « dissidents », a précisé que la survie du DSP était en jeu et qu'il devait maintenant « poursuivre sa voie sans lui ».

La chute de WorldCom

Après le scandale Enron, les fraudes de WorldCom déstabilisent les marchés.

New York, mercredi 26
Ce matin, la Bourse de New York a suspendu la cotation de WorldCom. Hier, le titre était tombé à 83 cents contre 64,50 dollars il y a dix-huit mois, à la suite de la révélation des manipulations frauduleuses opérées sur les comptes du géant américain de la téléphonie mobile. En gonflant son cash-flow, l'opérateur avait pu afficher des profits de 1,4 milliard de dollars en 2001 et de 130 millions pour le premier trimestre 2002 alors qu'il était en fait « dans le rouge ». Le cabinet Arthur Andersen, chargé de contrôler sa comptabilité, n'avait rien observé d'anormal. La question de la survie de WorldCom (85 000 salariés) est désormais posée. Pour George W. Bush, c'est une affaire « scandaleuse ». Il a annoncé qu'une enquête serait ouverte.

Fidel Castro veut un socialisme irrévocable

La Havane, mercredi 26
La démocratisation de Cuba a cessé d'être d'actualité. A l'unanimité, le Parlement a approuvé une révision de la Constitution qui, dorénavant, rend « irrévocable » le socialisme. Au cours des débats, le ministre des Relations extérieures, Felipe Pérez Roque (37 ans et considéré comme un possible successeur de Castro), a déclaré que le multipartisme ayant « échoué » en Amérique latine, il n'y avait aucune raison de remettre en question le système du parti unique. C'était là une façon de répondre au « projet Varela ». Celui-ci réclamant précisément la démocratisation du régime par référendum, il a toutes chances d'être désormais considéré comme inconstitutionnel.

Le 27, John Entwistle est retrouvé mort dans un hôtel de Las Vegas, où il devait se produire le lendemain avec les Who. Il aurait succombé à une crise cardiaque. Le bassiste britannique était âgé de 57 ans (*9.10.1944).

Un G8 réussi pour Vladimir Poutine

Kananaskis, jeudi 27
Le G8 réuni sous haute surveillance au Canada a souri à la Russie. C'est incontestablement Vladimir Poutine qui en aura recueilli les dividendes, avec la promesse d'un versement de 20 milliards d'euros pour réduire et sécuriser son arsenal nucléaire, ainsi que son intégration à part entière au club des pays les plus industrialisés de la planète. Sur le Proche-Orient, George W. Bush n'a pas réussi, en revanche, a convaincre les Russes, les Allemands, les Canadiens et les Français de l'opportunité de mettre hors jeu Yasser Arafat.

Le cinéma français a perdu François Périer

Paris, vendredi 28
François Périer a succombé en fin d'après-midi à un arrêt cardiaque, à 82 ans (*10.11.1919). De son vrai nom François Pilu, il aura été l'une des figures les plus sympathiques et les plus talentueuses de la scène et de l'écran français, qu'il a illuminés par son humanité parfois teintée de mélancolie. Son jeu tout en sobriété a fait merveille, notamment dans les pièces de Jean-Paul Sartre et dans la centaine de films qu'il a tournés, tels *Orphée* de Jean Cocteau (1949), *les Nuits de Cabiria* de Federico Fellini (1957) ou encore *le Cercle rouge* de Jean-Pierre Melville (1970). Autant de classiques du septième art.

Pendant la réalisation de « l'Amour Madame » de Gilles Grangier (1952).

Affrontement naval entre les Corées

Mer Jaune, samedi 29
Alors qu'il sommait un escorteur de la marine nord-coréenne de quitter une zone de pêche disputée, près de l'île de Yeongpyeong, un bâtiment sud-coréen a été touché à mort par son adversaire. Avant de couler, le patrouilleur a pu riposter, obligeant l'agresseur à se retirer en flammes. Cet incident a fait quatre morts et un disparu du côté sud-coréen. Les pertes nord-coréennes sont estimées à une trentaine de morts et blessés. Un « incident » qui remet en cause le réchauffement des relations entre Séoul et Pyongyang.

Désengagement des Américains en Bosnie

New York, dimanche 30
Les Etats-Unis ont usé de leur droit de veto au Conseil de sécurité pour empêcher la prolongation pour six mois supplémentaires de la mission des forces de l'ONU en Bosnie. Le représentant de Washington, John Negroponte, a expliqué qu'il n'était pas question pour son pays que ses soldats puissent encourir le risque d'être traduits devant la Cour pénale internationale en cas de crimes de guerre. Les Etats-Unis ont en effet refusé de signer le traité créant la CPI. La position américaine, de plus en plus isolée et critiquée au sein du Conseil, indigne les associations de défense des droits de l'homme, telle Human Rights Watch qui a parlé de « chantage » et de « trahison ».

Le 28, l'armée israélienne diffuse cette photo découverte lors d'une perquisition. Le bébé palestinien est déguisé en kamikaze, avec une ceinture d'explosifs et le bandeau du Hamas. La famille de l'enfant dénonce un trucage des Israéliens.

Et de cinq pour le Brésil !

Yokohama, dimanche 30
Stupéfiant Ronaldo ! Impuissant en 1998 face à la France, celui que l'on avait alors cru perdu pour le ballon rond a donné sa cinquième Coupe du monde au Brésil en marquant les deux buts de la victoire face à une équipe allemande qui ne manquait pourtant pas d'arguments (2-0). La finale aura été en fin de compte fort logique, en opposant deux grandes nations du football. Et un résultat inverse n'aurait pas été scandaleux. Mais les Brésiliens avaient retrouvé ces gestes de génie dont ils ont le secret, et Oliver Kahn, le formidable gardien allemand, a fait sans doute l'erreur de sa carrière en encaissant le premier but de Ronaldo. Reste un bilan riche d'enseignements. Côté négatif, on ne reviendra pas sur la débâcle totale de l'équipe de France. En revanche, un vrai problème est apparu en pleine lumière, celui d'un arbitrage trop souvent défaillant, et même parfois partial. L'élimination de l'Italie et de l'Espagne en aura fourni à cet égard le triste exemple. Côté positif, le monde entier a été ravi par la montée en puissance du football asiatique, avec un Japon qui a fait honneur à sa sélection et une Corée du Sud qui a créé la surprise en n'échouant qu'en demi-finale. Au chapitre des grandes révélations, il ne faudra pas oublier le parcours de la Turquie, qui a également accédé aux demi-finales, ni celui, bien sûr, du Sénégal. Battus par la Turquie en quart de finale (1-0), les Sénégalais auraient pu aller loin s'ils avaient été un petit peu plus sérieux.

Le 29, à Paris, 500 000 manifestants participent à la « Marche des fiertés lesbiennes, gaies, bi et trans ». Le maire Bertrand Delanoë était de la fête.

Meilleur buteur du Mondial, Ronaldo a marqué à la 67e et à la 79e minute.

L'Europe des 15 s'élargit

ALLEMAGNE
Superficie : 356 978 km^2
Population : 82 007 000 habitants
Capitale : Berlin
République fédérale, démocratie parlementaire
Adhésion : 1957

DANEMARK
Superficie : 43 093 km^2
Population : 5 333 000 habitants
Capitale : Copenhague
Monarchie constitutionnelle, régime parlementaire
Adhésion : 1973

AUTRICHE
Superficie : 83 858 km^2
Population : 8 075 000 habitants
Capitale : Vienne
République fédérale, démocratie parlementaire
Adhésion : 1995

BELGIQUE
Superficie : 30 528 km^2
Population : 10 264 000 habitants
Capitale : Bruxelles
Monarchie fédérale, régime parlementaire
Adhésion : 1957

RÉP. D'IRLANDE
Superficie : 70 282 km^2
Population : 3 841 000 habitants
Capitale : Dublin
République, démocratie parlementaire
Adhésion : 1973

FRANCE
Superficie : 551 602 km^2
Population : 59 453 000 habitants
Capitale : Paris
République, démocratie parlementaire
Adhésion : 1957

ROYAUME-UNI
Superficie : 245 000 km^2
Population : 59 542 000 habitants
Capitale : Londres
Monarchie constitutionnelle, régime parlementaire
Adhésion : 1973

ITALIE
Superficie : 301 308 km^2
Population : 57 503 000 habitants
Capitale : Rome
République, démocratie parlementaire
Adhésion : 1957

GRÈCE
Superficie : 131 957 km^2
Population : 10 623 000 habitants
Capitale : Athènes
République, démocratie parlementaire
Adhésion : 1981

FINLANDE
Superficie : 338 145 km^2
Population : 5 178 000 habitants
Capitale : Helsinki
République, démocratie parlementaire
Adhésion : 1995

LUXEMBOURG
Superficie : 2 586 km^2
Population : 442 000 habitants
Capitale : Luxembourg
Monarchie, régime parlementaire
Adhésion : 1957

ESPAGNE
Superficie : 504 750 km^2
Population : 39 921 000 habitants
Capitale : Madrid
Monarchie constitutionnelle, régime parlementaire
Adhésion : 1986

PAYS-BAS
Superficie : 41 526 km^2
Population : 15 930 000 habitants
Capitale : Amsterdam
Monarchie, régime parlementaire
Adhésion : 1957

PORTUGAL
Superficie : 91 906 km^2
Population : 10 033 000 habitants
Capitale : Lisbonne
République, démocratie parlementaire
Adhésion : 1986

SUÈDE
Superficie : 449 964 km^2
Population : 8 833 000 habitants
Capitale : Stockholm
Monarchie constitutionnelle, régime parlementaire
Adhésion : 1995

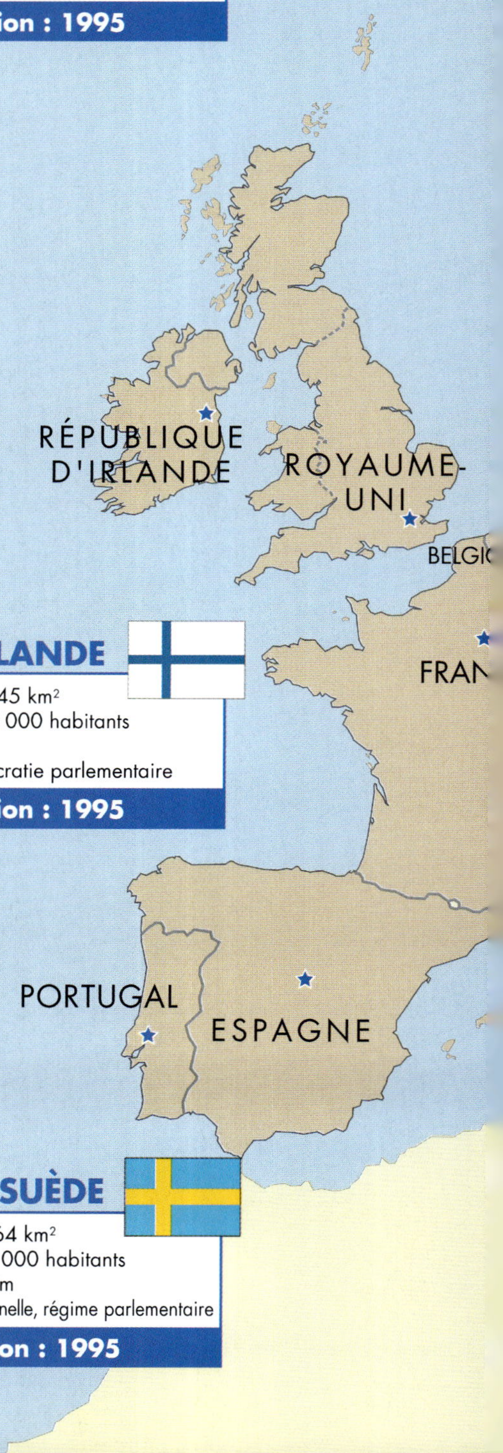

La future union de 2004

CHYPRE

Superficie : 9 251 km²
Population : 790 000 habitants
Langues officielles : Grec et turc
Capitale : Nicosie
République, démocratie présidentielle, membre du Conseil de l'Europe
Religions : Orthodoxes grecs (78%)
Monnaie nationale : Livre chypriote

ESTONIE

Superficie : 45 227 km²
Population : 1 377 000 habitants
Langue officielle : Estonien
Capitale : Tallinn
République, démocratie parlementaire, membre du Conseil de l'Europe et du Conseil de la Baltique
Religions : Protestants luthériens (majorité)
Monnaie nationale : Couronne estonienne

HONGRIE

Superficie : 93 030 km²
Population : 9 917 000 habitants
Langue officielle : Hongrois
Capitale : Budapest
République, démocratie parlementaire, membre du Conseil de l'Europe
Religions : Catholiques (68%)
Monnaie nationale : Forint

LETTONIE

Superficie : 64 589 km²
Population : 2 406 000 habitants
Langue officielle : Letton
Capitale : Riga
République, démocratie parlementaire, membre du Conseil de l'Europe et du Conseil de la Baltique
Religions : Protestants luthériens (dominant)
Monnaie nationale : Lat

LITUANIE

Superficie : 65 300 km²
Population : 3 689 000 habitants
Langue officielle : Lituanien
Capitale : Vilnius
République, régime présidentiel, membre du Conseil de l'Europe et du Conseil de la Baltique
Religions : Catholiques (72%)
Monnaie nationale : Litas

MALTE

Superficie : 316 km²
Population : 392 000 habitants
Langues officielles : Anglais et maltais
Capitale : La Valette
République, démocratie parlementaire, membre du Conseil de l'Europe
Religions : Catholiques (98%)
Monnaie nationale : Lire maltaise

POLOGNE

Superficie : 312 685 km²
Population : 38 577 000 habitants
Langue officielle : Polonais
Capitale : Varsovie
République, démocratie parlementaire, membre du Conseil de l'Europe et du Conseil de la Baltique
Religions : Catholiques (94%)
Monnaie nationale : Zloty

SLOVAQUIE

Superficie : 49 035 km²
Population : 5 403 000 habitants
Langue officielle : Slovaque
Capitale : Bratislava
République, démocratie parlementaire, membre du Conseil de l'Europe
Religions : Catholiques (60%)
Monnaie nationale : Couronne slovaque

SLOVÉNIE

Superficie : 20 256 km²
Population : 1 985 000 habitants
Langue officielle : Slovène
Capitale : Ljubljana
République, démocratie parlementaire, membre du Conseil de l'Europe
Religions : Catholiques (71%)
Monnaie nationale : Tolar

RÉP. TCHÈQUE

Superficie : 78 864 km²
Population : 10 260 000 habitants
Langue officielle : Tchèque
Capitale : Prague
République, démocratie parlementaire, membre du Conseil de l'Europe
Religions : Catholiques (40%)
Monnaie nationale : Couronne tchèque

Juillet

Lu	Ma	Me	Je	Ve	Sa	Di
1	2	3	4	5	6	7
8	9	10	11	12	13	14
15	16	17	18	19	20	21
22	23	24	25	26	27	28
29	30	31				

Union européenne, lundi 1er
Le Danemark prend pour six mois la présidence de l'UE.

France, lundi 1er
La consultation des médecins généralistes passe à 20 euros.

Allemagne, lundi 1er
Un Tupolev entre en collision avec un avion-cargo au-dessus du lac de Constance.

Santiago, jeudi 4
Le général Augusto Pinochet démissionne de son poste de sénateur à vie et se retire de la vie politique chilienne.

Paris, jeudi 4
La cour d'appel prononce un non-lieu général dans le volet non ministériel de l'affaire du sang contaminé. (→ 8)

Groenland, jeudi 4
Jean-Louis Etienne est récupéré par le brise-glace russe *Yamal* après trois mois de dérive sur la banquise dans une capsule.

Lyon, vendredi 5
Roger Lemerre est déchargé de sa fonction de sélectionneur de l'équipe de France de football.

Wimbledon, samedi 6
Serena Williams remporte la finale du tournoi de tennis face à sa sœur Venus (7-6, 6-3).

Algérie, dimanche 7
Le bilan de l'attentat de Larba est porté à 49 morts.

Silverstone, dimanche 7
Michael Schumacher remporte le GP de F1 d'Angleterre.

Wimbledon, dimanche 7
Lleyton Hewitt bat l'Argentin David Nalbandian en finale du tournoi de tennis (6-1, 6-3, 6-2).

DECES

Paris, mardi 2
Daniel Daniel-Lesur, organiste et compositeur (*19.11.1908).

Indianapolis, mardi 2
Ray Brown, bassiste de jazz (*13.10.1926).

Albi, mercredi 3
Michel Henry, philosophe (*1922).

Paris, jeudi 4
Laurent Schwartz, mathématicien (*5.3.1915).

Los Angeles, samedi 6
John Frankenheimer, cinéaste (*19.2.1930).

3 863,28 — 25,51 $

€ 0,9730 $

Bavure américaine en Afghanistan

Afghanistan, lundi 1er
Les festivités nuptiales battaient leur plein au petit village de Karakak, dans le sud-ouest du pays, quand les bombes sont tombées, lâchées par des avions américains. La tragédie s'est produite peu après minuit. Elle aurait provoqué la mort de plus de soixante villageois, des femmes et des enfants pour la plupart. Parmi les blessés figure un ami personnel d'Hamid Karzaï, Hadj Mohammed Anwar. Vers 5 heures du matin, des troupes américaines et afghanes ont pénétré dans Karakak pour « finir le travail ». Elles ont réalisé alors la terrible méprise. Les Américains ont présenté leurs condoléances.

Sus aux filles de joie et à leurs clients

Paris, lundi 1er
Pas question de rouvrir les maisons closes. « Notre approche, explique Anne Hidalgo, premier adjoint au maire de Paris, est abolitionniste. » Face aux protestations des riverains, excédés par le développement de la prostitution dans les rues de Paris, la municipalité veut plutôt pénaliser les clients, lutter contre les réseaux mafieux qui exploitent les « filles », et aider celles-ci à se réinsérer. Elles seraient 15 000 en France, dont la moitié dans la capitale. A Bordeaux, où elles sont 700, plusieurs clients ont déjà été appréhendés. Deux vont être jugés pour « racolage », et deux autres pour « exhibition sexuelle à la vue d'autrui ».

Alerte à la syphilis et à la tuberculose

Paris, lundi 1er
La découverte, dans un foyer pour travailleurs immigrés, de 35 cas de tuberculose, vient rappeler que ce fléau, dont 2 milliards de personnes sont atteintes dans le monde, n'est toujours pas éradiqué en France, où plus de 7 000 cas sont diagnostiqués chaque année. Plus inquiétante est la réapparition de la syphilis, dont 139 cas ont été recensés l'an dernier en France, signe d'une reprise des « conduites sexuelles à risque ».

Le *Charles de Gaulle* est de retour à Toulon

Emotion pour les familles des 1 800 membres de l'équipage.

Toulon, lundi 1er
Sept mois jour pour jour après son départ pour la mission Héraclès, le *Charles de Gaulle* rentre à Toulon, avec les autres bâtiments de la Task Force 473. Sept mois qui ont permis au porte-avions nucléaire français et à ses avions embarqués de donner la mesure de toutes leurs capacités en menant des missions de combat sur l'Afghanistan. Cette campagne, d'une durée exceptionnelle pour un bâtiment tout juste admis au service actif, aura été aussi un formidable banc d'essai pour les sept Rafale de la flottille 12F. Jacques Chirac est monté à bord afin de l'accueillir et a déclaré à l'équipage que la Marine devra être dotée d'un second porte-avions « dès que possible ».

Un Tupolev percute un Boeing en plein vol

Uberlingen, mercredi 3
On en sait un peu plus aujourd'hui sur les circonstances de la collision de lundi dernier, au-dessus du lac de Constance, entre un Tupolev 154 de la Bashkirian Airlines et un Boeing 757 cargo de DHL, faisant 71 morts dont 50 enfants russes se rendant en vacances en Espagne. Si les boîtes noires des appareils retrouvées près d'Uberlingen (Allemagne) n'ont pas encore été analysées, les aiguilleurs suisses de Skyguide, qui avaient pris le relais des Allemands, ont admis des dysfonctionnements : le système d'alerte automatique de Zurich était éteint, et un seul contrôleur au lieu de deux était à son poste. Dans un premier temps, ils avaient accusé le pilote russe de négligence.

Les parents des 50 enfants russes tués doivent arriver demain en Allemagne.

Messier se résigne à quitter Vivendi

Paris, mercredi 3
Les 320 000 salariés du deuxième groupe mondial de communication, Vivendi Universal, ont un nouveau patron : Jean-René Fourtou, ancien p-dg d'Aventis (ex-Rhône-Poulenc). Il remplace le très médiatique p-dg de VU, Jean-Marie Messier, qui a annoncé hier dans *le Figaro* partir « pour que Vivendi reste », c'est-à-dire pour éviter le démantèlement d'un groupe dont il a fait le leader mondial de la musique et du cinéma. La situation financière de la société en décidera, mais la vente du pôle édition est étudiée, ainsi que celle de Vivendi Environnement. Le marché a en tout cas mal réagi : l'action VU a chuté de 42 % en deux jours.

Hier, Jean-Marie Messier a quitté très ému le siège parisien de Vivendi.

Jean-Pierre Raffarin présente son projet

Paris, mercredi 3
Durant 1 h 20, Jean-Pierre Raffarin s'est livré à l'exercice obligé de tout nouveau chef de gouvernement : le discours de politique générale. Se plaçant sous le signe de « l'audace réformatrice », le Premier ministre, qui se définit comme « humaniste », compte sur la décentralisation pour « enfin réformer l'Etat », et souhaite que soit octroyé aux régions un droit « d'expérimentation ». Favorable à l'assouplissement des 35 heures et à un service minimum dans le secteur public en cas de grève, il promet que rien ne sera fait sans concertation. « Notre route est droite, assure-t-il, mais la pente est forte. »

« Loft Story 2 » fait chavirer les cœurs

La Plaine-Saint-Denis, jeudi 4
Après 84 jours de vie végétative et télévisée, Karine et Thomas sont les vainqueurs de « Loft Story 2 ». Agés tous deux de 22 ans, ils ont décidé de faire pot commun de leurs gains (500 000 euros) pour acquérir un appartement. Mais en toute amitié. Car si Karine aime Thomas, celui-ci aime Romain, candidat malheureux de l'émission. La vie est mal faite. Le parcours de la prof de flamenco et du galeriste a réuni en moyenne 5,5 millions de téléspectateurs lors des *prime-time*. Moins qu'en 2001. Qu'importe : la pub est en hausse.

Haji Kadir, vice-président du gouvernement afghan, est abattu

Les Etats-Unis avaient refusé qu'il obtienne le poste de ministre de l'Intérieur.

Kaboul, samedi 6
Haji Abdul Kadir, 5e vice-président du gouvernement afghan, venait de quitter en voiture le ministère des Travaux publics dont il avait aussi la charge quand son véhicule a été mitraillé par deux hommes. Le chef pachtoun est mort sur le coup, ainsi que son gendre et son chauffeur. Les assassins ont pu s'enfuir. Seigneur de la guerre et maître tout-puissant de la province de Nangahar, Kadir a pu être tué pour des motifs aussi bien politiques que crapuleux : les Etats-Unis l'accusaient de contrôler la culture du pavot. Il était le frère d'Abdul Haq, abattu par les talibans en octobre 2001.

L'indépendance est fêtée dans le sang

Algérie, vendredi 5
Les islamistes algériens ont célébré dans le sang le 40e anniversaire de l'indépendance du pays. A 9 heures ce matin, une bombe a tué 35 civils sur le marché de Larba, ville située à 25 km au sud d'Alger. L'attentat est le plus meurtrier commis depuis le début de l'année. Il survient trois jours après que le général Mohamed Lamari, chef d'état-major des forces armées, avait assuré qu'il ne restait plus guère que 700 terroristes dans toute l'Algérie, au lieu de 27 000 en 1992. « Le terrorisme, avait-il clamé, c'est terminé. »

Le 4, Steve Fossett atterrit dans l'Etat du Queensland (Australie). Il a réussi le 1er tour du monde en ballon en solitaire et sans escale.

Dans la nuit du 3 au 4 juillet, à Taos (Nouveau-Mexique), Julia Roberts épouse, à minuit précis, le cameraman Daniel Moder.

Les Malgaches vont devoir reconstruire

Paris, dimanche 7
Acompagné de sa famille et de ses plus proches collaborateurs, Didier Ratsiraka est arrivé en France pour un exil qui paraît définitif. Son rival, Marc Ravalomanana, a gagné. Les Etats-Unis ont reconnu sa victoire, ainsi que la France. Sur le terrain, les forces armées ont repris dans la journée Toamasina, dernier bastion des fidèles du président déchu, qui laisse un pays ruiné. Dans le secteur textile, premier founisseur de main-d'œuvre du pays, 50 000 personnes ont été licenciées. Et les touristes ont trouvé d'autres destinations.

Juillet

Lu	Ma	Me	Je	Ve	Sa	Di
1	2	3	4	5	6	7
8	9	10	11	12	13	14
15	16	17	18	19	20	21
22	23	24	25	26	27	28
29	30	31				

Colombie, lundi 8
Près de 70 % des 1 097 maires du pays ont démissionné depuis début juin en raison de menaces de mort des Farc.

Paris, lundi 8
Le parquet général se pourvoit en cassation contre le non-lieu de la cour d'appel dans l'affaire du sang contaminé.

Vienne (Autriche), mardi 9
Adoption d'une loi obligeant les étrangers désirant s'installer dans le pays à apprendre la langue allemande.

Islamabad, mardi 9
Benazir Bhutto, ancien Premier ministre pakistanais qui vit en exil, est condamnée à trois ans de prison pour corruption.

Ile-de-France, mercredi 10
Le gratuit *20 Minutes* est devenu le 3e quotidien de la région avec 967 000 lecteurs.

Allemagne, mercredi 10
Une tempête fait 8 morts dans la région de Berlin.

Argentine, jeudi 11
Arrestation de l'ancien chef de l'Etat Leopoldo Galtieri, pour enlèvement, torture et homicide d'opposants.

Paris, jeudi 11
Magali Guillemot, condamnée en 2001 à 10 ans de prison pour la mort de son fils Lubin, est remise en liberté en raison de son pourvoi en cassation.

Paris, vendredi 12
Nicolas Sarkozy fixe à la fin du 1er trimestre 2003 la fermeture du centre de Sangatte.

Pakistan, samedi 13
Une grenade lancée contre un car de touristes fait 13 blessés.

Cachemire, samedi 13
Un attentat à la grenade tue 25 hindous dans un bidonville.

DECES

Los Angeles, mardi 9
Rod Steiger, acteur (*14.4.1925).

Boston, samedi 13
Yousuf Karsh, photographe (*23.12.1908).

Saint-Domingue, dimanche 14
Joaquin Balaguer, ancien président de la République dominicaine (1966-1978, 1986-1996) (*1.9.1906).

3 513,34 — 26,23 $

€ 0,9893 $

L'Union africaine succède à l'OUA

Durban, mardi 9
L'Union africaine (UA), qui prend la suite de l'Organisation de l'unité africaine (OUA), regrouperait tous les Etats du continent si le Maroc, ulcéré de voir y siéger un délégué de la République sahraouie, ne refusait de cautionner par sa présence cette sécession. L'UA, dont le secrétaire général, Amara Essy, est ivoirien, a l'objectif, très ambitieux, d'importer en Afrique le modèle construit par l'Union européenne, afin d'apporter paix et prospérité à des pays qui les ignorent. Une cour de justice et une banque centrale seront instituées, et la mise en œuvre d'une politique de défense commune est à l'étude.

Les mines chinoises continuent de tuer

Chine, mardi 9
Les autorités confirment le bilan du coup de grisou qui s'est produit hier dans la mine Zou Tianyu située dans le nord-est du pays : 44 morts, dont son propriétaire. Deux heures avant la tragédie, les ventilateurs étaient tombés en panne. L'exploitation de cette mine, vétuste et ne présentant plus de garanties de sécurité, avait été interdite. Beaucoup de mines, en Chine, continuent d'être exploitées illégalement, entraînant catastrophe sur catastrophe. C'est ainsi que, l'an passé, les accidents miniers ont fait en Chine 7 000 victimes.

Crise de régime au pays des ayatollahs

Téhéran, mercredi 10
L'ayatollah Jalaleddine Tahéri n'est pas seul : 125 députés sur les 295 que compte le Parlement iranien lui ont apporté leur soutien. Hier, l'imam de la prière d'Ispahan avait quitté son poste pour protester contre « la corruption généralisée » du régime et « l'incompétence des autorités », alors que « l'écart diabolique entre les pauvres et les riches » ne cesse de croître. La diatribe de ce proche du président Khatami vise le clan du Guide de la Révolution, l'ayatollah Khamenei, dont le pouvoir paraît de plus en plus contesté.

Toumaï est né il y a 7 millions d'années

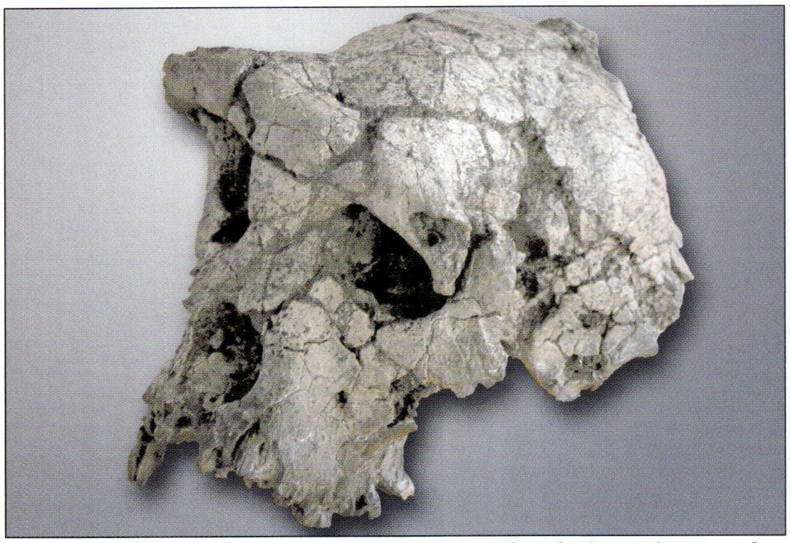

Le crâne du « Sahelanthropus tchadensis » gisait dans le désert du Djourab.

Londres, jeudi 11
La revue scientifique *Nature* publie les conclusions de la découverte au Tchad, le 19 juillet 2001, du crâne d'un hominidé âgé de 6 à 7 millions d'années. Cette découverte, due à un paléontologue de l'université de Poitiers, Michel Brunet, bouleverse beaucoup de données sur l'origine de l'homme. Deux fois plus ancien que Lucy, Toumaï, ainsi qu'il a été baptisé, met en cause la localisation à l'est de la grande faille du Rift de l'ancêtre commun à l'homme et au chimpanzé. Michel Brunet n'a pu déterminer s'il était déjà bipède.

Les Savoie sont autorisés à rentrer en Italie

Rome, jeudi 11
Après 56 ans d'exil, le prétendant au trône d'Italie, Vittorio Emanuele de Savoie, pourra rentrer au pays. Le Parlement italien a voté par 347 voix contre 69 (et 44 abstentions) une loi abrogeant l'interdiction faite depuis 1946 aux héritiers mâles du trône de résider en Italie. Le prétendant n'en est toutefois plus un puisqu'il a fait allégeance à la République. Du coup l'Union monarchiste italienne porte ses espoirs sur le duc Amedeo, son cousin. Mais le retour du prince est suspendu à la possibilité laissée aux opposants de faire annuler la loi par référendum, d'ici à trois mois. Ce qui paraît fort peu probable.

Le 9, à Paris, Oscar de la Renta annonce son départ de la maison Balmain et présente sa dernière collection au musée des Arts Décoratifs.

Un îlot espagnol envahi par le Maroc

Espagne, jeudi 11
Le gouvernement espagnol, soutenu par la Commission européenne, ne veut pas céder à la force. Ce jeudi, des militaires marocains ont en effet occupé le petit îlot désert du Persil, à l'ouest de l'enclave espagnole de Ceuta, dans le détroit de Gibraltar. Rebaptisé Leila par le Maroc, l'îlot appartient depuis 1415 à l'Espagne, ce que conteste Rabat. Des gardes civils venus de Ceuta pour constater cette occupation symbolisée par un drapeau chérifien ont été priés de faire demi-tour, sous la menace des armes. Le conflit a éclaté à la veille du mariage du roi Mohammed VI : ce n'est pas un hasard. (→ 20)

Beaucoup de bonne volonté mais peu d'argent contre le sida

Bougies d'espoir et de deuil : le sida a fait 3 millions de morts depuis un an.

Barcelone, vendredi 12
Espoir, mais aussi désabusement et parfois colère. C'est dans un climat mêlé que s'est achevée aujourd'hui la 14e Conférence mondiale sur le sida. Et cela malgré les discours très volontaristes prononcés par Nelson Mandela et Bill Clinton en clôture. Nombre des 15 000 participants ne se sont pas privés de remarquer que l'ancien Président américain était moins combatif lorsqu'il était à la Maison Blanche. Un rapport publié au début de ce mois par Onusida a plané sur la Conférence depuis son ouverture, dimanche : il faudrait au moins 10 milliards de dollars par an pour enrayer la pandémie dans les pays pauvres. Or les pays riches n'en donnent actuellement que 2,8.

Chirac est la cible d'un tireur à la Fête nationale

Paris, dimanche 14
Il était un peu plus de 10 heures, le président de la République, debout dans un command-car, entamait la descente des Champs-Elysées pour passer les troupes en revue, quand un jeune homme a brandi une arme dans sa direction. Un coup sec, puis un léger mouvement de foule... Le chef de l'Etat, qui n'a pas été touché et ne s'est semble-t-il aperçu de rien, venait d'échapper à un attentat. Le jeune homme, désarmé par Jacques Weber, un badaud, avant qu'il ait eu le temps de retourner le fusil 22 long rifle contre lui pour se suicider, est un militant d'extrême droite. Agé de 25 ans, il avait été candidat sous les couleurs du MNR de Bruno Mégret aux élections municipales à Paris, et militait au sein du mouvement Unité radicale. Les premiers éléments de l'enquête indiquent qu'il a agi seul. Un expert psychiatre sera chargé de déterminer s'il avait toute sa raison au moment des faits, et s'il peut être jugé ou s'il relève de la psychiatrie. Lors de la traditionnelle interview télévisée qui a suivi, Jacques Chirac s'est attaché à développer les trois grands travaux de son quinquennat : la lutte contre l'insécurité routière, l'insertion des handicapés et la lutte contre le cancer.

Maîtrisé par les CRS, Maxime Brunerie devra subir un examen psychiatrique.

Le 12, à Rabat, le roi du Maroc Mohammed VI et sa jeune épouse, Salma Bennani, ouvrent une semaine de festivités. Ils veulent ainsi convier leur peuple aux réjouissances de leur mariage, le 21 mars dernier. Elle portera le titre de princesse mais aura le rang d'altesse royale.

Le 13, la Brigade des sapeurs-pompiers de Paris se jumelle avec le Fire Department of New York, qui a perdu 343 hommes le 11 septembre 2001.

Juillet

Lu	Ma	Me	Je	Ve	Sa	Di
1	2	3	4	5	6	7
8	9	10	11	12	13	14
15	16	17	18	19	20	21
22	23	24	25	26	27	28
29	30	31				

Union européenne, lundi 15
Pour la première fois depuis janvier 2000, l'euro atteint la parité avec le dollar.

Paris, lundi 15
Le gouverneur de la Banque de France, Jean-Claude Trichet, est renvoyé en correctionnelle dans l'affaire du Crédit Lyonnais.

Hyderabad (Pakistan), lundi 15
Ahmed Omar Saïd Cheikh est condamné à la peine de mort par pendaison pour le meurtre du journaliste Daniel Pearl.

Vatican, mardi 16
Mgr Philippe Barbarin est nommé archevêque de Lyon.

Hambourg, mardi 16
Ron Sommer, p-dg de Deutsche Telekom, remet sa démission.

Retjons (Landes), mercredi 17
La 10e étape du Tour de France est endeuillée par la mort d'un enfant de 7 ans, Melvin, renversé par une voiture de la caravane publicitaire.

Manchester, vendredi 19
Déjà condamné pour avoir tué 15 patientes, le docteur Harold Shipman est accusé d'avoir commis 215 homicides en 23 ans de pratique.

Rome, vendredi 19
Le Conseil des ministres italien décide de restituer l'obélisque d'Axum à l'Ethiopie.

Afghanistan, samedi 20
L'explosion d'une mine à Bamiyan, au passage d'un autobus, fait 13 morts.

Paris, dimanche 21
Début de l'opération Paris-Plage.

Mont Ventoux, dimanche 21
Richard Virenque remporte la 14e étape du Tour de France au terme d'une échappée de plus de 200 km.

DECES

Bruxelles, mercredi 17
Joseph Luns, ancien secrétaire général de l'Otan (*28.8.1911).

Paris, vendredi 19
Alexandre Guinzbourg, un des principaux dissidents soviétiques (*1936).

Floride, vendredi 19
Alan Lomax, musicologue (*31.7.1915).

3 324,04 — 25,95 $ — € 1,0162 $

Construction d'un mur de sécurité entre Israël et la Cisjordanie

Israël, lundi 15
Le débat fait rage à Jérusalem au fur et à mesure qu'avance l'édification de la « clôture de sécurité » entre la Cisjordanie et Israël, commencée le 17 juin dernier. Formée de barbelés, de plaques de béton et de systèmes électroniques d'alerte, elle devrait, à terme, faire 350 km de long, avec dans un premier temps une tranche de 110 km. Il y a débat parce que ce n'est pas la « clôture de séparation » que voulait une partie de la gauche. Une « séparation » qui impliquerait la restitution de la Cisjordanie à un Etat palestinien et le démantèlement des colonies juives, ce dont la droite ne veut à aucun prix.

Le chantier (ici, à Kalkilya) coûtera au total 400 millions de dollars à Israël.

Laurent Jalabert se met en préretraite

Bordeaux, mardi 16
C'était aujourd'hui jour de repos sur le Tour de France. Mais ce fut aussi jour de surprise. Laurent Jalabert a en effet annoncé qu'il avait décidé de raccrocher son vélo à la fin de cette saison. A 33 ans, « Jaja » n'est pourtant pas un coureur « fini ». Il a d'ailleurs précisé qu'il était résolu à le démontrer dans les prochaines étapes de montagne. Mais il ne veut pas jouer les prolongations au risque de rater sa reconversion. Fort de ses 137 victoires, ce champion laisse le cyclisme français orphelin : celui qui fut longtemps le numéro 1 mondial n'a pas de successeur.

Les Turcs vont devoir retourner aux urnes

Ankara, mardi 16
Le Premier ministre, Bülent Ecevit, s'est résolu à accepter l'organisation de législatives anticipées à laquelle il se refusait depuis le début de la crise. Celle-ci a commencé le 8, par la démission de Husamettin Ozkan, son vice-Premier ministre, imité en 48 heures par 38 députés, dont six ministres. Le coup de grâce a été le départ, jeudi 11, de Ismail Cem, le ministre des Affaires étrangères. Le Premier ministre, très affaibli par la maladie et devenu un homme seul malgré son passé prestigieux, n'avait plus le choix, d'autant que la crise économique s'aggrave.

Un savant musulman élu à la tête de l'Inde

New Delhi, mercredi 17
En portant à la présidence de l'Inde, avec 90 % des suffrages, Avul Pakir Jainulabdeen Abdul Khan, les 4 896 « grands électeurs » ont fait un choix qui dénote un souci d'équilibre. En effet, Abdul Khan est un musulman pratiquant, mais aussi un savant qui a dirigé le programme de dissuasion nucléaire de son pays. Bien que son rôle soit honorifique, il est décidé à tout faire pour apaiser les conflits religieux et réduire la tension avec le Pakistan, tout en refusant toute concession aux indépendantistes et aux islamistes du Cachemire. Abdul Khan est âgé de 71 ans.

Le 15, Martine Monteil, fille et petite-fille de policier, devient la première femme à diriger la police judiciaire parisienne.

En juillet, Diddl, né le 4 août 1990 en Allemagne selon les déclarations de son père, le dessinateur Thomas Goletz, accueille avec sa petite amie Diddlina leurs amis Pimboli et Ackaturbo sur le marché français.

Santini remplace Lemerre chez les Bleus

Sa nomination est une victoire des clubs sur la Direction technique nationale.

Paris, vendredi 19

2002 est décidément l'année Santini. Deux mois après avoir remporté le championnat de France de football avec l'Olympique Lyonnais, dont il était l'entraîneur, Jacques Santini a été nommé sélectionneur des Bleus. Claude Simonet, le président de la Fédération française de football, en a fait l'annonce sur LCI, au lieu de s'adresser à l'ensemble de la presse. Agé de 50 ans, Santini a accompli l'essentiel de sa carrière de joueur à l'AS Saint-Etienne, où il a, de 1969 à 1981, gagné deux fois la Coupe et quatre fois le championnat, mais il n'a jamais été sélectionné en équipe nationale. Sa mission : qualifier la France pour l'Euro 2004. Il le sait : « Le temps est très court. » (→ 7.9)

La crise du Persil provisoirement résolue

Espagne, samedi 20

A quoi sert l'Union européenne ? La question est posée à Madrid, où l'on déplore qu'elle n'ait pas été capable de jouer les médiateurs avec Rabat, pour calmer le jeu dans la crise de l'îlot du Persil. C'est Colin Powell, le secrétaire d'Etat américain, qui a dû intervenir pour amener les deux parties à un *modus vivendi*. Cet îlot disputé entre le Maroc et l'Espagne, occupé le 11 par les Marocains puis repris le 17 par l'armée espagnole, sera démilitarisé. Le problème de la souveraineté reste toutefois entier, Rabat maintenant sa revendication. Le gouvernement marocain va plus loin même, puisqu'il remet en cause maintenant les enclaves espagnoles de Ceuta et de Melilla.

La Légion étrangère espagnole avait repris l'îlot du Persil mercredi dernier.

« Schumi » égale Fangio

Magny-Cours, dimanche 21

A trois tours de l'arrivée, Michael Schumacher est deuxième, derrière Kimi Räikkönen. Mais le Finlandais glisse sur une flaque d'huile et part tout droit dans le virage d'Adelaïde. Les dieux du sport étaient une fois de plus avec l'Allemand qui, grâce à ce coup de pouce du destin, gagne le Grand Prix de France. Dans le stand de Ferrari, c'est l'explosion : il reste encore six courses d'ici à la fin de la saison, et « Schumi » est déjà champion du monde 2002 ! C'est son cinquième titre en Formule 1 (dont trois sur Ferrari), ce qui lui permet d'égaler le record détenu par Juan Manuel Fangio, le légendaire pilote argentin, depuis 1957. L'incroyable réussite de Schumacher tient à une conjonction idéale : celle d'un pilote supérieurement doué, méticuleux et aux nerfs d'acier, et de la mythique *scuderia* italienne à qui Jean Todt, son directeur général, a rendu tout son lustre, au point de dominer de façon insolente, et même ennuyeuse aux yeux de certains, la Formule 1, ne laissant aux autres marques que les miettes. Pour Schumacher, c'est aussi sa soixantième victoire : record qui n'est pas près d'être battu, car Alain Prost, second au classement, n'en a remporté « que » 51.

Jean Todt peut être fier de celui qui s'offre un cinquième titre mondial en F1.

Albert II se dresse contre l'extrémisme

Bruxelles, dimanche 21

En ce jour de Fête nationale belge, le roi Albert II a estimé qu'il était de son devoir de sortir de sa réserve. Face à la résurgence de « certaines formes d'extrémisme », il a appelé le gouvernement à être plus attentif aux inquiétudes et aspirations des habitants, à prendre les mesures qui s'imposent pour assurer la sécurité des personnes et des biens, et à lutter contre la « peur de l'autre », tant en réprimant le racisme qu'en assurant, à l'école, la promotion des échanges entre les cultures.

La faillite annoncée du géant WorldCom

Clinton (Mississippi), dimanche 21

En 1997, avec l'acquisition de MCI, WorldCom avait effectué la fusion la plus importante de l'histoire du capitalisme. En demandant ce soir le bénéfice du chapitre 11 de la loi sur les faillites, il signe un nouveau record : celui de la plus importante faillite. Son passif est estimé en effet à 41 milliards de dollars, alors que ses actifs n'en vaudraient plus que quinze. Sa dette gelée, WorldCom espère redémarrer : un consortium bancaire serait disposé à lui prêter 750 millions de dollars.

Juillet

Lu	Ma	Me	Je	Ve	Sa	Di
1	2	3	4	5	6	7
8	9	10	11	12	13	14
15	16	17	18	19	20	21
22	23	24	25	26	27	28
29	30	31				

La Haye, lundi 22
Le démocrate-chrétien Jan Peter Balkenende prend la tête d'un gouvernement de coalition qui comprend quatre ministres issus de la liste Pim Fortuyn.

Washington, lundi 22
Les Etats-Unis ne financeront plus le Fonds des Nations unies pour la population (FNUAP). Motif : il favorise la stérilisation et l'avortement en Chine.

Colombie, lundi 22
Premier signe de vie d'Ingrid Betancourt, sous forme d'une cassette vidéo.

Moscou, vendredi 26
Selon un rapport officiel, l'explosion d'une torpille était bien à l'origine du naufrage du *Koursk* qui a coûté la vie à 118 marins en août 2000.

Chamonix, dimanche 28
Edita, l'épouse de Raimondas Rumsas, 3e du Tour de France, est arrêtée en possession de produits suspects.

Hockenheim, dimanche 28
Michael Schumacher remporte le GP de F1 d'Allemagne.

Bruxelles, mardi 30
La Belgique interdit la vente de chewing-gums au fluor : celui-ci exercerait une influence néfaste sur le système nerveux.

Colombie, mardi 30
Le Français Pierre Galipon et deux Canadiens sont libérés par les Farc, qui les retenaient en otages depuis 102 jours.

Bonneville, mardi 30
Edita Rumsas est incarcérée et mise en examen pour détention de produits illicites.

Washington, mardi 30
George Bush promulgue la loi contre la fraude comptable.

Jérusalem, mercredi 31
Un attentat à l'Université hébraïque fait sept morts.

Mexico, mercredi 31
Jean-Paul II canonise, devant un million de fidèles, l'Indien Juan Diego auquel la Vierge de Guadalupe était apparue en 1531.

DECES

Paris, vendredi 26
Dick Sanders, danseur et chorégraphe d'origine hollandaise (*68 ans).

3 172,56 — 24,88 $ — € 0,9886 $

La terre tremble dans trois pays européens

Heerlen, lundi 22
Mesuré à 4,7 degrés sur l'échelle de Richter, le séisme, dont l'épicentre s'est situé à l'est de la petite ville de Heerlen, aux Pays-Bas, a été ressenti jusqu'à Liège, en Belgique, et à Aix-la-Chapelle, en Allemagne. Seuls des dégâts matériels ont été signalés par les habitants de ces pays, telles des chutes de cheminées, alors que le précédent séisme, d'une magnitude de 5,9 degrés, avait fait 40 blessés en 1992. Selon les sismologues, cette région est une zone sensible qui doit s'attendre à connaître au moins une secousse tellurique par siècle.

L'Union européenne héritière de la CECA

Bruxelles, mardi 23
Une page de l'histoire de l'Europe se referme avec l'expiration du traité de Paris du 18 avril 1951, créant la Ceca (Communauté européenne du charbon et de l'acier). Annoncée dès le 9 mai 1950 par le ministre des Affaires étrangères français Robert Schuman, cette institution avait été conçue, selon les termes du ministre, pour permettre « le rassemblement des nations européennes » et faire en sorte que « l'opposition séculaire entre la France et l'Allemagne soit éliminée ». L'Union européenne est l'héritière directe de la Ceca dont, à partir de demain, elle reprendra officiellement les attributions.

Le CAC 40 flirte avec les 3000 points

Paris, mercredi 24
Rien ne semble pouvoir enrayer la chute du CAC 40, qui est passé en séance sous la barre des 3 000 points (perdant 5,58 % à 2 898 points), puis est remonté à 3 023 points (- 1,51 %). Lundi, alors que la Bourse avait déjà perdu 5,25 % dans la journée, Jean-Pierre Raffarin avait demandé aux Français de « garder confiance », se disant « attentif mais pas préoccupé au-delà du raisonnable ». Romano Prodi, président de la Commission européenne, a ajouté : « L'économie réelle de l'Union européenne est en bon état. »

Israël envoie un F-16 pour tuer un homme

L'Union européenne a qualifié cette opération de « totalement inacceptable ».

Gaza, mardi 23
Salah Chéhadé, chef de la branche armée du Hamas, était pour Israël une cible prioritaire. L'Etat hébreu y a mis les moyens : un F-16 a largué une bombe d'une tonne, guidée par GPS, sur l'immeuble où il avait été localisé. Bilan du raid mené la nuit dernière : 15 morts, dont Chéhadé, mais aussi 9 enfants, et 140 blessés sous les décombres de cinq maisons. Dans l'après-midi, 50 000 personnes ont crié vengeance au cours de ses obsèques, le Hamas promettant des « morceaux de chair humaine dans chaque restaurant, dans chaque bus et dans les rues ». « Désolé » pour les innocents, Ariel Sharon a félicité l'armée : ce fut « une des opérations les plus réussies ».

Zacarias Moussaoui revient sur ses aveux

Alexandria (Virginie), jeudi 25
Zacarias Moussaoui a-t-il compris qu'en plaidant coupable, comme il l'avait fait jeudi dernier, il risquait d'être condamné à mort sans avoir pu s'expliquer ? Après les sept jours de réflexion que lui avait accordés le juge Leonie Brinkema, il a décidé finalement de plaider non coupable. « En tant que musulman, a expliqué le Français d'origine marocaine, je ne peux souscrire à quoi que ce soit qui mène à la mort. » Agé de 34 ans, Moussaoui est accusé de complots contre les Etats-Unis : il serait, selon le FBI, le 20e homme des attentats du 11 septembre. Son arrestation, le 16 août, l'aurait empêché de mener à bien sa mission. Rien, cependant, dans le dossier du FBI, ne constitue de preuve irréfutable, et ses aveux sont maintenant annulés.

Le 22, au Salon de Farnborough, Airbus présente le premier A340-600 de série. Ce long-courrier est livré à la compagnie Virgin Atlantic Airlines.

Le Groupe du 17-Novembre est démantelé

Alexandros Giotopoulos, 58 ans, est le cerveau présumé de l'organisation.

Athènes, vendredi 26
La police a eu de la chance. Le 29 juin, Savas Xiros a fait exploser par mégarde une bombe qu'il destinait à un attentat. Partant de cette piste, les enquêteurs en sont aujourd'hui à 14 arrestations. Tous appartiennent au Groupe du 17-Novembre, qui est accusé d'avoir commis, depuis 1975, 23 assassinats de diplomates turcs et anglais, de militaires américains et de personnalités grecques, auxquels s'ajoutent plus de 50 attentats et bon nombre de hold-up. Marxiste et anti-impérialiste, le « 17N », baptisé en hommage à la révolte étudiante du 17 novembre 1973 contre le régime des colonels, aura défié les autorités durant 27 ans. A deux ans des JO d'Athènes, il était temps.

Lance Armstrong a encore dominé le Tour

Sur le podium des Champs-Elysées : Jalabert, Armstrong, McEwen et Basso.

Paris, dimanche 28
En remportant son quatrième Tour de France, Lance Armstrong peut espérer égaler en 2003 le fabuleux record des cinq victoires, co-détenu par Anquetil, Merckx, Hinault et Indurain. Car, si le Texan conserve la forme dominatrice de cette année, il sera imbattable. Impérial dans les étapes de montagne, toujours aussi efficace contre la montre, le coureur américain n'a jamais été inquiété. Le maillot vert du classement par points a été ramené par l'Australien Robbie McEwen, Laurent Jalabert, lui, endossant celui à pois rouges du meilleur grimpeur. Le maillot blanc du meilleur jeune est revenu à Ivan Basso, un Italien sur qui l'on fonde beaucoup d'espoirs.

Cessez-le-feu entre le Congo et le Rwanda

Pretoria, mardi 30
Après quatre années de guerre, qui se sont soldées par trois millions de morts, pour la plupart victimes de massacres, Joseph Kabila, président de la république démocratique du Congo, et Paul Kagamé, président du Rwanda, ont trouvé un accord. Kabila doit faire procéder, dans les trois mois, au désarmement total des 40 000 à 50 000 miliciens rwandais hutus qui combattent pour son pays. Après quoi Kagamé ordonnera à ses hommes de quitter les régions qu'ils occupent dans la partie orientale du Congo, et cessera d'aider le RCD, un mouvement armé d'opposition. Signé sous l'égide de Thabo Mbeki, le président sud-africain, cet accord ne met pas fin à tous les troubles qui agitent le pays. L'Ouganda soutient toujours une rébellion au nord.

La loi Sarkozy sur la sécurité est adoptée

Paris, mercredi 31
Nicolas Sarkozy est parvenu à faire adopter sa loi d'orientation et de programmation sur la sécurité en un temps record. La gauche, pourtant hostile à la ligne répressive choisie par le ministre de l'Intérieur, s'est même accordé le droit de voter en faveur de l'article 2, qui prévoit une augmentation des moyens affectés à la police et à la gendarmerie : une somme de 5,6 milliards d'euros pour la période 2002-2007, permettant la création de 13 500 emplois dans la police et dans la gendarmerie. Elle s'est opposée sur tout le reste de la loi, qui instaure des conseils locaux de sécurité et une force de réserve de policiers : les retraités volontaires seraient appelés à servir en cas de crise majeure. Et le champ d'action des GIR est élargi.

Le 27, près de Lvov (Ukraine), un chasseur Su-27 s'écrase pendant un meeting. Bilan provisoire : 83 morts et 199 blessés parmi les spectateurs.

Le 28, Jean-Paul II célèbre à Toronto (Canada) la messe de clôture des 17es Journées mondiales de la jeunesse devant plus de 800 000 fidèles.

Ingrid Bétancourt, le courage de la Colombie

Depuis plus de neuf mois, une voix crie dans le silence de la nuit colombienne. Cette voix interpelle le monde entier de Paris à Buenos Aires, de Montréal à Tokyo. Cette voix, c'est celle d'Ingrid Bétancourt, jeune femme de quarante ans, mère de deux enfants, qui, voici dix ans, a décidé d'offrir sa vie pour son pays, la Colombie, afin de tenter avec beaucoup d'autres de ses compatriotes de le sortir de l'abîme. Le 23 février 2002, Ingrid Bétancourt qui est aussi française, a été enlevée par les Forces armées révolutionnaires colombiennes, Farc, premier mouvement insurgé du pays qui rassemble plus de 17 000 militants.

L'empreinte familiale

Ceux qui ont lu l'autobiographie d'Ingrid Bétancourt, *la Rage au Cœur* (Editions XO), sont unanimement frappés par la force de ses convictions. Cette force, elle a été la puiser dans ses racines familiales, auprès de son père et de sa mère, deux êtres d'exception.

Gabriel Bétancourt, ancien ministre de l'Education et directeur-adjoint de l'Unesco, a été le concepteur et le promoteur du Crédit éducatif. Grâce à lui, des dizaines de millions d'étudiants venus des pays en voie de développement ont pu, depuis 1950, poursuivre des études supérieures dans les meilleures universités de la planète.

De son côté, Yolanda Pulecio n'avait pas 19 ans quand elle a fondé les « albergues de Bogota », maisons qui recueillent les enfants de la rue. En 46 années d'activité, « Mama Yolanda » a élevé 8 000 enfants abandonnés. Chez les Bétancourt-Pulecio, le mot servir n'est pas un simple détour de langage : « Quand on a beaucoup reçu, on donne, c'est plus qu'une exigence, c'est un devoir », enseignait Gabriel Bétancourt à ses deux filles.

Ce devoir est une feuille de route pour sa fille Ingrid, quand elle aborde, rue Saint-Guillaume, l'Institut d'études politiques de Paris. C'est sur les bancs de Sciences-Po, nourrie par des rencontres professorales décisives, Hélène Carrère d'Encausse, Dominique de Villepin entre autres, qu'elle prendra conscience de la situation institutionnelle dramatique de son pays.

L'engagement politique

Dès lors, elle se sentira en état d'urgence et ne cessera de s'engager politiquement. Dans un premier temps, elle aidera en 1988 sa mère, candidate du Parti libéral, à accéder au Sénat. Mais c'est l'assassinat de Luis Carlos Galán par le Cartel de Medellin, le 18 août 1989, alors qu'il est le candidat favori à la prochaine élection présidentielle, qui scellera définitivement le destin politique d'Ingrid. Elle fera siens les principes néo-libéralistes de Luis Galán : « Réorganiser la démocratie colombienne, unifier la nation et rechercher une paix authentique et durable pour tous les Colombiens ».

Apprendre, lire, apprendre à nouveau et s'engager, tel sera son programme entre 1980 et 1994. Elle apprendra auprès de Rudolf Homes, ministre des Finances, puis auprès de Juan-Manuel Santos, ministre du Commerce extérieur. Elle lira les Mémoires de Raymond Aron, Winston Churchill, Charles de Gaulle, Richard Nixon. Elle s'engagera en se présentant à la députation en mars 1994. Ingrid Bétancourt sera élue triomphalement sous l'étiquette libérale. A trente-trois ans, sa ligne de combat est déjà bien tracée : combattre la corruption et le clientélisme sous toutes ses formes.

Le temps du combat

En août 1994, elle apprend que la campagne du président de la République nouvellement élu, Ernesto Samper, a été financée par les narcotrafiquants du Cartel de Cali. Bien qu'appartenant au même parti politique, elle dénoncera, sans hésitation, le président Samper, n'hésitant pas, devant le pays tout entier et après une enquête minutieuse, à le traiter de délinquant et à exiger son renvoi.

Le procès de Samper sera une mascarade, et il sera absous par une majorité de députés achetés littéralement par ses sbires pour défendre sa cause. Cette démonstration pitoyable d'un Parlement gangrené par la corruption renforcera sa combativité, puisqu'elle démissionnera avec fracas du Parti libéral et fondera son propre mouvement « Oxígeno Liberal », appuyé dès sa création par la Fédération internationale des partis Verts. Forte de ses talents d'orateur, pugnace, révulsée par le laisser-faire, elle se présentera en 1998 au Sénat et sera élue, à la surprise générale, premier sénateur par le nombre de votes du pays. En mai 1998, le candidat conservateur à la présidentielle, Andrés

16 janvier 2002 : un bataillon antiguérilla débarque à l'aéroport de Florencia (Colombie). Il vient renforcer les troupes déjà sur place pour tenter de faire évacuer les Farc de la zone.

23 février 2002 : le président Pastrana rompt les négociations de paix avec les Farc. Il hisse le drapeau lors de la réouverture de la base militaire de San Vincente del Caguán.

Pastrana, la sollicite. Il est en mauvaise posture face à son concurrent libéral Serpa, qui le devance au premier tour des élections. Ingrid Bétancourt accepte d'apporter son soutien actif à Pastrana, sous réserve que celui-ci s'engage à demander par référendum la réforme du code électoral, à dissoudre le Congrès élu en mars 1998 et à provoquer de nouvelles élections parlementaires transparentes pour mettre fin au clientélisme.

L'inconsistant Pastrana accepte, puis, une fois élu président, se rétracte, préférant l'accommodement avec un Congrès prévaricateur au référendum et à la réforme. Pour Ingrid, ce revirement, plus qu'une trahison, apparaît comme une invraisemblable lâcheté face aux millions de Colombiens qui percevaient dans cette démarche un premier pas vers l'instauration d'une démocratie authentique. La jeune sénatrice claque la porte. On ne l'y reprendra plus. Désormais, à un quelconque compromis, elle préférera la solitude du « juste combat ».

Une femme de courage

Dans cette Colombie brisée par la guerre et la violence depuis quatres décennies, comme il est mesuré l'espace laissé à l'espérance, comme il est compté le temps accordé à la paix. Personne ne peut élever ici la voix sans prendre immédiatement des risques considérables pour sa propre survie. Combien de courageux Colombiens, maires de village dans le Boyacá ou le Tolima, juges d'instance à Barranquilla ou à Buenaventura, sont morts assassinés pour avoir simplement voulu faire respecter la loi ou le service de l'Etat.

Depuis le début de cette année 2002, 70 maires ont été exécutés par les mouvements de guérillas ou les paramilitaires. Ingrid Bétancourt est de la race de ceux qui, au prix de leur vie, se dressent en disant « no más » (jamais plus). Menacée, elle a dû à plusieurs reprises se séparer de ses deux enfants, ses enfants qu'elle a su préparer, avec intelligence et avec la tendresse de son cœur de mère, au pire, ses enfants qui sont si fiers d'elle.

Ingrid Bétancourt dérange. Elle dérange parce que son discours est un discours de réconciliation nationale qui ne transige pas avec la peur, le mensonge et la corruption. Le débat social est pour elle prioritaire. La réforme agraire pour rendre aux petits paysans leurs terres est aussi prioritaire, de même que la mise en place d'une véritable politique de cultures de substitution afin d'éradiquer la coca. Sa participation à la campagne présidentielle de 2002, où, faute de moyens, elle le savait, elle n'avait aucune chance d'aboutir, était destinée à offrir une tribune à l'immense majorité des Colombiens qui souffrent en silence, épuisés par les privations, terrorisés par la violence qui a tué 370 000 hommes, femmes et enfants au cours de la dernière décennie. « Le seul montant de la corruption — clamait-elle en janvier 2002 — représente dans ce pays plus de trois milliards de dollars chaque année, soit deux fois l'enveloppe budgétaire consacrée à la Sécurité sociale, à l'éducation, à la santé et au logement. Comment voulez-vous que je me croise les bras ? »

Une femme d'honneur

Le 23 février 2002, Ingrid Bétancourt décide de se rendre à San Vicente del Carguán, petite ville de 20 000 habitants, chef-lieu de la zone démilitarisée accordée aux Farc par le président Pastrana. Elle décide de s'y rendre parce que le maire de San Vicente, Nestor Ramirez, a été élu sous l'étiquette de son parti « Oxígeno Verde ». Elle décide de s'y rendre surtout parce que, trois jours auparavant, le gouvernement Pastrana, excédé par les exactions de la guérilla, a décidé de rompre les pourparlers de paix et de reprendre le contrôle de la zone démilitarisée.

Nestor Ramirez l'appelle au secours : « Ingrid, nous avons besoin de toi, viens nous défendre. Pastrana sera là le samedi 23 février pour hisser les couleurs de la Colombie avec 150 journalistes. Tu pourras lui parler de nous, nous, les sans-terres, nous, les déplacés, nous, les victimes des bombardements. » Elle n'hésite pas et part pour Florencia, base militaire arrière pour les opérations sur le Caguán. On lui a promis une place dans un hélicoptère. Elle sera à pied d'œuvre à huit heures du matin. Pastrana arrive à dix heures, suivi de sa cohorte de journalistes. Il croise le regard d'Ingrid Bétancourt, ne la salue pas et s'engouffre dans son hélicoptère.

Quelques instants plus tard, un commandant l'informe que, en sa qualité de candidate à la présidentielle, l'armée, compte tenu des circonstances, ne peut la transporter par air à San Vincente. En revanche, cette même armée met à sa disposition une voiture pour gagner le Caguán par la route, à ses risques et périls bien entendu.

Elle ne recule pas. Elle ne recule pas parce que l'honneur commande : « Des Colombiens qui souffrent m'attendent à San Vincente, je leur ai promis d'être là, j'y serai. » Ce sont là ses dernières paroles adressées par téléphone cellulaire à sa mère quelques minutes avant son départ.

A 15 h 30, ce samedi 23 février 2002, Ingrid Bétancourt était enlevée par le Front 15 des Farc.

Fabrice DELLOYE
Père des enfants d'Ingrid Bétancourt

Un soldat caolombien examine les impacts des tirs après de violents combats.

Août

Lu	Ma	Me	Je	Ve	Sa	Di
			1	2	3	4
5	6	7	8	9	10	11
12	13	14	15	16	17	18
19	20	21	22	23	24	25
26	27	28	29	30	31	

Villeneuve-lès-Maguelonne, jeudi 1er
José Bové sort de prison, où, dit-il, il n'a « pas rencontré la France d'en bas, mais la France du sous-sol ».

Malaisie, jeudi 1er
Entrée en vigueur de la loi sur les immigrés clandestins, qui encourent une peine de prison et des châtiments corporels.

Guadalupe (Mexique), jeudi 1er
Jean-Paul II béatifie deux martyrs indiens, Juan Bautista et Jacinto de los Angeles.

Neufchâteau, vendredi 2
Clôture de l'instruction de l'affaire Dutroux. Il sera jugé pour l'enlèvement et le viol de six jeunes filles, et les meurtres de quatre d'entre elles.

Paris, vendredi 2
L'UCI annonce que tous les contrôles antidopage effectués durant le Tour de France ont été négatifs.

Paris, vendredi 2
Maxime Brunerie est mis en examen pour tentative d'assassinat et incarcéré dans l'unité psychiatrique de la prison de la Santé.

Budapest, vendredi 2
Le Premier ministre socialiste, Peter Medgyessey, reconnaît avoir été officier du contre-espionnage sous le régime communiste.

Tunis, vendredi 2
L'avocate Nadia Nasraoui suspend la grève de la faim entamée le 26 juin pour obtenir la libération de son mari, l'opposant Hamma Hammami.

Lvov (Ukraine), vendredi 2
Le bilan du crash aérien est porté à 84 morts.

Bolivie, dimanche 4
Le libéral Gonzalo Sanchez de Lozada est élu président par le Congrès.

Santa Pola, dimanche 4
Un attentat à la voiture piégée attribué à l'ETA fait 2 morts.

Safed (Israël), dimanche 4
Un attentat suicide fait 9 morts dans un bus transportant des soldats israéliens.

New York, dimanche 4
George Bush affirme sa volonté de renverser Saddam Hussein « par tous les moyens ».

3 245,37 — 24,79 $
€ 0,9846 $

Saddam Hussein fait un geste de paix

New York, vendredi 2
Il y a très exactement douze ans, les troupes irakiennes envahissaient le Koweït. Ce n'est certainement pas par hasard que Saddam Hussein a choisi cet anniversaire pour adresser à l'ONU un message invitant Hans Blix, le directeur de l'Unmovic, à se rendre à Bagdad pour « évaluer ce qui a été accompli dans le domaine du désarmement ». Manifestement, le président irakien prend au sérieux les menaces d'attaque américaines et cherche à gagner du temps. Hier encore, George W. Bush déclarait au roi Abdallah II de Jordanie que son but était de renverser le régime irakien. Il lui reste à convaincre les « colombes » du Congrès.

La Turquie s'adapte pour rallier l'Europe

Ankara, samedi 3
L'aube se levait quand les députés turcs ont adopté, après 22 heures de débat, la suppression de la peine de mort en temps de paix et l'octroi de droits culturels aux 12 millions de Kurdes (1/5 de la population). Le leader kurde, Abdullah Ocalan, ne sera donc pas exécuté. Mais surtout, la Turquie répond maintenant aux critères politiques qu'exigeait d'elle l'Union européenne. Elle demande donc que soit fixé le calendrier de son adhésion à l'UE.

Jeannie Longo reste toujours la meilleure

Le 10 octobre 2001, championne du monde contre la montre à Lisbonne.

Hyères, samedi 3
Elle est insatiable ! A un âge où les athlètes de haut niveau ont depuis longtemps pris leur retraite, Jeannie Longo-Ciprelli décroche, à bientôt 44 ans, son quarante-septième titre national. La championne cycliste a gagné la course aux points devant Sonia Huguet et Cathy Moncassin. La réussite et la longévité de cette Savoyarde au caractère bien trempé sont très simples : une hygiène de vie exemplaire, fondée sur la diététique et une alimentation exclusivement issue de l'agriculture biologique. Le résultat est là : Jeannie Longo a tout gagné, aussi bien sur route que sur piste, soit, outre ses 47 maillots de championne de France, 13 titres de championne du monde, trois Tours de France féminins et le record du monde de l'heure féminin en 2000, sans oublier sa médaille d'or aux JO d'Atlanta en 1996 ! Femme de tête, elle est titulaire d'un DESS en droit et économie du sport.

Les députés veulent une justice qui sévit

Paris, samedi 3
L'heure n'est plus à la prévention, mais à la coercition. Ainsi le texte présenté par le garde des Sceaux, et adopté par les députés, prévoit-il le placement des délinquants mineurs récidivistes dans des centres fermés, et la suppression, pour leurs parents, des allocations familiales. De même, le délit d'« outrage à enseignant » se trouve renforcé, et puni d'une peine pouvant atteindre six mois de prison et 7 500 euros d'amende, ce que la gauche juge disproportionné « par rapport au vécu de certains jeunes ». Et les mineurs pourront être placés en détention à partir de 13 ans. La loi prévoit aussi la création de 7 000 nouvelles places de prison, ainsi que le retour des juges de paix pour les petits délits, tandis que les victimes bénéficieront de nouveaux droits.

Le 4, fin des Jeux du Commonwealth à Manchester et des championnats d'Europe de natation à Berlin. Le 30 juillet, à Manchester, Ian Thorpe a établi le nouveau record du monde du 400 m nage libre en 3' 40" 8/100.

Le 4, dans la petite ville de Soham, près de Cambridge, Holly Wells et Jessica Chapman, âgées de dix ans, sont portées disparues (→ 21).

Août

Lu	Ma	Me	Je	Ve	Sa	Di
			1	2	3	4
5	6	7	8	9	10	11
12	13	14	15	16	17	18
19	20	21	22	23	24	25
26	27	28	29	30	31	

Vatican, lundi 5
Sept femmes qui avaient été ordonnées prêtres en juin en Autriche par un archevêque argentin schismatique sont excommuniées.

Karachi (Pakistan), lundi 5
Fermeture du consulat des Etats-Unis pour des raisons de sécurité.

Paris, mardi 6
Le Conseil des ministres décide de dissoudre Unité radicale.

Gaza, mardi 6
Selon l'ONG américaine Care, 30,5 % des enfants palestiniens de moins de 5 ans souffrent de malnutrition dans la bande de Gaza en raison du bouclage du territoire par Israël.

Washington, mardi 6
Signes de préparatifs de guerre : les Etats-Unis reconstituent leurs réserves stratégiques de pétrole, et le Pentagone rappelle des réservistes.

Paris, mercredi 7
Jean-Pierre Raffarin annule la tenue en France de l'Exposition internationale 2004, jugée trop coûteuse.

Munich, jeudi 8
Le Français Mehdi Baala est sacré champion d'Europe du 1 500 m.

Houston, jeudi 8
Une nouvelle estimation chiffre à 7,2 milliards de dollars le montant ajouté par fraude comptable aux résultats de WorldCom.

Munich, vendredi 9
Le Français Stéphane Diagana est sacré champion d'Europe du 400 m haies.

Chicago, vendredi 9
L'acteur Charlton Heston annonce qu'il est atteint de la maladie d'Alzheimer.

Saint-Sébastien, samedi 10
Laurent Jalabert remporte la Clasica San Sebastian.

Hawaii, samedi 10
Nicolas Cage épouse Lisa Marie Presley, fille du King et ex-femme de Michael Jackson.

DECES

Prague, dimanche 11
Jiri Kolar, poète, peintre et collagiste naturalisé français (*24.9.1914).

3 447,94 — 25,14 $

€ 0,9726 $

Le patinage artistique français est dans le collimateur du FBI

Arles, lundi 5
« Une histoire rocambolesque. » Ce sont les mots employés par Didier Gailhaguet, patron de la Fédération française des sports de glace, dans une conférence de presse. Il a réfuté les accusations portées par le FBI contre Marina Anissina et Gwendal Peizerat, dont la victoire en danse aux Jeux olympiques d'hiver de Salt Lake City aurait été « arrangée » : un « marché » aurait été passé avec un Russe présumé mafieux et arrêté le 31 juillet par la police italienne, le nommé Alizham Tokhtakhounov, avec qui la patineuse entretenait les meilleures relations. Mais les deux médaillés d'or ont nié en bloc toute espèce de tricherie sportive.

De gauche à droite, Gwendal Peizerat, Marina Anissina et Didier Gailhaguet.

La crise argentine atteint l'Uruguay

Montevideo, lundi 5
Longtemps tenu pour « la Suisse de l'Amérique du Sud », l'Uruguay est en crise. Les banques ont rouvert ce matin après être restées closes une semaine : le seul moyen d'empêcher leur faillite face aux retraits massifs opérés par les Uruguayens et par les Argentins. Le montant des dépôts a fondu de 40 % depuis janvier. Dans le même temps, le peso a perdu 50 % de sa valeur. La précarité s'accentue (16 % de chômeurs) : le 1er août, les pillards ont déferlé sur la capitale. Le FMI et le Trésor américain ont placé le pays sous perfusion.

Alvaro Uribe investi sous les roquettes

Bogota, mercredi 7
Alvaro Uribe, élu le 26 mai à la tête de la Colombie, a bien failli mourir avant d'avoir régné. A l'instant où il pénétrait dans le Congrès pour y être investi, trois roquettes ont été tirées. Deux ont atteint le jardin et le mur du palais présidentiel, l'autre le quartier populaire de Cartucho. Bilan : 18 morts. Alors même que la capitale était quadrillée depuis hier par 20 000 soldats. Uribe, qui a déjà été la cible de quinze attentats, a été désigné « objectif militaire » par les Farc, guérilla qui, après 38 ans de lutte, aligne 17 000 combattants.

La Vénus hottentote en sa terre natale

Afrique du Sud, vendredi 9
Saartje Baartman a été inhumée à Hankey, près du Cap, après avoir été rituellement « purifiée ». Nelson Mandela et l'actuel président Thabo Mbeki assistaient à cette cérémonie qui marquait le retour de celle que l'on appelait la Vénus hottentote. Née en 1789, elle avait été amenée en Angleterre pour y être exposée comme une bête de foire, avant de mourir misérablement en France, en 1816. En raison de ses particularités anatomiques, sa dépouille avait été moulée, puis disséquée et conservée au Muséum d'histoire naturelle.

Le 11, la compagnie aérienne américaine US Airways demande à bénéficier de la loi sur les faillites. Malgré ses graves difficultés financières, elle pourra ainsi continuer ses activités sans être inquiétée par ses créanciers.

Gravure du XIXe siècle représentant la malheureuse Saartje Baartman.

Août

Lu	Ma	Me	Je	Ve	Sa	Di
			1	2	3	4
5	6	7	8	9	10	11
12	13	14	15	16	17	18
19	20	21	22	23	24	25
26	27	28	29	30	31	

Colombie, lundi 12
Entrée en vigueur de l'état d'urgence.

Cannes, mardi 13
Réouverture du casino Palm Beach, fermé depuis 11 ans, propriété du groupe Partouche.

Paris, mercredi 14
Jean-René Fourtou se fixe deux ans pour que Vivendi Universal récolte 10 milliards d'euros par des cessions d'actifs.

Tel-Aviv, mercredi 14
Ouverture du procès de Marwan Barghouti, chef du Fatah en Cisjordanie, accusé de terrorisme.

Venezuela, mercredi 14
La Cour suprême décide que les auteurs du coup d'Etat commis en avril contre le président Chavez ne seront pas jugés.

Londres, jeudi 15
51 % des Britanniques se disent favorables au mariage du prince Charles avec Camilla Parker-Bowles.

Tbilissi, jeudi 15
La Géorgie refuse d'extrader vers la Russie 15 combattants tchétchènes arrêtés début août dans les gorges de Pankissi.

Aubagne, vendredi 16
Un fourgon de la Surf est attaqué au lance-roquettes. Butin : un million d'euros.

Paris, vendredi 16
Le titre Vivendi Universal cote 9,30 euros en clôture : - 45,29 % en une semaine, et - 85 % depuis le début de l'année.

Lakenheath, samedi 17
Découverte des corps de Jessica et Holly, à 15 km de Soham.

Gaildorf (Allemagne), dim. 18
Moto : le Français Mickaël Pichon est sacré champion du monde en 250 cm³.

Col de Larche, dimanche 18
Fin de la rave Teknival 2002 qui a réuni 15 000 « teufeurs ».

DECES

Bruxelles, mercredi 14
Raoul Mollet, président du Comité olympique belge de 1965 à 1989 (*28.11.1912).

Paris, dimanche 18
Christian Bailly, fondateur à Paris du musée de la Presse (*1.11.1929).

3 374,09 26,80 $

€ 0,9828 $

L'Argentine sombre dans la misère

Buenos Aires, jeudi 15
Révélés par la présidence argentine, les chiffres sont de ceux qui n'ont pas besoin d'être commentés : 19 des 36 millions d'Argentins vivent sous le seuil de pauvreté. 8,4 millions sont classés « indigents » : ils souffrent de malnutrition. Le chômage est passé de 16,4 % en avril 2001 à 21,5 %. Les prix ont augmenté de 34,7 % depuis le 1er janvier, et même de 52 % pour les aliments de base. Le PIB a chuté de 16,3 % au 1er trimestre, et ce sera pire pour le suivant. Dans certaines provinces, 70 % des habitants vivent sous le seuil de pauvreté. La crise est la plus grave qu'ait connue le pays depuis sa création. En 1810.

Série noire sur la place Vendôme

Paris, vendredi 16
Vers 18 heures, un homme casqué et cagoulé s'est présenté à la banque privée Fideuram Wargny, a braqué une arme vers les deux employés qui étaient présents, s'est fait conduire à la salle des coffres et est reparti, à pied, avec... 207 000 euros, signant ainsi le 14e braquage commis depuis le début de l'année place Vendôme ! Le plus beau butin date du 25 mai : 5 millions d'euros en bijoux dérobés chez le joaillier Fred. Sous le regard de l'Empereur, il n'y a plus que le ministère de la Justice qui n'ait pas encore été attaqué !

Les fermiers blancs priés de déguerpir

Zimbabwe, dimanche 18
Robert Mugabe est résolu à mener jusqu'au bout sa « réforme agraire » consistant à déposséder les fermiers blancs de leurs terres. Ceux qui ont refusé de les évacuer se trouvent de plus en plus menacés : 147 d'entre eux ont été arrêtés hier pour être déférés devant un tribunal. Le chaos qui résulte de cette politique est tel que le pays, qui était exportateur de céréales avant sa mise en œuvre, est au bord de la famine. Au point que l'Union européenne a décidé mardi d'aider le gouvernement d'Harare à importer du maïs.

Suprématie pour Ferrari

Les moteurs Ferrari V10 imposés par Jean Todt ont fait à nouveau merveille.

Budapest, dimanche 18
Les Grands Prix de Formule 1 se suivent et se ressemblent. Ferrari a réalisé une nouvelle fois le doublé en Hongrie, avec la victoire de Rubens Barrichello et la deuxième place, à moins d'une seconde, de Michael Schumacher dont le frère, Ralph, fait 3e sur Williams-BMW. Grâce au cinquième doublé depuis le début de la saison, Ferrari remporte d'ores et déjà le championnat du monde des constructeurs, pour la quatrième fois d'affilée. Et c'est également son douzième titre depuis la création du championnat en 1950. La *scuderia* avait obtenu le premier en 1961. Il convient également de souligner que depuis 1950, le constructeur italien est le seul au monde à être demeuré présent en Formule 1, alors que tant d'autres ont disparu.

Le 18, à Paris, fin de l'opération Paris-Plage. Deux millions de flâneurs ont emprunté ces 3 km de voies sur berge transformés en zone de loisirs.

Le dérèglement climatique frappe toute la planète

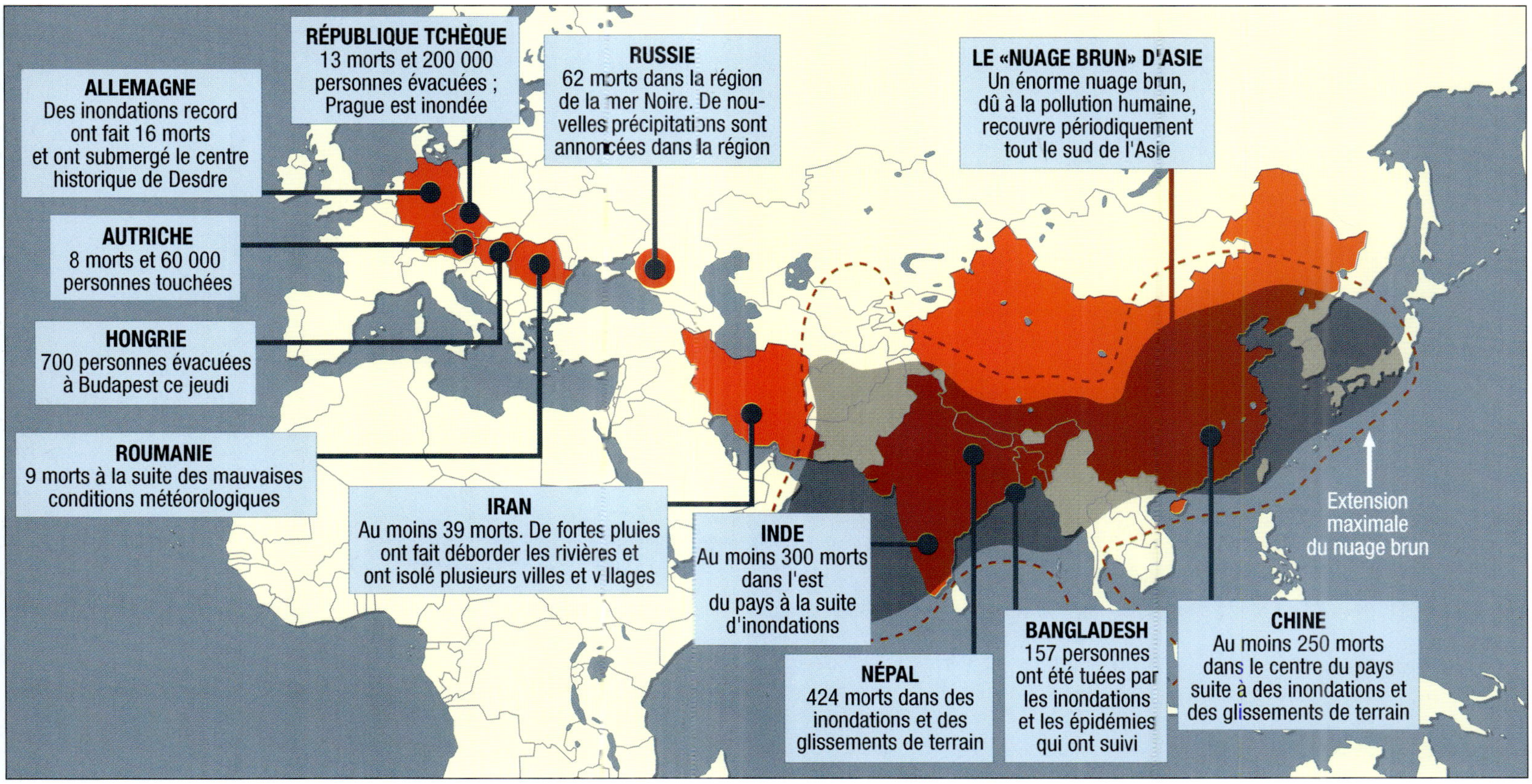

Berlin, dimanche 18
Le chancelier Gerhard Schröder a testé la solidarité européenne face aux inondations sans précédent qui ravagent le centre du continent. Il a organisé à Berlin un mini-sommet réunissant Romano Prodi, président de la Commission européenne, et les chefs de gouvernement des pays les plus touchés, soit, outre l'Allemagne elle-même, la République tchèque, la Slovaquie et l'Autriche. L'Union européenne pourrait débloquer des crédits en urgence et créer un fonds spécifiquement affecté à ce type de catastrophe naturelle. Les crues de l'Elbe, de la Vltava et du Danube ont fait seize morts en Allemagne, treize en République tchèque, huit en Autriche et huit en Roumanie. Les dégâts matériels sont à l'heure actuelle incalculables, d'autant que, si la décrue a commencé à Dresde, Prague est toujours sous les eaux et Hambourg est gravement menacé. Rien que pour l'Allemagne, le coût des inondations pourrait s'élever à plus de 15 milliards d'euros. Mais l'Europe paraît « favorisée » si l'on se tourne vers l'Asie, où les victimes des intempéries se comptent d'ores et déjà par centaines en Chine, en Inde ou au Bangladesh. Et, dans le même temps, l'Afrique australe, le Proche-Orient, les Etats-Unis, le sud de l'Italie ou l'Australie connaissent une sécheresse dramatique. Même cause pour effets opposés ? C'est en tout cas l'avis des experts, qui voient dans ce dérèglement climatique une conséquence du réchauffement de la planète, dû selon toute probabilité à l'émission de gaz à effet de serre. Et le pire est peut-être à venir.

Le centre historique de Prague a été submergé par les eaux de la Vltava.

La ville de Grimma, en Saxe, après la décrue de la Mulde (affluent de l'Elbe).

Août

Lu	Ma	Me	Je	Ve	Sa	Di
			1	2	3	4
5	6	7	8	9	10	11
12	13	14	15	16	17	18
19	20	21	22	23	24	25
26	27	28	29	30	31	

Etats-Unis, lundi 19
Une enquête de *Newsweek* confirme la mort, en novembre, d'un millier de talibans en Afghanistan lors d'un transfert en conteneurs organisé par l'Alliance du Nord.

Bagdad, mardi 20
Le vice-Premier ministre, Tarek Aziz, affirme qu'Abou Nidal s'est suicidé.

Villers-Bretonneux, mercredi 21
Découverte dans la Somme du corps de Christelle Dubuisson, 18 ans, disparue hier soir.

Allemagne, mercredi 21
Deutsche Telekom annonce un déficit de 3,9 milliards d'euros au 1er semestre.

Beyrouth, mercredi 21
Par un communiqué, le Fatah-Conseil révolutionnaire affirme qu'Abou Nidal a été tué par les services secrets irakiens.

Caen, jeudi 22
Patrick Henry est condamné à 2 000 euros d'amende pour un vol commis le 26 juin dans un magasin de bricolage.

Francfort, jeudi 22
Le parquet annonce l'ouverture d'une enquête pour négation de l'holocauste contre la cinéaste Leni Riefenstahl qui fête aujourd'hui ses 100 ans.

Cap Canaveral, jeudi 22
Lancement réussi de la 1re fusée Atlas 5, nouveau concurrent américain d'Ariane 5.

Fos-sur-Mer, vendredi 23
Saisie de 20 tonnes de cigarettes de contrebande arrivées de Chine par conteneur.

Paris, dimanche 25
Extradition vers l'Italie de Paolo Persichetti, ex-membre des Brigades rouges, réfugié en France depuis sept ans.

Bassorah, dimanche 25
Huit Irakiens sont tués par des raids anglo-américains sur des installations civiles.

Géorgie, dimanche 25
Lancement d'une offensive militaire dans les gorges de Pankissi où sont réfugiés des combattants tchétchènes.

DECES

Saint-Sébastien, lundi 19
Eduardo Chillida, sculpteur et graveur basque (*10.1.1924).

3 526,09 — 27,00 $ — € 0,9723 $

Le terroriste Abou Nidal meurt en emportant avec lui ses secrets

Bagdad, lundi 19
Abou Nidal est mort dans la capitale irakienne. Peut-être de son cancer. Peut-être par suicide. Plus sûrement assassiné. Il aurait comploté, avec le Koweït, contre le régime irakien. Et se serait fait prendre. Agé de 65 ans (*1937), Sabri el-Banna était devenu Abou Nidal (le « père de la lutte ») dans la clandestinité. Il avait quitté, en 1973, le Fatah de Yasser Arafat, trop conciliant, pour créer le Fatah-Conseil révolutionnaire. Jordaniens, Palestiniens modérés, tous ceux qui veulent la paix avec Israël tombent sous ses balles. On l'accusera d'être instrumentalisé. Les attentats de la rue des Rosiers et de la rue Copernic lui sont attribués.

De 1973 à 1991, Abou Nidal aurait tué ou fait tuer environ 900 personnes.

Un hélicoptère russe abattu par un missile

Grozny, lundi 19
Au moins 105 morts et une trentaine de blessés : c'est le « coup au but » le plus meurtrier porté aux Russes par les rebelles tchétchènes. En effet, les autorités militaires ne croient pas à l'hypothèse d'un accident et parlent plutôt d'un tir de missile sol-air. Le Mil Mi-26 russe a été abattu alors qu'il allait se poser sur la base de Khankala, près de Grozny. Sergueï Fridinski, le magistrat russe chargé de l'enquête, devra aussi déterminer pourquoi cet hélicoptère conçu pour 85 passagers en convoyait au moins 140 (le chiffre exact n'a pas encore été établi). Mais il est de notoriété publique que les pilotes russes font souvent le taxi en Tchétchénie pour améliorer leur solde...

Jean-Paul II dit adieu à ses compatriotes

Cracovie, lundi 19
A l'issue des quatre journées qu'il a passées dans son pays natal, Jean-Paul II repart fatigué mais heureux. Le peuple polonais, son peuple, s'est déplacé en masse. Hier, ils étaient deux millions à scander « Reste avec nous ! Reste avec nous ! » à l'issue de la messe de béatification de quatre religieux dans le parc de Blonie. Le Saint-Père a bien sûr décliné l'offre, et lancé : « Je voudrais vous revoir, mais c'est entre les mains de Dieu. » Ses compatriotes ne se font toutefois pas d'illusion : « Je vous demande, a-t-il poursuivi, de penser à moi dans vos prières, maintenant et après ma mort. » Puis il est allé demander à la Vierge de lui donner la force de poursuivre sa mission.

Au sanctuaire marial de Kalwaria Zebrzydowska, où il a « appris la foi ».

Le gardien de l'école avait tué les fillettes

Peterborough, mercredi 21
Maxine Carr est arrivée ce matin au palais de justice sous les huées de la foule. L'institutrice auxiliaire, âgée de 25 ans, a été inculpée d'entrave à la justice. Son fiancé, Ian Huntley, 28 ans, gardien de la même école, celle où étaient scolarisées Holly et Jessica, a été inculpé hier pour les meurtres des fillettes, et interné dans l'hôpital psychiatrique de Rampton. Arrêté samedi, il a fini par avouer mais n'a pas livré les circonstances des décès, qui demeurent inconnues. Face à l'émoi de la population, le gouvernement promet une enquête sur leurs conditions d'embauche.

Des pygmées dans un zoo en Belgique

Yvoir, mercredi 21
La polémique faisait rage depuis le 1er juillet, premier jour où ont été « exposés » huit pygmées Baka dans le parc animalier d'Yvoir. Venus du Cameroun, ils étaient installés dans un décor évoquant leur mode de vie traditionnel. Le but de l'opération était irréprochable : faire connaître une ethnie oubliée du monde et, à cette occasion, recueillir des fonds pour l'aider à survivre. Mais, pour diverses associations humanitaires, cette « exposition » était dégradante. L'ambassade du Cameroun a décidé de rapatrier les huit pygmées.

Si ce n'est lui, c'est donc son frère...

Paris, jeudi 22
On aurait presque envie d'applaudir si l'affaire n'était aussi grave, tant le coup a été bien joué. Samedi dernier Ismaël Berasategui Escudero s'est évadé de la prison de la Santé dans des conditions véritablement dignes de Rocambole. Membre présumé de l'ETA, il a profité d'un parloir pour se faire remplacer par son frère José Antonio qui avait reçu un permis de visite. Ismaël a quitté tranquillement la prison, tandis que José Antonio, non moins tranquillement, prenait le chemin de sa cellule. Ce dernier a révélé lui-même aujourd'hui le pot aux roses aux gardiens bernés.

Le lac de retenue du Yangtsé risque de tout inonder dans le Hunan

L'armée est mobilisée pour renforcer les digues du Dongting (2 800 km²).

Chine, vendredi 23
Les crues du Yangtsé prennent une tournure inquiétante dans le Hunan, province méridionale de la Chine. Les digues du Dongting, un lac de retenue, menacent de se rompre et d'inonder toute la région. Ce sont plus de dix millions d'habitants qui risquent de devoir fuir les eaux si la catastrophe se produit. Cependant, les autorités chinoises ont dépêché sur place 15 000 soldats et quelque 100 000 réservistes pour renforcer les digues. Par précaution, environ 600 000 riverains vivant en dessous du niveau des eaux du Dongting ont été évacués. Depuis le début de l'été, les inondations auraient déjà fait en Chine 900 victimes.

Les 35 heures chamboulent les vacances

Que de chemin parcouru depuis les premiers congés payés, en 1936...

France, samedi 24
Alors qu'approche l'heure du bilan touristique estival, les professionnels du secteur sont perplexes. En peu de temps, celui qu'il a fallu pour que la RTT (réduction du temps de travail) entre en vigueur, les Français qui en bénéficient ont modifié de façon très nette leurs habitudes. Au point que ceux qui prennent trois semaines de vacances d'affilée au même endroit – il y en a encore – passeront bientôt pour des vestiges. La nouvelle règle est qu'il n'y en a pas. Les nouveaux vacanciers sont adeptes des courts séjours, étalés de mai à septembre, souvent décidés au dernier moment en fonction des prévisions de Météo France. Celles-ci étant fiables à trois ou quatre jours, on décide le lundi de partir en fin de semaine. Depuis le début de l'année, la SNCF a noté une augmentation des réservations dans les trains du jeudi soir de 16 %. Le revers de la médaille est que tout argent investi dans les transports ne l'est plus dans l'hébergement ni dans la restauration. Conséquence : 70 % des séjours sont effectués en dehors du secteur marchand, chez des amis ou dans la famille, sans oublier les résidences secondaires : la France en détient le record mondial. Les gîtes et chambres d'hôtes sont également pris d'assaut, tandis que les ventes de mobil home explosent. Quant aux hôteliers, qui conservent une part de marché de 10 %, ils sont amenés à trouver du personnel tout au long de l'année, et non plus durant deux mois, et à surveiller la météo pour essayer d'anticiper les arrivées que Bison futé est devenu, lui aussi, bien incapable de prévoir.

Péchés mortels sur « L'île de la tentation »

France, samedi 24
Pendant sept semaines, 4,6 millions de Français ont joué les voyeurs : les quatre couples allaient-ils exploser ? Finalement non, ils sont sortis « plus forts » de cette expérience, jure TF1. Sauf que, soumis à la tentation, tous n'ont pas réagi de la même manière. Depuis 12 jours, les quatre hommes étaient isolés avec 12 célibataires, et il en était de même de leurs moitiés. Une nuit, les caméras n'ont rien vu. Alors ? « Eux seuls savent ce qui s'est passé », a dit la voix off. On sait tout de même qu'entre Diana et Ugo il s'est passé quelque chose. Une sorte de « flirt très très poussé », selon les mots qu'elle a employés quand elle a répudié son jules, Brandon. Les paysages, eux, étaient très jolis...

Schröder et Stoiber s'affrontent à la télé

Berlin, dimanche 25
C'était la toute première fois qu'un duel politique télévisé était organisé en Allemagne. Deux chaînes privées s'étaient associées pour produire cet événement, RTL et Sat1. A un mois des législatives, le chancelier social-démocrate Gerhard Schröder était opposé à Edmund Stoiber, le leader conservateur de la coalition formée par la CSU et la CDU. Donnés au coude à coude dans les sondages, ils n'ont pas réussi, ce soir, à faire ni l'un ni l'autre la différence. Il faut dire que l'émission, d'une extrême rigidité, ne leur a guère permis de s'affronter sur le fond, sauf sur la question irakienne, Schröder restant hostile à une action militaire et son adversaire y étant favorable.

Neuf millions de téléspectateurs ont suivi un débat qui n'aura pas été décisif.

Août

Lu	Ma	Me	Je	Ve	Sa	Di
			1	2	3	4
5	6	7	8	9	10	11
12	13	14	15	16	17	18
19	20	21	22	23	24	25
26	27	28	29	30	31	

Centrafrique, lundi 26
L'ancien président André Kolingba est condamné à mort par contumace pour un coup d'Etat manqué en mai 2001, ainsi que 22 officiers et sous-officiers.

Vatican, lundi 26
Annulation du voyage qu'avait prévu d'effectuer le pape aux Philippines en janvier 2003. Aucune explication n'est donnée.

Moscou, lundi 26
La Russie confirme que le Mil Mi-26 tombé lundi dernier à Grozny a bien été abattu par des Tchétchènes. Le bilan est porté à 117 morts.

Madagascar, mardi 27
Une épidémie de grippe a fait 670 morts depuis le 2 juin.

Egypte, mardi 27
Le président Hosni Moubarak juge qu'une attaque américaine contre l'Irak entraînerait « le chaos dans toute la région ».

France, jeudi 29
L'écologiste Brice Lalonde se retire de la vie politique.

Saint-Jean-de-Monts, jeudi 29
Dominique Voynet annonce sa décision de quitter le poste de secrétaire générale des Verts.

Paris, jeudi 29
La Poste présente la lettre recommandée électronique qui sera généralisée pour le grand public au 1er semestre 2003.

Paris, vendredi 30
Vivendi Universal cède ses 50 % dans le portail Internet Vizzavi au Britannique Vodaphone, et le groupe l'Express-l'Expansion à la Socpresse (*le Figaro*).

Paris, samedi 31
Début de la 2e saison de « Star Academy » sur TF1.

Cannes, samedi 31
Arrestation du chef de la mafia calabraise, Luigi Facchineri, recherché depuis 1987.

DECES

Sooke (Colorado), vendredi 30
John Lee Thompson, cinéaste (*les Canons de Navarone*) (*1.8.1914).

Santa Barbara, samedi 31
Martin Kamen, scientifique, codécouvreur du carbone 14 (*27.8.1913).

3 366,21 — 24,48 $ — € 0,9812 $

La vitrine légale de l'ETA a été fermée

Pampelune, lundi 26
Sur ordre du juge Baltasar Garzon, le siège de Batasuna, le mouvement indépendantiste basque soupçonné d'être la vitrine légale de l'ETA, a été fermé à Pampelune. Toutes les activités du parti sont suspendues pour trois années. Toutefois, ses élus pourront continuer de siéger jusqu'à la fin de leur mandat. Ce lundi aura été un mauvais jour pour Batasuna : à Madrid, les députés se sont réunis en session extraordinaire pour voter à une très large majorité une motion demandant à l'exécutif de saisir le Tribunal suprême pour que celui-ci prononce l'interdiction définitive du « bras politique » de l'ETA.

La coalition belge vacille sur le Népal

Magda Aelvoet a préféré se retirer.

Bruxelles, lundi 26
Magda Aelvoet, ministre de la Santé et vice-Premier ministre, ne nie pas qu'elle était présente au Conseil des ministres restreint qui avait donné son feu vert, le 11 juillet, à la vente de 5 500 pistolets-mitrailleurs de la FN-Herstal. Mais le chef de file des écologistes flamands ignorait que le destinataire était le Népal. Or la loi belge de 1991 interdit l'exportation d'armes vers un pays « engagé dans une guerre civile ». Ce qui est le cas. Pressée par l'Agalev, son parti, elle a démissionné. La vente aura tout de même lieu, afin de permettre à cette démocratie qu'est le Népal de lutter contre la guérilla maoïste. Son Premier ministre en a eu l'assurance aujourd'hui à Bruxelles.

Psychose au virus du Nil occidental

Etats-Unis, lundi 26
Depuis juin, 423 Américains ont été infectés par un mal mystérieux dont les symptômes sont proches de ceux de la grippe, avant d'évoluer en une infection mortelle : 20 décès ont été dénombrés. La maladie, qui a fini par être identifiée, est le virus du Nil occidental, du nom de la province ougandaise où elle a été relevée pour la première fois en 1937. Présent dans le sang des oiseaux, ce sont les moustiques qui le propagent. La peur gagne les transfusés : il n'y a ni moyen de détecter sa présence dans le sang ni vaccin.

Un navire norvégien coule un chalutier

Dunkerque, mercredi 28
Le chimiquier norvégien *Bow Eagle* est reparti pour Rotterdam. Il avait été détourné sur Dunkerque par la Marine, hier, après ouverture d'une information judiciaire. Dans la nuit de dimanche à lundi, le chimiquier avait heurté le *Cistude*, un chalutier vendéen, au large de l'île de Sein, causant la mort de quatre membres de l'équipage. Après quoi, il s'était enfui, sans porter secours au petit bâtiment qui a coulé à 2 h 30. Deux marins du *Bow Eagle* ont avoué ce forfait. L'enquête doit se poursuivre aujourd'hui aux Pays-Bas.

Ce sous-marin qui change l'histoire

Hawaii, mercredi 28
La preuve matérielle que ce sont les Américains qui ont tiré les premiers le 7 décembre 1941 a été fournie par les plongeurs du Hawaii Undersea Research Laboratory. En effet, ils ont découvert par 3 800 m de fond, au large de Pearl Harbor, l'épave du sous-marin de poche japonais dont les historiens savaient qu'il avait été coulé par le destroyer de l'US Navy *USS Ward* un peu plus d'une heure avant l'attaque japonaise. Ce qui, selon l'historien américain Daniel Martinez, aurait dû suffire à mettre Pearl Harbor en état d'alerte.

Le 26, une digue semi-flottante de 352 m de long arrive à Monaco pour l'extension du port de la Condamine. Elle vient d'Espagne.

Le 28, sortie à Paris d'*Etre et Avoir*, documentaire de Nicolas Philibert sur la classe unique d'un village du Massif central. Ci-dessus : le réalisateur et les « acteurs » de ce film nostalgique au Festival de Cannes, le 19 mai.

Jean-Marie Le Pen adoube sa fille Marine

La perpétuation du nom est assurée.

Annecy, jeudi 29
Révélée au soir du premier tour de l'élection présidentielle, invitée par tous les médias depuis, Marine Le Pen, avocate et benjamine des trois filles du président du Front national, a fait aujourd'hui son premier grand discours politique dans le cadre de l'université d'été du FN. A 34 ans, elle a une ambition : porter son père au pouvoir en 2007. Elle a, selon lui, un atout : « Elle est représentative de la jeune génération » qu'il voudrait convaincre. Présente au 2e tour des législatives dans le Pas-de-Calais, la jeune femme vient aussi de prendre la tête de l'association Générations Le Pen : un moyen de se démarquer et d'affirmer, sur l'avortement par exemple, des idées plus libérales.

L'Inter Milan cède Ronaldo au Real Madrid

Milan, samedi 31
C'est au finish, à 23 h 30, soit une demi-heure avant la fin du délai fixé par l'UEFA, qu'a été enfin conclue la cession par l'Inter Milan au Real Madrid de Ronaldo. Pour la somme de 47 millions d'euros. Le Brésilien, héros de la Coupe du monde, jouera aux côtés de Zidane et de Figo dans l'équipe la plus offensive du monde. Ce transfert a donné lieu à d'âpres négociations, le contrat de Ronaldo à l'Inter courant jusqu'en 2006. Mais le directeur général du club italien, Massimo Moretti, n'a pas pu retenir un joueur de moins en moins motivé. L'arrivée de Ronaldo ne fait pas l'unanimité à Madrid.

Quand il portait le maillot de l'Inter.

La basilique Saint-Denis retrouve le calme

Leur revendication collective a été refusée par le ministre de l'Intérieur.

Saint-Denis, vendredi 30
Occupée depuis le 17 août par 130 immigrés clandestins, qui, au fil des jours, sont devenus 900, la basilique Saint-Denis, qui abrite les tombeaux des rois de France, a été évacuée cet après-midi dans le calme, sans que l'intervention des forces de l'ordre ait été nécessaire, à la demande de l'évêque, qui avait, dans un premier temps, accepté cette intrusion. Tous ont été recensés par un comité, qui transmettra leurs dossiers afin qu'ils soient examinés par les préfectures. Mais Nicolas Sarkozy, ministre de l'Intérieur, a prévenu qu'il n'y aurait pas de régularisation massive. Les cas de ces Africains, et des Chinois qui les ont rejoints, seront étudiés individuellement.

Arthur Andersen ne pourra pas être sauvé

Houston, samedi 31
Suite à son inculpation pour entrave à la justice dans l'affaire Enron, par le tribunal fédéral de Houston, le 17 juin dernier, Arthur Andersen LPP a cessé aujourd'hui de certifier les comptes d'entreprises enregistrées auprès de la SEC (l'équivalent, aux Etats-Unis, de la COB). C'est pour le cabinet la fin d'une histoire qui a commencé en 1913 à Chicago. Sur les 28 000 salariés de l'entreprise de Houston, moins de 3 000 avaient été conservés. Le temps de préparer la fermeture ainsi que le procès dont la sentence sera en principe rendue le 11 octobre. Toutefois, une partie de ses activités serait récupérée par Accenture, cabinet né d'une scission d'Arthur Andersen LPP en 2000.

Le 30, à Strépy-Thieu (Belgique), le plus grand ascenseur à bateaux du monde est inauguré après 20 ans de travaux. Des péniches de 1 350 tonnes pourront franchir un dénivelé de 73,15 m pour accéder au canal du Centre.

Le 31, Lionel Hampton est terrassé à New York par une crise cardiaque (*12.4.1909). Batteur et surtout vibraphoniste d'une virtuosité inégalée, il était l'une des grandes figures de la scène du jazz depuis les années vingt.

Le pouvoir de l'or noir

Le Proche-Orient a traversé l'année 2002 dans la hantise d'une « guerre américaine » dont Saddam Hussein serait le premier à faire les frais, mais qui pourrait également chambouler le paysage pétrolier, voire politique, de toute la région.

L'Irak a été si dramatiquement mis entre parenthèses depuis douze ans que l'on oublierait presque la place triplement symbolique — politique, économique et culturelle — que la patrie de Saddam Hussein occupe en Orient. Des gisements de Kirkouk, que revendiquent les Kurdes d'Irak, à ceux de la province orientale de l'Arabie Saoudite, peuplée de musulmans chiites, ou encore du Yémen, berceau du clan Ben Laden, toute cette partie du monde est imprégnée de pétrole. Son odeur entêtante pénètre tout, et d'abord les conflits armés, dont ces contrées bénies d'Allah ont eu plus que leur part.

La guerre Irak-Iran, qui opposa aux combattants fanatisés de l'ayatollah Khomeyni une armée irakienne soutenue par l'URSS « athée » et par l'Occident « chrétien », culmina avec la « guerre des pétroliers » menée par les Gardiens de la Révolution pour « saigner » financièrement Bagdad.

Les puits du Koweït incendiés par la soldatesque irakienne demeurent l'image emblématique d'une guerre du Golfe qui n'aurait peut-être pas eu lieu si l'émirat n'était pas si riche en hydrocarbures. Et le pétrole n'aurait rien à voir avec une autre guerre, voulue par un président originaire du Texas, l'Etat symbole du pétrole US, pour chasser le maître d'un pays qui renferme, après l'Arabie Saoudite (261 milliards de barils), les deuxièmes réserves « prouvées » de pétrole du monde (112 milliards de barils) ! Les présomptions sont lourdes, comme est révélatrice l'insistance de l'entourage de George W. Bush à éviter le sujet.

Les économistes américains, en revanche, furent bien obligés de s'exprimer au sujet des conséquences d'une offensive anti-Saddam Hussein sur le marché des hydrocarbures. Affaiblie par deux guerres successives puis par l'embargo de l'ONU, l'industrie pétrolière irakienne compte certes moins qu'en 1990. Les experts redoutent donc moins la rupture des exportations irakiennes que l'impact des représailles de Bagdad contre l'un ou l'autre des émirats pétroliers.

Encore une fois, c'est sur l'Arabie Saoudite que le monde, et en premier lieu les Etats-Unis, comptera pour empêcher qu'une poussée de fièvre ne se transforme en un choc pétrolier majeur. Lors de l'invasion du Koweït, les Saoudiens avaient poussé leur production de 5,8 millions de barils/jour en août 1990 à 8,5 millions de barils/jour en décembre. S'ils n'avaient pas fait ce « geste », l'économie mondiale aurait assurément été gravement affectée.

Aussi des diplomates américains se sont-ils succédé fin 2002 à Riyad pour s'assurer que le royaume forcera encore une fois les cadences afin de compenser la fermeture des robinets irakiens. Et si les Saoud disaient non ? Si, cédant, par exemple, aux pressions d'une population outrée du soutien de Bush à la politique d'Ariel Sharon dans les territoires palestiniens, les dirigeants du royaume refusaient d'épargner aux Américains les conséquences de leur opération anti-Saddam Hussein ? « Bush ne peut pas poster un GI derrière chaque employé de l'Aramco pour l'obliger à ouvrir les vannes ! », ironise un pétrolier.

Ce cas d'école obsède depuis des années les dirigeants de Washington. Ils n'ont pas attendu le choc monstrueux du 11 septembre, preuve incontestable des ambiguïtés saoudiennes, pour commencer à diversifier leurs sources d'approvisionnement. Naguère autosuffisants, les Etats-Unis, qui représentent environ 5 % de la population mondiale, consomment à eux seuls le quart du pétrole extrait sur la planète. Pour se protéger d'un hypothétique « chantage » des producteurs du Golfe (au demeurant plutôt « sages » depuis des années), l'Amérique se fournit de plus en plus ailleurs : au Canada et au Mexique voisins, en Afrique de l'Ouest (aujourd'hui 15 % des importations et peut-être 25 % en 2030), en attendant la Russie et la Caspienne. La mise en chantier, en septembre dernier, de l'oléoduc Bakou-Tbilissi-Ceyhan reliant le Caucase à la Méditerranée confirme l'intérêt que les compagnies américaines portent à cette zone dont les réserves prouvées s'élèvent à 30 milliards de barils (soit deux fois ce qui reste en mer du Nord et autant qu'aux USA).

Avec l'Irak (deuxièmes réserves au monde), on change de « division », pour parler comme les footballeurs. Dans la perspective d'une guerre américaine contre Saddam Hussein, le dossier irakien comporte trois volets.

Les noms d'oiseaux dont George Bush accable Saddam Hussein n'empêchent pas les Etats-Unis de devancer l'Italie, la France et l'Espagne au « tableau d'honneur » des acheteurs de brut irakien. En 2001 les enlèvements américains ont représenté 41 % du total des exportations pétrolières irakiennes !

Interdites d'Irak par les sanctions de l'ONU d'août 1990 et par les consignes sans appel des présidents américains successifs, les « majors » américaines rêvent de prendre pied sur cette « Terre promise », où leurs concurrents russes, français, chinois et italiens n'ont cessé de poser des jalons. Si elles ne dépassent pas le stade des ébauches, c'est que les résolutions de l'ONU leur interdisent de signer des contrats d'exploitation-production. On le sait à Paris comme dans les autres capitales.

L'opposition irakienne, et notamment l'ex-banquier Ahmad Chalabi, proche des faucons du Pentagone, n'attend pas d'avoir la peau de Saddam Hussein pour claironner que « les Américains recevront le gros lot dans l'Irak de demain. » James Woolsey, un ancien patron de la CIA, prévient les compagnies russes et françaises qu'elles n'auront de place en Irak que si leurs

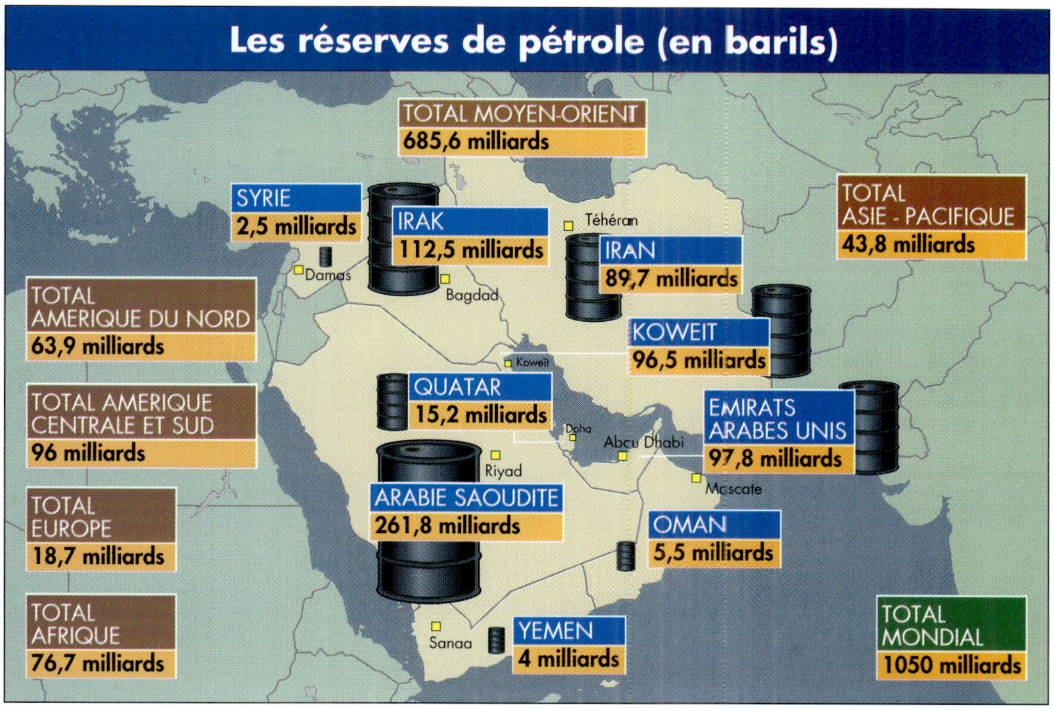

gouvernements contribuent « à donner à ce pays un gouvernement présentable ».

Total-Fina-Elf a deux projets dans ses cartons. Ils concernent les gisements de Majnoun (7 milliards de barils de réserves) et de Nahr Oumar (8 millions). Mais rien n'est signé, et les autorités de Bagdad continuent de jouer au yoyo avec les sociétés occidentales. Quant aux Russes, ils croient avoir obtenu de leurs nouveaux amis américains que leurs intérêts soient ménagés après l'effondrement annoncé du régime de Saddam Hussein.

Il n'est pas concevable que les grandes compagnies américaines soient durablement tenues à l'écart du pactole irakien. C'est en tout cas l'avis de plusieurs spécialistes, qui suggèrent qu'une place leur serait faite dans une zone prometteuse mais pas encore explorée, à la lisière des gisements d'Arabie Saoudite.

Et si, en frappant l'Irak, Bush visait l'Arabie Saoudite, « au portefeuille » ? En public, l'administration Bush ne cesse de se féliciter de l'excellente coopération des Saoudiens dans la lutte contre le terrorisme islamique. Pourtant, encouragée par la droite chrétienne et par le lobby pro-israélien, informée aux meilleures sources de l'administration républicaine, la presse expose, semaine après semaine, les compromissions, réelles ou supposées, de personnalités saoudiennes plus ou moins prestigieuses avec les filières du terrorisme. Fin novembre, une antenne du Conseil national de sécurité, que préside Condoleeza Rice, braquait son projecteur sur neuf richissimes Saoudiens qu'il accusait de former le noyau du système de financement de la Qaida. Les Etats-Unis accordaient trois mois aux autorités de Riyad pour faire le ménage, faute de quoi ils s'en chargeraient eux-mêmes !

Comme l'année finissait, les Américains paraissaient donc résolus à contraindre les Saoudiens à changer des habitudes pourtant profondément ancrées. « Et comment y parvenir mieux qu'en les touchant au portefeuille ? », interrogeait un homme d'affaires qui navigue entre les deux capitales.

Remplacer une Arabie Saoudite empêtrée dans ses contradictions islamistes par un Irak domestiqué est un entreprise plus facile à rêver qu'à réaliser. Même en faisant abstraction des difficultés politiques que rencontreront inévitablement les successeurs annoncés de Saddam Hussein...

Beaucoup d'eau coulera sous les ponts du Tigre et de l'Euphrate avant que l'industrie pétrolière irakienne ne redevienne parfaitement performante. On parle de cinq ans, tout en pariant que, soucieux de rattraper le temps perdu, les gestionnaires de l'après-Saddam pousseront au maximum la « pompe à phynances » de la production pétrolière. D'ici là, en tout cas, l'Arabie Saoudite conservera sa place de « grand régulateur » des marchés pétroliers. Et bien au-delà aussi sans doute.

Un expert occidental est revenu récemment stupéfait du champ saoudien de Shaybah, en plein Rub al Khali, le « Quartier vide » des cartes de géographie. Voici ce qu'il a vu : « Par des températures qui dépassent parfois les 50 degrés, des hommes exploitent un gisement dont les réserves équivalent à celles de la mer du Nord. La production est de 500 000 barils/jour, et les coûts ne dépassent pas le quart des prix de revient de Russie. »

En raison de ses réserves, « qui ne cessent d'augmenter depuis quarante ans et qui continueront vraisemblablement de le faire », de ses coûts exceptionnellement bas, et surtout de sa capacité d'augmenter rapidement la production, « il paraît impossible de se passer de l'Arabie Saoudite », estime l'expert. « Voire même de réduire son rôle », ajoute-t-il comme à regret. Ce sera d'autant plus difficile que la demande mondiale — et pas seulement occidentale — va augmenter considérablement au cours des trente prochaines années. Importatrice net depuis 1993, la Chine devra en 2010 importer la moitié de ses besoins. En 2030, elle représentera à elle seule près d'un tiers de la demande mondiale.

Qui pourra satisfaire cette augmentation fantastique de la demande mondiale, et en particulier asiatique ? Les analystes sont catégoriques. En 2030, les pays arabes et l'Iran devraient couvrir plus de 40 % des besoins mondiaux au lieu de 28,1 % aujourd'hui. L'un d'eux doute qu'« il soit seulement possible de réduire le rôle régulateur d'un pays qui, comme l'Arabie Saoudite, possède le quart des réserves mondiales. » Il n'empêche que la population de l'Arabie Saoudite continue de croître, que les sujets du roi Fahd se sont davantage habitués au confort qu'à l'effort, que le budget du royaume est en déficit et qu'une réduction même marginale de ses revenus pétroliers peut gêner les dirigeants de ce pays écartelé de contradictions.

Reste à savoir si le Président Bush a véritablement projeté une guerre non pas tant pour désarmer le trublion de Bagdad que pour mater les Saoudiens en injectant massivement le pétrole irakien sur le marché de l'OPEP ?

N'est-ce pas prêter au lobby pétrolier d'outre-Atlantique un pouvoir qu'il n'a pas ? interroge un spécialiste européen. Après tout, les « majors » américaines ne sont pas parvenues à infléchir la politique de sanctions qui leur interdit de travailler officiellement en Libye. Réplique d'un pétrolier européen : « Même si elles ne la commandent pas, la politique de Washington au Proche-Orient convient aux compagnies pétrolières des Etats-Unis. »

Et n'est-il pas, après tout, logique que le facteur pétrolier pèse lourd dans la définition de la stratégie d'un Etat qui est à la fois le plus gros consommateur de brut et la seule superpuissance du monde ?

Alors que l'année 2002 s'achevait et que les perspectives de guerre semblaient se préciser, un ambassadeur arabe tentait de décrypter les intentions du fougueux Président Bush. « Je n'exclus pas que le facteur pétrolier influe sur sa décision, concluait-il. Mais ce n'est certainement pas le seul. L'Irak offre aux Etats-Unis l'occasion de refaçonner le Proche-Orient. Je ne pense pas tant à ses frontières qu'à la nature de certains régimes politiques et à la carte pétrolière. » Une année chasse l'autre, même en Orient !

Claude Lorieux
Journaliste au *Figaro*

Septembre

Lu	Ma	Me	Je	Ve	Sa	Di
						1
2	3	4	5	6	7	8
9	10	11	12	13	14	15
16	17	18	19	20	21	22
23	24	25	26	27	28	29
30						

Spa-Francorchamps, dim. 1er
Michael Schumacher remporte le GP de F1 de Belgique.

Carcassonne, dimanche 1er
3 000 personnes assistent à la 1re corrida organisée dans la ville depuis 1954.

Genève, dimanche 1er
L'économiste thaïlandais Supachai Panitchpadki devient directeur général de l'OMC.

Soudan, lundi 2
Le gouvernement suspend les négociations de paix avec les rebelles au lendemain de la prise de Torit par la guérilla.

Paris, mardi 3
Le Quai d'Orsay confirme la nationalité française de Khaled Ouldali arrêté fin août dans les gorges de Pankissi, en Géorgie.

Grèce, mardi 3
Journée de boycottage des achats massivement suivie pour protester contre la hausse des prix due au passage à l'euro.

Delaware, mardi 3
Le site de musique gratuite Napster cesse toute activité.

Sri Lanka, mercredi 4
Le mouvement séparatiste des Tigres tamouls, interdit depuis 1998, est autorisé.

Etats-Unis, jeudi 5
737 personnes ont à ce jour été infectées par le virus du Nil, qui a fait 40 morts.

Nicosie, samedi 7
Football : la France bat Chypre (2-1) en phase éliminatoire de l'Euro 2004.

Everest, dimanche 8
Marco Siffredi, snowboarder chamoniard, est porté disparu après s'être élancé du sommet dans le couloir du Hornbein.

DECES

Paris, mercredi 4
Vlado Perlemuter, pianiste français d'origine lituanienne (*29.5.1904).

Philadelphie, samedi 7
L'Israélien Uzi Gal, inventeur de la mitraillette 9 mm qui porte son prénom (*15.12.1923).

Loir-et-Cher, dimanche 8
Henri Rol-Tanguy (Henri Tanguy), chef de la résistance parisienne à la Libération (*12.6.1908).

3 246,67 — 28,85 $

€ 0,9857 $

La France en or aux championnats de VTT

Kaprun (Autriche), dimanche 1er
« J'arrête. » Une évidente déception se lit sur les visages des supporters de Nicolas Vouilloz. Agé seulement de 26 ans, le Français a décidé, au terme des championnats du monde de VTT, de mettre un terme à une brillante carrière qu'il aura conclue par un dixième titre mondial, avec une médaille d'or en descente. Mais c'est toute l'équipe de France qui a brillé, en particulier grâce à Anne-Caroline Chausson, qui s'est adjugé deux médailles d'or chez les dames (descente et 4-cross), mais aussi au jeune Julien Absalon, champion du monde espoirs dans cette catégorie reine qu'est le cross-country. Et sans oublier la belle médaille d'argent de Cédric Gracia en 4-cross masculin.

Julien Absalon, espoir des Tricolores.

L'Amérique huée au Sommet de la Terre

Johannesburg, mercredi 4
Un charivari aura marqué l'ultime journée du Sommet mondial pour le développement durable. Le discours du secrétaire d'Etat américain Colin Powell a été accueilli par des huées, George W. Bush, contrairement à la plupart des chefs d'Etat, n'ayant pas jugé utile de faire le voyage, et les Etats-Unis étant tenus généralement responsables du faible engagement des pays les plus riches. Pourtant, le président Jacques Chirac avait tenu lundi des propos très volontaristes. Mais force est de reconnaître que ce « Sommet de la Terre » n'a livré que de très timides avancées, aussi bien économiques qu'écologiques.

Réforme du planning familial en Chine

Pékin, dimanche 1er
Aussi surprenant que cela paraisse, aucune loi n'encadrait la politique de contrôle des naissances en Chine alors que, depuis les années 1970, celles-ci étaient limitées à un enfant par couple. L'application drastique de cette politique avait été laissée à la discrétion, et souvent l'arbitraire, des gouvernements locaux. Une loi longuement préparée par le ministre Zhang Weiqing entre en application aujourd'hui : plus respectueuse des droits des citoyens, elle offrira aux couples « méritants » la possibilité d'avoir un second enfant.

La Malaisie ne veut plus de clandestins

Kuala Lumpur, dimanche 1er
La Malaisie n'a ni la possibilité ni l'envie d'accueillir toute la misère du monde. Surtout depuis que la crise financière asiatique a fragilisé son économie. Aussi a-t-elle entrepris de chasser les immigrés clandestins, qui travaillent au noir dans le bâtiment, le tourisme et les plantations. Avant l'entrée en vigueur de la nouvelle loi, le 1er août, 300 000 ont fui le pays. Il en reste autant. Des dizaines de milliers d'Indonésiens et Philippins ont été arrêtés et sont internés dans l'attente d'être expulsés. Beaucoup d'entre eux résidaient à Bornéo.

Typhon destructeur sur les deux Corées

Corée du Sud, mardi 3
Après le passage du typhon Rusa, le week-end dernier, le plus violent que les deux Corées aient connu depuis 43 ans, un premier bilan a été établi. En Corée du Sud, les glissements de terrain et les inondations des zones côtières auraient fait quelque deux cents victimes et détruit des milliers d'habitations. Un à deux millions de personnes sont privées d'électricité. Aucun chiffre officiel n'a été donné par la Corée du Nord, où l'on parle toutefois de dizaines de morts. Dans l'île de Cheju, les vents ont soufflé jusqu'à 200 km/h.

De nouveaux mots dans les dicos

Paris, lundi 2
Grâce à la nouvelle édition du Petit Larousse, on peut désormais faire la *teuf* sans honte, se dresser contre la *marchandisation* de la société, opter pour le *souverainisme*, et envoyer un *minimessage* avant de souffler dans un *ivressomètre* (il a l'avantage sur l'alcootest de n'être pas une marque déposée). Avec le Petit Robert, il est permis d'envoyer un *courriel* plutôt qu'un vilain mail, et de faire le beau à distance devant sa *webcam*. Et, si tout ça vous *gave grave*, vous n'avez qu'à *retoquer* ces mots. Mais méfiez-vous : le *bioterrorisme* guette...

Le 3, à Boston, Mick Jagger, âgé de 59 ans, entame une tournée mondiale avec les Rolling Stones pour fêter les 40 ans de la création du groupe.

Hamid Karzaï échappe à un attentat

Kandahar, jeudi 5
Le moins qu'on puisse dire est que l'ancien pays des talibans est encore loin d'être sécurisé. Hamid Karzaï, qui avait déjà échappé à un attentat le 29 juillet au cœur de la capitale, quittait la résidence du gouverneur lorsqu'un homme a ouvert le feu sur sa voiture. Les deux balles qui ont transpercé le véhicule ne l'ont pas atteint, et le tireur a été abattu par un des gardes du corps américains qui assurent sa protection. Quelques heures plus tôt, une voiture piégée avait explosé à Kaboul, à proximité du ministère de l'Information et de l'hôtel Spinzar, où les journalistes étrangers ont établi leurs quartiers. Trente Kaboulis ont été tués.

Cette campagne de terreur pourrait remettre en cause la présence de l'Isaf.

La pacte de stabilité est bien compromis

Copenhague, samedi 7
Le pacte de stabilité n'a pas été mis en question au sommet des Quinze de Copenhague, mais personne ne pense sérieusement qu'il pourra être respecté. Rappelons qu'il oblige les Etats membres de l'UE à atteindre l'équilibre budgétaire en 2004. Or le déficit maximum de 3 % du PIB autorisé pour l'année prochaine sera probablement dépassé, notamment par la France (qui prévoit 3,2 %) et par l'Allemagne. Et cela parce que la croissance se fait attendre et que les investisseurs étrangers à l'Union sont méfiants. Le désir réaffirmé de ne pas changer de stratégie tient un peu de la méthode Coué.

Le Lion d'or par qui le scandale est arrivé

Meilleure actrice : Julianne Moore.

Venise, dimanche 8
Malgré le tir de barrage de toute la presse catholique italienne, le Lion d'or de la 59e Mostra de Venise est revenu à *The Magdalene Sisters*, de Pete Mullan. Ce film britannique a soulevé les polémiques en montrant les dérives répressives d'un couvent irlandais. Le grand prix du jury a été attribué à *la Maison des fous*, du Russe Andréï Konchalovski, tandis que la coupe Volpi couronnant les meilleures interprétations féminine et masculine récompensait Julianne Moore (pour *Far from Heaven*, de Todd Haynes) et Stefano Accorsi (pour *Un viaggio chiamato amore*, de Michele Placido).

Un air de déjà vu à l'US Open de tennis

Richard Gasquet n'a que seize ans.

New York, dimanche 8
C'est la deuxième fois, après 1990, que Pete Sampras se retrouve face à Andre Agassi en phase finale de l'US Open. Et pour le deuxième fois il le bat (6-3, 6-4, 5-7, 6-4). Douze ans après, ce nouveau duel fratricide entre les deux Américains a montré que Sampras était resté Sampras. Ce fut aussi une rencontre fratricide, et cette fois au sens propre du terme, en finale dame : comme d'habitude, est-on tenté de dire, Serena Williams a écrasé sa sœur Venus (6-4, 6-3). Le renouveau sera-t-il français ? Le tout jeune Richard Gasquet a gagné le tournoi juniors contre le Chypriote Marcos Baghdatis (7-5, 6-2).

Le 6, les Moscovites étouffent sous la fumée émanant des 188 incendies de forêts ou de tourbières qui ravagent les environs de la capitale russe.

Le 7, à Salzbourg (Autriche), Ralf Schumacher se marie religieusement avec sa femme Cora, qu'il avait épousée civilement en octobre 2001.

Septembre

Lu	Ma	Me	Je	Ve	Sa	Di
						1
2	3	4	5	6	7	8
9	10	11	12	13	14	15
16	17	18	19	20	21	22
23	24	25	26	27	28	29
30						

Londres, lundi 9
Au bord de la faillite, British Energy, le géant du nucléaire, obtient une garantie bancaire gouvernementale à hauteur de 650,8 millions d'euros. Il avait été privatisé en 1996.

Russie, mardi 10
Le père Iaroslav Vichnevski est le 4e prêtre catholique à être déclaré *persona non grata* dans le pays par le gouvernement, sur la demande des autorités orthodoxes, depuis le début de l'année.

Manche, mardi 10
Le Britannique Brian Thomson bat le record du tour des îles Britanniques à la voile, détenu depuis 1994 par Steve Fossett, en 4 j 17 h et 3 min sur le maxi-catamaran *Maiden II*.

New York, mardi 10
La Suisse devient le 190e Etat membre de l'ONU.

Paris, mercredi 11
Première découverte dans la capitale d'un habitat troglodyte, situé sous la maison de Balzac sur le coteau de Passy.

Troyes, jeudi 12
L'opération « Pièces jaunes », parrainée par David Douillet et Bernadette Chirac, a permis de recueillir 15 millions d'euros (98,4 millions de francs, contre 65 millions en 2001).

Italie, jeudi 12
20 millions d'Italiens font la grève des achats pour protester contre la hausse des prix liée au passage à l'euro.

Béthune, dimanche 15
Jacques Mellick est réélu maire de la ville au 1er tour à la faveur d'une municipale partielle.

Magny-Cours, dimanche 15
Triplé Suzuki au 66e Bol d'or remporté par l'équipage Bayle-Dussauge-Gimbert.

Sud-Est de la France, dim. 15
Le bilan des inondations est de 23 morts, dont 21 dans le Gard.

Monza, dimanche 15
Rubens Barrichello remporte le GP de F1 d'Italie.

Washington, dimanche 15
Condoleeza Rice, conseillère du Président pour la sécurité, estime que « l'Irak a clairement des liens avec le terrorisme, y compris avec la Qaida ».

3 156,17 — 28,15 $

€ 0,9790 $

Inondations tragiques dans le Midi

France, lundi 9
Un seul chiffre donnera une idée de la violence des précipitations qui se sont abattues dans le Midi : 650 litres d'eau de pluie par mètre carré sont tombés à Anduze, dans le Gard. Les départements les plus touchés sont, outre le Gard lui-même, l'Hérault, l'Ardèche, la Drôme et le Vaucluse. Ces « pluies cévenoles », ainsi dites parce qu'elles sont provoquées par le refroidissement de l'air chaud et humide au-dessus des Cévennes, ont fait déborder les rivières, causant des dégâts importants, coupant des routes et noyant sous les eaux villes et villages. C'est surtout le Gard qui a souffert. Le premier bilan humain est de 11 morts et 3 disparus. (→ 15)

Connaissant la violence des crues du Gardon, les Romains avaient fait du pont du Gard un ouvrage quasi indestructible. Il l'a encore prouvé aujourd'hui.

Retour aux urnes pour les Autrichiens

Vienne, lundi 9
La coalition des populistes du FPO et des conservateurs de l'OVP a volé en éclats. Tirant les conclusions de la démission de la vice-chancelière FPO Suzanne Riess-Passer ainsi que de deux autres ministres populistes, le chancelier Wolfgang Schüssel a annoncé la dissolution du Parlement et, par voie de conséquence, la tenue de nouvelles législatives. Cette crise est double : au sein du gouvernement où le FPO de Jörg Haider n'a pas pu imposer ses vues, d'où une perte de popularité, et aussi à l'intérieur même de ce parti.

Des crédits pour une armée compétitive

Paris, mercredi 11
88,87 milliards d'euros : telle est la somme qui sera affectée à la défense si le projet de loi de programmation militaire pour 2003-2008, adopté en Conseil des ministres, est voté par le Parlement. Cela représenterait en 2008 2 % du PIB contre 1,8 en 2002. Cet effort significatif, conforme aux engagements de Jacques Chirac lors de l'élection présidentielle, portera notamment sur le construction d'un second porte-avions nucléaire, sur la commande de 50 Airbus militaires A400M, et sur le développement du programme de l'avion Rafale.

Les preuves font défaut sur le Kosovo

La Haye, mercredi 11
A l'issue de 95 journées d'audience, la culpabilité de Slobodan Milosevic dans l'expulsion du Kosovo, par les forces serbes, de 800 000 Kosovars albanophones n'a pas été prouvée. En l'absence de tout document écrit, le TPI comptait sur les 124 témoins cités par l'accusation pour établir sa culpabilité. Il n'en a rien été. Ancien chef de la police politique, Radomir Markovic, tenu pour le témoin no 1, a nié l'existence de tout plan. Place maintenant à l'étude de la chaîne de commandement dans les massacres commis en Bosnie et en Croatie.

Un an après le 11 septembre, l'émotion est toujours aussi vive

New York, mercredi 11
Un an après les attentats suicides, qui ont fait 3 047 morts, dont 343 pompiers, George Bush est allé se recueillir sur chacun des sites de la tragédie, tandis que Dick Cheney, le vice-président, était mis en sécurité dans un lieu tenu secret. A 10 h 28, heure précise de l'effondrement de la deuxième tour du WTC, toutes les cloches des églises de New York ont retenti. Parties à une heure ce matin, cinq processions de cornemuses ont convergé vers Ground Zero, où les noms des victimes ont été lus un à un en présence de leurs familles et de personnalités, dont l'ancien et l'actuel maire de la ville.

Les photos des victimes de la tragédie sont alignées pour un ultime hommage.

Bush menace l'ONU d'attaquer seul l'Irak

A l'ONU, Bush a mis le Conseil de sécurité au pied du mur face à Bagdad.

New York, jeudi 12
D'abord tenté de mener une action unilatérale contre l'Irak, George W. Bush a fini par se convaincre d'en appeler à l'ONU, notamment sous la pression de la France. Malgré sa répugnance, le Président américain est venu à l'assemblée générale des Nations unies pour dire au monde qu'il était temps d'en finir avec le régime de Saddam Hussein, accusé de continuer à produire des armes de destruction massive et d'apporter son soutien au terrorisme. Mais il a clairement dit que, si le Conseil de sécurité ne parvenait pas à amener l'Irak à résipiscence, les Etats-Unis se chargeraient de défendre seuls les « droits inaliénables et les espoirs de l'humanité ». Sans l'ONU.

Michel Bon jette l'éponge à France Telecom

Michel Bon était président de France Telecom depuis le 13 septembre 1995.

Paris, vendredi 13
Certains disent que le vendredi 13 est jour de chance, mais d'autres, au contraire, qu'il porte la poisse. Seul l'avenir les départagera concernant ce vendredi 13 septembre 2002 où France Telecom a affiché une perte de 12,2 milliards d'euros et annoncé le départ de son président, Michel Bon, démissionnaire. Comment le gouvernement pense-t-il redresser la situation du groupe, dont la dette se monte à 70 milliards d'euros ? On en est réduit aux conjectures, car aucun plan ne semble aujourd'hui avoir été arrêté. Et, pour tout compliquer, les relations s'enveniment entre Paris et Berlin depuis que France Telecom a décidé de se retirer de MobilCom, l'opérateur allemand.

Le feu tue cinq jeunes pompiers à Neuilly

Neuilly-sur-Seine, samedi 14
Ils avaient entre 22 et 27 ans. Pour le plus jeune, c'était le baptême du feu. L'expression classique prend ici une résonance funèbre. En effet, les cinq sapeurs-pompiers de la caserne Champerret sont tombés ce soir au champ d'honneur en allant éteindre un incendie qui s'était déclaré dans une chambre au sixième étage d'un immeuble de Neuilly. Il est un peu moins de 18 h 30 quand, après avoir forcé la porte, deux d'entre eux sont balayés par une violente explosion. Lorsque leurs trois camarades vont à leur secours, une autre explosion se produit. La pièce était inoccupée. Ce soir les enquêteurs privilégient la thèse de l'accident par accumulation de gaz imbrûlés.

Le 14, au stade Charléty, à Paris, l'Américain Tim Montgomery ravit à son compatriote Maurice Greene le record du monde du 100 m en 9" 78.

Escapade à Bagdad de trois députés français

Bagdad, dimanche 15
La visite en Irak de trois députés de la majorité, Thierry Mariani, Didier Julia et Eric Diard, provoque un joli scandale. Le Quai d'Orsay, qui avait pourtant été informé de ce voyage, le juge maintenant « inopportun » et l'Elysée précise que cette « initiative personnelle » n'a pas son aval. Les trois élus, qui se sont rendus hier sur le site de Tamouz, où fut érigée la centrale Osirak, construite grâce à l'aide de la France selon un accord de coopération signé en 1975 par le Premier ministre Jacques Chirac, et détruite par Israël en 1981, réfutent toute connivence avec les Irakiens. Leur seul but est de les convaincre d'accepter le retour des inspecteurs en désarmement de l'ONU.

Inauguré le 13, le Musée des arts contemporains du Grand-Hornu (MAC's) est installé dans un site industriel minier du Hainaut belge du XIXe siècle. Son architecture est proche de celle de la Saline Royale d'Arc et Senans.

Septembre

Lu	Ma	Me	Je	Ve	Sa	Di
						1
2	3	4	5	6	7	8
9	10	11	12	13	14	15
16	17	18	19	20	21	22
23	24	25	26	27	28	29
30						

Paris, lundi 16
Jacques Chirac exige du gouvernement une « action de rupture » dans la lutte contre l'insécurité routière.

Nanterre, lundi 16
Waldemar Wojcik, un Polonais de 43 ans, et sa fille de 22 ans, Ewa, locataires de la chambre de bonne de Neuilly dont l'incendie a tué cinq pompiers, sont mis en examen et écroués pour homicides involontaires et séjour irrégulier.

Talence, lundi 16
Arrestation de Juan Antonio Ollara Gurildi, chef présumé de l'appareil militaire de l'ETA.

Paris, mardi 17
Ouverture au musée d'Orsay de l'exposition Manet-Velazquez.

Paris, mercredi 18
Jean-Paul Bailly est nommé président de La Poste.

France, mercredi 18
Sortie du film *Callas Forever*, de Franco Zeffirelli, avec Fanny Ardant dans le rôle de la diva.

Toulon, jeudi 19
Ouverture à la circulation de la première voie de traversée souterraine de la ville.

Paris, vendredi 20
Le parquet général de la cour d'appel se pourvoit en cassation contre la libération de Maurice Papon.

Paris, samedi 21
Les militants de Démocratie libérale, le parti d'Alain Madelin, acceptent à 85 % de se fondre dans l'UMP.

Turin, samedi 21
Révélation de la restauration cet été, dans le secret total, du saint suaire. La relique a été recousue sur une toile stérile.

Levallois-Perret, dimanche 22
Patrick Balkany est réélu maire au 1er tour à la faveur d'une municipale partielle.

Paris, dimanche 22
La France se qualifie pour la finale de la Coupe Davis : elle bat les Etats-Unis (3-2). (→ 1.12)

Londres, dimanche 22
300 000 personnes défilent pour la défense de la chasse à courre et du monde rural, la plus importante manifestation organisée dans Londres depuis deux siècles.

2 890,82 — 28,47 $

€ 0,9842 $

Washington rejette les offres de Bagdad

New York, lundi 16
Dans une lettre à Kofi Annan, l'Irak accepte « sans conditions le retour des inspecteurs du désarmement ». Ce revirement constitue un véritable espoir de règlement pacifique pour la France, la Russie et la Chine, mais pour Washington il ne s'agit là que d'une manœuvre dilatoire. George W. Bush a déclaré qu'il fallait quoi qu'il en soit « régler son compte au tyran », et le secrétaire à la Défense Donald Rumsfeld a annoncé que les bombardements au-dessus de l'Irak seraient intensifiés. Pour préparer une éventuelle invasion.

Poutine reste ferme sur la Tchétchénie

Moscou, mardi 17
Il n'est pas question, pour la Russie, de se retirer de Tchétchénie, et son armée y restera « pour toujours ». C'est en ces termes dénués de toute ambiguïté que le président Vladimir Poutine a réagi au nouvel attentat qui a endeuillé Grozny hier et qui a causé la mort de onze Tchétchènes, des civils. Un engin avait fait sauter un autobus. Les rebelles ont nié de leur côté toute responsabilité et ont mis en cause les services secrets de Moscou, qui auraient perpétré selon eux l'attentat afin de « discréditer la résistance tchétchène ».

Un aveu historique de la Corée du Nord

Pyongyang, mardi 17
L'histoire, qui paraît incroyable, est rigoureusement exacte. Entre 1977 et 1983, la Corée du Nord a enlevé dans leur pays onze jeunes Japonais, dans le but de s'imprégner de leur culture mais aussi de les endoctriner et, le cas échéant, de les renvoyer en tant qu'espions. Kim Jong-il, le chef d'Etat nord-coréen, en a enfin fait l'aveu après dix heures d'entretiens avec Junichiro Koizumi, le Premier ministre japonais, qui renouait ainsi des relations interrompues en 1945. Selon le dictateur communiste, il n'y aurait que quatre survivants.

Maurice Papon est remis en liberté

Paris, mercredi 18
Incarcéré depuis le 22 octobre 1999, Maurice Papon, condamné à dix ans de prison pour complicité de crimes contre l'humanité, est sorti libre de la prison de la Santé, en application d'un arrêt rendu par la cour d'appel ce matin. L'état de santé de l'ancien ministre, âgé de 92 ans et atteint de plusieurs pathologies lourdes, a été jugé incompatible avec sa détention. Surpris par cette libération, Papon a embrassé son avocat, Me Varaut, pris les photos qu'il avait disposées près de son lit dans la cellule 129, l'une de son épouse décédée, l'autre, dédicacée, du général de Gaulle, et est sorti, debout, sous les huées de quelques manifestants.

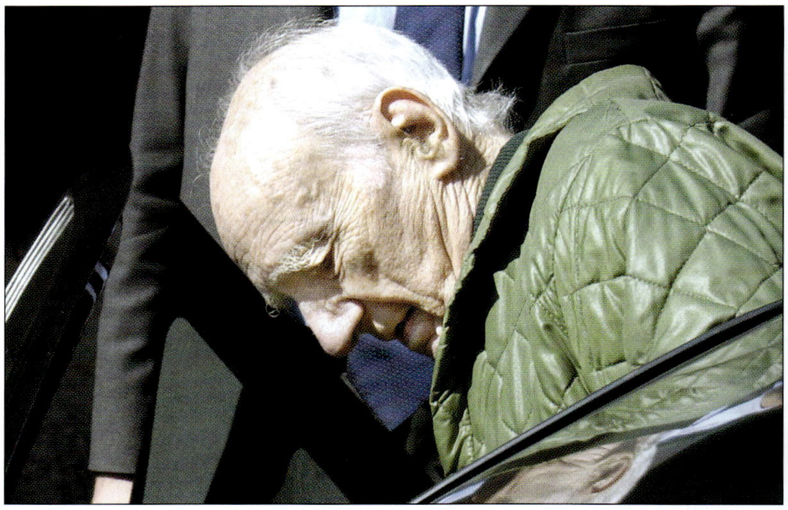

Il a aussitôt rejoint son domicile de Gretz-Armainvilliers, en Seine-et-Marne.

Le 17, un robot télécommandé financé par le *National Geographic* permet la découverte d'une nouvelle porte à l'extrémité du conduit sud, qui part de la chambre de la reine, dans la grande pyramide de Khéops.

Le 18, début de la construction de l'oléoduc qui reliera, sous contrôle américain, Bakou (Azerbaïdjan) à la Turquie. Un choix stratégique.

Sanglante rébellion en Côte d'Ivoire

Abidjan, vendredi 20
Les dernières poches de résistance seront nettoyées, a affirmé Laurent Gbagbo dès son retour précipité à Abidjan après la tentative de coup d'Etat qui a secoué hier la capitale ivoirienne. Le président Gbagbo se trouvait alors en Italie. La rébellion aurait été fomentée par le général Robert Gueï, ancien chef de la junte militaire qui dirigea le pays durant dix mois, en 1999-2000. Il a trouvé la mort dès le début des opérations, dans des circonstances non encore élucidées. Mais, si Abidjan semble à l'heure actuelle sous contrôle, il en va tout autrement dans le nord du pays, où les villes de Bouaké et de Korhogo seraient passées entre les mains des mutins. Laurent Gbagbo refuse toutefois le terme même de « mutinerie » : il évoque un complot fomenté de l'étranger, désignant de façon implicite le Burkina Faso. La France n'envisage pas, aujourd'hui, de faire intervenir ses forces basées en Côte d'Ivoire.

A Abidjan, la tentative de coup d'Etat aurait fait environ trois cents victimes.

Le drapeau israélien hissé à la Mouqata'a

Ramallah, samedi 21
Pour le vice-ministre de la Défense israélien Weizman Shiri, le nouveau siège de la Mouqata'a n'a pour but que d'obliger Yasser Arafat à s'en aller « de lui-même ». C'est à la suite de deux attentats suicides perpétrés par le Hamas en Israël, mercredi et jeudi derniers, qu'Ariel Sharon s'est lancé dès jeudi dans cette opération contre le quartier général d'Arafat. Les bâtiments qui avaient échappé aux précédentes attaques sont tous détruits, à la seule exception de celui où est resté retranché le président de l'Autorité palestinienne. Mais ce bâtiment est aujourd'hui totalement investi par les soldats israéliens, qui ont grimpé jusqu'à la terrasse pour y arracher le drapeau palestinien et lui substituer celui de l'Etat hébreu. Condamnée par Paris et critiquée par Washington, l'opération aura eu pour effet de rendre à Yasser Arafat une popularité qui était en train de s'écorner en Palestine même.

Les militants gaullistes sabordent le RPR

Villepinte, samedi 21
Fondé en décembre 1976 dans le but de porter Jacques Chirac à l'Elysée, le RPR n'est plus. Ses militants ont accepté, à 86,51 %, la fusion du parti gaulliste dans l'UMP, l'Union pour la majorité présidentielle, dans une ambiance résolument festive. Outre Bernadette Chirac, le plus applaudi a été Nicolas Sarkozy, qui a réclamé que personne ne « se sente écarté, mis de côté, ignoré, humilié » dans la nouvelle formation. Alain Juppé, appelé à prendre la tête de l'UMP, a assuré que l'idéal gaulliste serait respecté, puis a lancé une pique au ministre de l'Intérieur, qui avait, en 1995, soutenu Edouard Balladur, en glissant qu'il avait, lui, toujours été fidèle à Jacques Chirac.

Fischer sauve Schröder

Berlin, dimanche 22
Les élections législatives allemandes ont reconduit la majorité formée par les sociaux-démocrates (SPD) et les Verts. De justesse : elle disposera au Bundestag de 306 sièges sur 603, ce qui lui imposera une discipline des plus strictes. En effet, le chancelier Gerhard Schröder (SPD) doit cette courte victoire à l'excellent score des Verts emmenés par son ministre des Affaires étrangères Joschka Fischer (8,6 % des suffrages), qui a su jouer de la crise irakienne pour flatter le pacifisme de ses compatriotes. La coalition conservatrice conduite par Edmund Stoiber a payé cher le recul de ses alliés libéraux.

Le 22, à Los Angeles, Jennifer Aniston (avec son mari Brad Pitt) reçoit l'Emmy Award de la meilleure actrice dans une comédie pour le rôle de Rachel Green dans *Friends*, également sacrée meilleure série comique.

Ils ont aussi marginalisé les néocommunistes du PDS (deux députés seulement).

Septembre

Lu	Ma	Me	Je	Ve	Sa	Di
						1
2	3	4	5	6	7	8
9	10	11	12	13	14	15
16	17	18	19	20	21	22
23	24	25	26	27	28	29
30						

Gujarat (Inde), mardi 24
L'attaque d'un temple hindou par des islamistes fait au moins 30 morts à Gandhinagar.

Union européenne, mardi 24
La compagnie à prix cassés Ryanair devient le n° 1 du transport aérien européen par sa capitalisation boursière devant Lufthansa, British Airways et Air France.

France, mercredi 25
Sortie de *Corto Maltese, la Cour secrète des arcanes*, film d'animation français de Pascal Morelli, d'après Hugo Pratt.

Washington, mercredi 25
Condoleezza Rice, conseillère du Président pour la sécurité, affirme que l'Irak a conseillé la Qaida pour la fabrication d'armes chimiques.

Bouaké (Côte d'Ivoire), jeudi 26
Les mutins acceptent une trêve pour permettre l'évacuation des ressortissants français.

France, jeudi 26
Jean-Pierre Raffarin est le 1er invité de « 100 minutes pour convaincre », nouvelle émission politique de France 2.

France, vendredi 27
Parution du *Journal interrompu* de Sylviane Agacinski, épouse de Lionel Jospin.

Etats-Unis, vendredi 27
Le virus du Nil a fait 116 morts. 2 239 personnes sont infectées.

Abidjan, samedi 28
En vertu d'accords de défense bilatéraux, la France accepte de fournir une aide logistique aux forces armées ivoiriennes.

Madrid, dimanche 29
L'Espagnol Aitor Gonzalez remporte le Tour d'Espagne cycliste.

Indianapolis, dimanche 29
Rubens Barrichello remporte le GP de F1 des Etats-Unis.

DECES

Villejuif, mardi 24
Jacques Borel, écrivain, prix Goncourt 1965 (17.12.1925).

Créteil, mardi 24
Joffre Dumazedier, sociologue (*30.12.1915).

Thonon-les-Bains, samedi 28
Maurice Novarina, architecte (*28.6.1907).

2 950,50 — 28,83 $ — € 0,9759 $

Aider les immigrés sans les héberger

Paris, lundi 23
Les évêques des huit diocèses d'Ile-de-France, dont le cardinal Lustiger, souhaitent que soit mis un terme aux occupations d'églises par ceux qu'ils appellent « migrants sans papiers », et qui ont adopté cette manière de sensibiliser l'opinion publique à leur situation au milieu des années 1990. Ils exigent le « respect du caractère religieux des lieux où les chrétiens se rassemblent en vue de la prière », ce qui ne signifie pas, bien au contraire, que l'Eglise se désintéresse de leur sort. Elle demande par exemple aux fidèles de les aider à constituer leurs dossiers de demande d'asile.

La politique de Bush critiquée par Al Gore

San Francisco, lundi 23
Le rival malheureux de George W. Bush à l'élection présidentielle s'est rappelé au bon souvenir de ceux qui le croyaient politiquement enterré. Dans un discours qui ressemblait à un réquisitoire, Al Gore a critiqué point par point la politique menée par la Maison Blanche à l'égard de l'Irak. Il l'a notamment accusée de « dilapider » le capital de sympathie dont avaient bénéficié les Etats-Unis après le 11 septembre 2001 et, par sa doctrine unilatéraliste, de rendre vaine la lutte contre le terrorisme. Alors que, selon l'ancien candidat démocrate, celle-ci exigerait le ferme soutien de nombreux pays.

Risqué d'insulter Roselyne Bachelot !

Paris, mardi 24
« Etre agressée par des cons, c'est pour moi une délectation. » Du tac au tac, la réponse de la bergère au berger est parue ce matin dans les colonnes de *Libération*. La bergère, c'est Roselyne Bachelot, la ministre de l'Ecologie et du Développement durable. Le berger, c'est Christophe Alévêque. Vendredi, sur Europe 1, ce dernier s'en était pris avec une rare grossièreté au sex-appeal du ministre. C'était dans l'émission de Laurent Ruquier qui, entre-temps, a su s'excuser. Avec des fleurs.

Les Bourses continuent leur dégringolade

La Bourse de Londres n'échappe pas au repli général de toutes les places.

Paris, mardi 24
Pour la neuvième séance de suite, la Bourse de Paris, qui avait déjà vu, jeudi dernier, le Cac 40 clôturer sous les 3 000 points, a terminé la journée sur une baisse, à 2 742,81 points. Le Cac revient ainsi au niveau qui était le sien en novembre 1997, alors que, dans l'euphorie spéculative qui avait suivi, basée sur le développement du secteur des nouvelles technologies, il avait culminé à 6 922,33 points en septembre 2000. L'hémorragie, qui affecte toutes les Bourses, n'est donc pas née le 11 septembre 2001, mais résulte de plusieurs causes, telles la baisse des perpectives de croissance, la purge de la bulle spéculative, et une perte de confiance globale après les scandales du type Enron.

Intervention de la France en Côte d'Ivoire

Abidjan, mercredi 25
La situation demeure toujours aussi confuse en Côte d'Ivoire. Ce matin à Abidjan, des manifestants proches du président Gbagbo se sont massés devant l'ambassade de France et ont réclamé qu'on leur livre l'opposant Alassane Ouattara qui y avait trouvé refuge. Ils l'accusent d'être l'un des instigateurs de la rébellion. Bien sûr la France n'a pas cédé. D'autant que Laurent Gbagbo demandait, dans le même temps, l'aide militaire de la France pour faire face à ce qu'il dit être une agression étrangère. Paris n'a pas répondu mais, dans la soirée, les soldats français ont exfiltré 160 enfants étrangers de Bouaké.

Le 25, à Nankin (Chine), l'équipe féminine américaine de basket a livré un difficile combat contre les Russes (79-74), en finale du championnat du monde, pour conserver son titre. La France termine à la huitième place.

Sharon cède à la pression des Américains

Manifestation à Damas pour dénoncer l'occupation de la Palestine par Israël.

Ramallah, dimanche 29
C'est une coïncidence dont Israël se serait passé : le jour où le deuxième anniversaire de l'Intifada était fêté dans les territoires palestiniens ainsi que dans d'autres pays arabes, Ariel Sharon ordonnait à ses troupes de se retirer des abords de ce qui reste de la Mouqata'a, sans avoir pu faire céder Arafat. Israël exigeait que le vieux président palestinien lui livre une vingtaine d'hommes accusés de terrorisme. En fait, c'est Sharon qui a cédé aux injonctions américaines : le Président George W. Bush et sa conseillère Condoleezza Rice lui ont fait comprendre que le siège du QG d'Arafat les gênait pour convaincre le Conseil de sécurité de se décider à agir contre l'Irak.

Le *Joola* coule sous le poids des passagers

Le ferry sénégalais avait été remis en service le 10, après un an de réparations.

Dakar, dimanche 29
Ce soir, le premier bilan officiel de la catastrophe du *Joola* fait état de 970 morts et 64 rescapés. Chiffres auxquels il faut sans doute ajouter un nombre probablement important de passagers clandestins. Orgueil de la flotte sénégalaise, ce ferry était un lien économique vital entre Dakar et la Casamance, péninsule séparée du pays par la Gambie. D'ailleurs, c'est au large de ce pays qu'il a fait brutalement naufrage, dans la nuit de jeudi à vendredi. De mauvaises conditions météorologiques y furent certes pour quelque chose. Mais la raison majeure ne fait aucun doute : conçu pour 550 passagers, le *Joola* en transportait le double. Un deuil national a été décrété.

Forte progression des islamistes au Maroc

Marrakech, dimanche 29
Deux jours après le scrutin législatif de vendredi, les résultats indiquent une poussée du seul parti islamiste autorisé. Le Parti de la justice et du développement (PJD) d'Abdelkrim Khatib triple le nombre de ses élus (il passe de 14 à 42 sièges) et devient la 3e force du pays derrière l'USFP du Premier ministre sortant, Abderrahmane Youssoufi, et l'Istiqlal (nationaliste). Les Etats-Unis et la France se sont félicités de la tenue de ces élections, le premier scrutin libre organisé au Maroc depuis son indépendance en 1956. Les femmes n'ont pas été oubliées : trente d'entre elles siégeront à l'Assemblée.

Premier procès pour des proxénètes de l'Est

Toulouse, lundi 30
Les trois hommes qui figurent dans le box des accusés risquent 20 ans de réclusion criminelle et 3 millions d'euros d'amende. La cour d'assises de Haute-Garonne va les juger pour le crime de « proxénétisme aggravé en bande organisée ». Une première en France pour un réseau mafieux de l'Est. Les trois Bulgares, dont les frères Igov, ont été confondus par les témoignages de trois prostituées. L'une d'elles, Galina Valkova, âgée de 26 ans, a raconté comment elle avait été droguée, enlevée, battue et placée sur le trottoir, transformée en esclave par ses proxénètes, qui ne lui laissaient rien de ses gains.

Un séisme surprend toute la Bretagne

Bretagne, lundi 30
A 8 h 44, un séisme d'une amplitude de 5,5 sur l'échelle de Richter, dont l'épicentre était situé à Hennebont, au nord-est de Lorient (Morbihan), a été ressenti dans toute la Bretagne durant une quinzaine de secondes. Une réplique de plus faible intensité est intervenue à 12 h 06, sans faire non plus de victimes. Seuls de légers dégâts ont été recensés, comme cela avait déjà été le cas le 2 janvier 1959 à Quimper, et le 9 janvier 1930 au nord du golfe du Morbihan, région connue pour sa sismicité.

Le 25, à Paris, Luc Plamondon présente sa nouvelle comédie musicale, *Cindy-Cendrillon 2002*, avec, de gauche à droite, Laam dans le rôle-titre, Patsy Gallant (la belle-mère), et Assia et Carine (les demi-sœurs).

Les Anglais feront porte-avions à part

Londres, lundi 30
Les Britanniques ont annoncé que leurs deux nouveaux porte-aéronefs seraient dotés d'une version STOVL (à décollage court et à atterrissage vertical) du F-35 américain, le JSF (« Joint Strike Fighter ») qui soulève des controverses aux Etats-Unis. Le choix de Londres enterre le projet de construire ces deux bâtiments en très large symbiose avec le deuxième porte-avions français. Qui sera donc de conception tout à fait différente, devant accueillir des Rafale et non des avions de type STOVL.

L'automobile fait toujours rêver

Alors que la croissance et la consommation incitent les prévisionnistes à la prudence, sinon au pessimisme, l'industrie automobile affiche un grand sourire qui n'est pas seulement de façade. De fait, le Mondial de l'Automobile, qui s'est déroulé du 28 septembre au 13 octobre à Paris, a révélé des tendances presque paradoxales, en ces temps de morosité économique. Un premier chiffre d'abord : avec 1 447 000 visiteurs, le Mondial a battu tous les records de fréquentation. Ce qui prouve que l'automobile reste le plus cher objet du désir des consommateurs… Un second chiffre ensuite : pas moins de 52 nouveaux modèles y ont été présentés. Ce qui confirme que les industriels croient à la reprise, au moins à partir de 2003. Avec beaucoup de conviction chez les Français et les Japonais, avec plus de circonspection chez les Allemands.

Mais si ce Mondial a eu un aussi grand succès public, et s'il a attiré autant de journalistes (plus de 10 500, dont 56 % d'étrangers), c'est que la nouveauté y était largement placée sous le signe du luxe, du prestige et de la puissance. Les constructeurs, manifestement, ont parié sur le haut de gamme pour renforcer leur image et tirer l'ensemble d'une production très diversifiée, où l'on note par exemple de plus en plus de monospaces : rien que pour la France, le Mondial a pu faire découvrir l'Espace IV de Renault, la 807 de Peugeot et le C8 de Citroën ! Et, pour rester sur le thème de la diversification, on aura également observé une progression irrésistible des moteurs Diesel, même chez les sportives : par exemple l'Audi A4 cabriolet ou, de façon plus significative encore, le coupé sport Mercedes C 30 CDI.

Les plus belles ? Les visiteurs avaient l'embarras du choix ! Chez les Allemands, ils ont pu apprécier la sécurité alliée à la puissance et à l'innovation technologique : la superbe BMW Z4 ou la Porsche Cayenne, un étonnant 4x4 capable de pointes à 266 km/h, en fournissaient la démonstration. Mais les Français étaient loin d'être ridicules, avec la dernière Mégane de Renault ou la très prometteuse 307 CC de Peugeot, un fin cabriolet quatre places. Mais pour tous ceux qui rêvent à l'automobile comme à une œuvre d'art, et pour qui la puissance et la vitesse sont l'expression d'un style de vie aristocratique, les stands italiens restaient incontestablement les plus recherchés. Comment ne pas « craquer » devant la Maserati Cambiocorsa, la Ferrari Enzo ou les Giugiaro que présentaient deux sculpturales hôtesses aux tenues très légères, la Lituanienne Jolanta et la Polonaise Alexandra ?

4

5

6

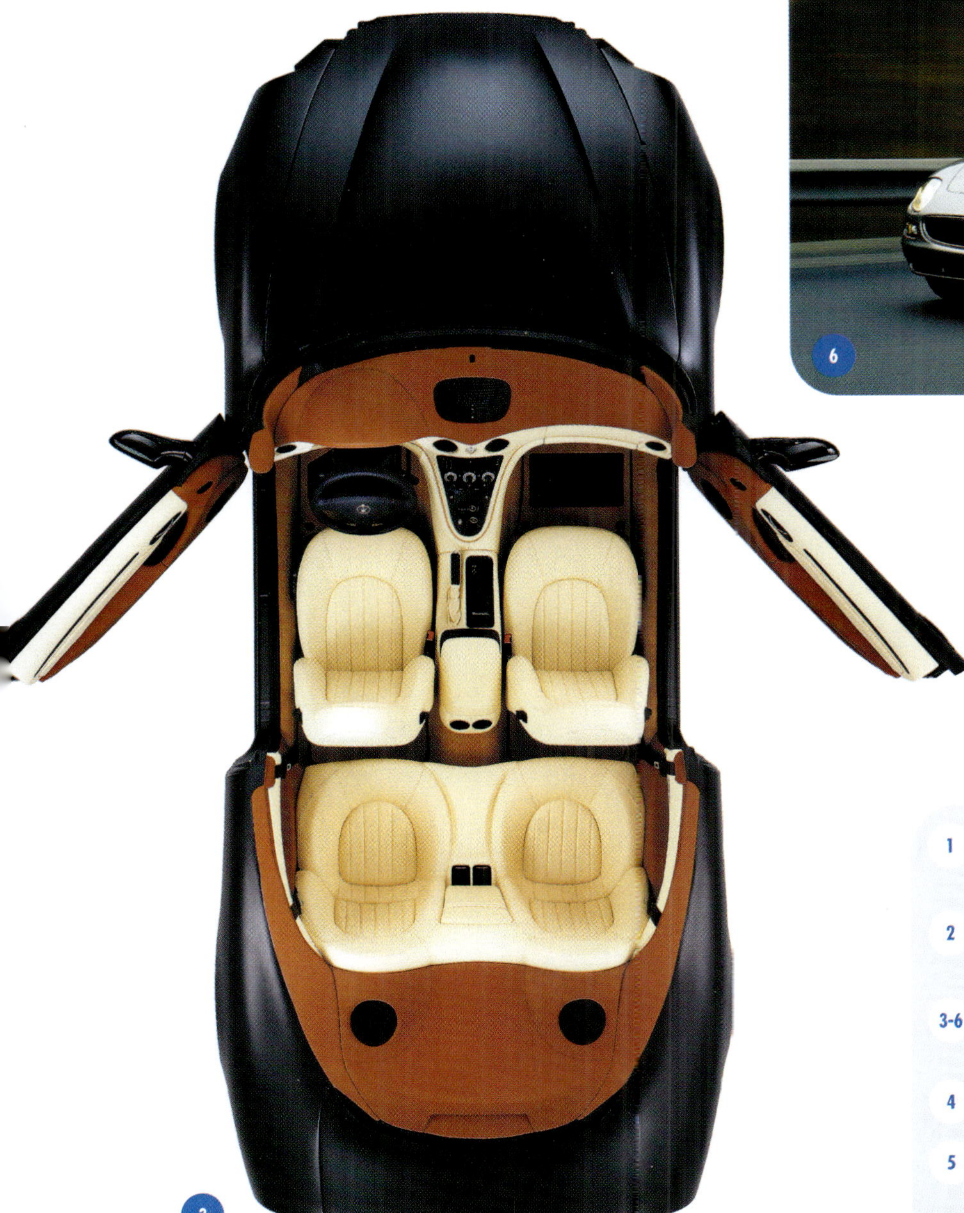

3

7

1 La Smart Cabrio passion (DaimlerChrysler), petits espaces mais grand plaisir

2 La Citroën C3 Pluriel Cabriolet, modulable selon les humeurs

3-6 Maserati a sorti un coupé de luxe. Intérieur et extérieur dignes du nom

4 Ferrari propose son modèle Enzo

5 Autre nouveauté de DaimlerChrysler, la Smart Roadster, plus luxueuse et sportive

7 Porsche crée la surprise avec son 4x4, le Cayenne S

Octobre

Lu	Ma	Me	Je	Ve	Sa	Di
	1	2	3	4	5	6
7	8	9	10	11	12	13
14	15	16	17	18	19	20
21	22	23	24	25	26	27
28	29	30	31			

Paris, mardi 1er
Première du *Petit Prince*, comédie musicale de Richard Cocciante, d'après l'œuvre d'Antoine de Saint-Exupéry.

Paris, mardi 1er
Canal + conclut la vente de Telepiu à Rupert Murdoch pour 900 millions d'euros.

Vatican, mardi 1er
Un miracle est attribué à mère Teresa : la guérison de Monica Besra, atteinte d'une tumeur à l'abdomen.

Dakar, mardi 1er
Démission des ministres des Transports et de la Défense après le naufrage du *Joola*.

Paris, mercredi 2
Thierry Breton est nommé P-dg de France Telecom.

Paris, mercredi 2
La France lève l'embargo sur le bœuf britannique.

Londres, mercredi 2
Robbie Williams signe avec EMI un contrat de 125 millions d'euros, le plus important de toute l'histoire après celui de Michael Jackson avec Sony.

Paris, jeudi 3
Waldemar et Ewa Wojcik sont remis en liberté.

Turquie, jeudi 3
La peine de mort contre Abdullah Ocalan est commuée en réclusion à perpétuité.

Tunis, vendredi 4
Football : Roger Lemerre devient sélectionneur de l'équipe nationale de Tunisie.

Etats-Unis, vendredi 4
La cour fédérale d'Alexandrie condamne John Walker Lindh à 20 ans de prison pour avoir pris les armes contre les troupes américaines en Afghanistan.

Los Angeles, vendredi 4
Philip Morris est condamné à payer 28 milliards de dollars de dommages et intérêts à une femme atteinte d'un cancer des poumons.

Auckland, dimanche 6
Peugeot remporte son 3e titre mondial des rallyes d'affilée.

DECES

Paris, samedi 5
Brigitte Massin, musicologue et critique musicale (*21.7.1927).

2 765,90 — 28,23 $

€ 0,9825 $

Le petit Jakob a été tué par son ravisseur

Francfort, mardi 1er
Le corps de Jakob von Metzler a été retrouvé au fond d'un plan d'eau, à 60 km de Francfort, seulement vêtu de ses sous-vêtements et portant des traces de strangulation. Cet enfant de 11 ans, héritier d'une famille de riches banquiers de Francfort, avait été kidnappé vendredi dernier, alors qu'il revenait de l'école. En accord avec la police locale, une rançon de 1 million d'euros avait été remise à son ravisseur. L'auteur du rapt avait ensuite été identifié et mis sous les verrous : un étudiant en droit âgé de 27 ans, Magnus Gaefgen. C'est lui qui a d'ailleurs indiqué l'endroit où se trouvait le cadavre de l'enfant. Il a été inculpé de meurtre.

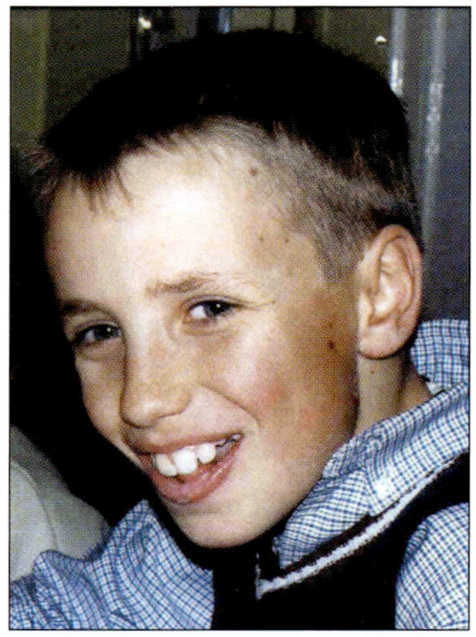

Un des derniers portraits de l'enfant.

Un sniper américain terrorise la capitale

Washington, jeudi 3
La capitale fédérale vit dans la peur. Depuis hier soir, cinq habitants ont été tués par un tireur embusqué qui paraît choisir ses victimes au hasard. Il vise la tête et n'a besoin que d'une balle pour faire mouche. La police recherche une camionnette blanche, le seul indice dont elle dispose pour l'heure. Tous ont été abattus dans des lieux publics : James Martin sur le parking d'un supermarché, James Buchanan devant sa maison, Sarah Ramos sur un banc, Lori Lewis et Premkumar Walekar à des stations-service, et, ce soir, Pascal Charlot sur un trottoir de la ville.

André Delvaux a rejoint le monde du rêve

Valence (Espagne), vendredi 4
Le cinéaste belge André Delvaux est mort ce soir d'une crise cardiaque, alors qu'il venait de prononcer un discours à un colloque mondial sur l'art, à Valence. Né le 21 mars 1926 à Héverlé, près de Louvain, Delvaux s'était imposé dès *l'Homme au crâne rasé* (1966) comme un réalisateur de premier plan. Son univers, situé aux lisières du réel et du rêve, trouvera des développements fascinants dans *Un soir, un train* (1968), *Rendez-vous à Bray* (1971, d'après Julien Gracq) ou dans *Belle* (1973). Son style très personnel parut un peu affaibli dans *l'Œuvre au noir* (1988), adaptation soignée mais sans mystère du roman célèbre de Marguerite Yourcenar.

Il était le maître du cinéma belge.

Les Vitrollais disent adieu aux Mégret

Vitrolles, dimanche 6
Catherine Mégret a perdu la mairie de Vitrolles. La liste conduite par le socialiste Guy Obino a repris la ville avec 54,05 % des voix. Le scrutin de 2001 avait été invalidé par le Conseil d'Etat. Depuis sa création en 1999, le Mouvement national républicain de Bruno Mégret, né d'une scission avec le Front national, n'a pas réussi à s'imposer : 3,28 % aux européennes de 1999, 2,34 % à la présidentielle, 1 % aux dernières législatives, le sort du MNR semble scellé. Lâché par ses principaux cadres, Mégret doit de plus faire face à un endettement estimé à 2,75 millions d'euros.

Le 1er au Palais des Sports, à Paris, première de *C'était Bonaparte*, grand spectacle de Robert Hossein avec le comédien belge Fabrizio Rongione.

Le 2, sortie française de *Minority Report*, de Steven Spielberg, avec Tom Cruise, d'après une nouvelle de Philip K. Dick.

Le maire de Paris passe à côté de la mort

Paris, dimanche 6
La 1re Nuit blanche organisée par la mairie de Paris a tourné au drame. Alors que les Parisiens assistaient à des spectacles artistiques nocturnes, un homme a profité de la fête qui se déroulait dans les salons de l'Hôtel de Ville pour poignarder Bertrand Delanoë, qui a été opéré en urgence à la Pitié-Salpêtrière. Si ses jours ne sont pas en danger, les importantes lésions abdominales vont nécessiter une hospitalisation d'au moins une semaine. Interrogé par les policiers de la Brigade criminelle, Azedine Berkane, déjà connu pour différents délits, a tenu des propos confus. Il dit haïr la société, les politiciens et les homosexuels.

Victime d'un agresseur drogué.

Le prince consort des Pays-Bas est décédé

Amsterdam, dimanche 6
Atteint de la maladie de Parkinson, le prince consort des Pays-Bas Claus est décédé à l'Academisch Medisch Centrum d'Amsterdam, terrassé par une infection pulmonaire. Qualifié de « grand homme » par le Premier ministre Jan Peter Balkenende, qui lui a rendu dès ce soir hommage à la télévision, il avait 76 ans. Né le 5 septembre 1926 dans une famille de l'aristocratie allemande, Claus von Amsberg avait fait carrière dans la diplomatie avant d'épouser en 1966 la princesse Beatrix, fille et héritière de la reine Juliana. Lorsque Beatrix ceindra la couronne, en 1980, Claus sera très actif sur la scène culturelle mais aussi diplomatique.

Un diplomate devenu altesse royale.

Le fondateur de l'Opus Dei est canonisé

Mgr Josémaria Escriva de Balaguer.

Vatican, dimanche 6
Mort en 1975, béatifié en mai 1992, Josémaria Escriva de Balaguer a été élevé au rang de saint par le pape Jean-Paul II. 300 000 personnes ont assisté à la messe de canonisation de celui qui, en 1928, alors qu'il n'était âgé que de 26 ans, fonda en Espagne l'Opus Dei (l'Œuvre de Dieu), dans le but de réunir des laïcs chrétiens afin de les amener à tendre vers la sainteté à travers tous les actes de la vie quotidienne. Erigée en prélature personnelle par Jean-Paul II, lors de la réforme du Code de droit canon de 1982, l'institution, dont le poids politique est sujet à des polémiques, regroupe aujourd'hui 80 000 fidèles laïcs et 1 200 prêtres.

Un pétrolier français en feu au Yémen

La piste de la Qaida est privilégiée.

Yémen, dimanche 6
Il était 9 h 15 (heure locale) ce matin dans le golfe d'Aden, au large des côtes du Yémen, quand une petite embarcation s'est dirigée à grande vitesse vers le *Limburg*, un pétrolier géant français chargé de 56 000 t de brut. Une explosion a aussitôt suivi, provoquant dans la double coque du bâtiment une importante déchirure et déclenchant un violent incendie. Les 25 marins ont pu échapper aux flammes en se jetant à l'eau, mais on déplore 12 blessés et un disparu. La thèse de l'attentat suicide est la plus largement évoquée, notamment par Hubert Ardillon, commandant du *Limburg*, même si les autorités yéménites restent prudentes.

Le 2, à Paris, remise en service du trottoir roulant rapide (9 km/h) à la station de métro Montparnasse, après une interruption de 2 mois.

Le 3, Eva, de « Star Academy », défile, à Paris, pour le couturier Torrente, ainsi que Jenifer l'avait déjà fait l'année dernière.

Le 3, l'abbé Pierre, qui a eu 90 ans le 5 août dernier, fête officiellement son anniversaire à Neuilly-Plaisance, où il a fondé en 1949 la communauté d'Emmaüs. Il appelle à « la guerre à la pauvreté et non aux pauvres ».

Octobre

Lu	Ma	Me	Je	Ve	Sa	Di
	1	2	3	4	5	6
7	8	9	10	11	12	13
14	15	16	17	18	19	20
21	22	23	24	25	26	27
28	29	30	31			

Paris, lundi 7
Azedine Berkane est mis en examen pour tentative d'assassinat et écroué à Fleury-Mérogis.

France, lundi 7
Diffusion sur France 2 du premier des quatre épisodes de *Napoléon*, avec Christian Clavier dans le rôle-titre.

Koweït, mardi 8
Un marine est tué et un autre blessé par deux assaillants non identifiés.

Virginie, mercredi 9
Le tireur embusqué fait sa 7e victime : Dean Harold Meyers, abattu dans une station-service à 50 km au sud de Washington.

Irigny, jeudi 10
Un convoyeur de fonds est tué dans l'attaque d'un fourgon de la Brink's au lance-roquettes.

Strasbourg, jeudi 10
Inauguration du pont Pierre-Pflimlin sur le Rhin.

Marseille, jeudi 10
Robert Louis-Dreyfus, patron de l'OM, rachète à KirchMedia les droits de retransmission du Mondial de football 2006.

Yémen, jeudi 10
La thèse de l'attentat contre le *Limbourg* est confirmée.

Vantaa (Finlande), vendredi 11
Un attentat suicide commis par un étudiant en chimie fait sept morts, dont le jeune homme, dans un centre commercial. Son mobile est inconnu.

Paris, vendredi 11
L'entarteur belge Noël Godin est condamné à 800 euros d'amende pour s'en être pris à Jean-Pierre Chevènement.

Saint-Denis, samedi 12
Football : la France bat la Slovénie (5-0) en éliminatoires de l'Euro 2004.

Zolder, dimanche 13
L'Italien Mario Cipollini est sacré champion du monde de cyclisme sur route.

Suzuka, dimanche 13
Michael Schumacher remporte le GP de F1 du Japon.

DECES

Californie, samedi 12
Ray Conniff, tromboniste (*6.11.1916).

2 902,27 — 27,96 $ — € 0,9860 $

L'ami éconduit l'a immolée par le feu

Paris, mardi 8
Jamel D. a avoué. Vendredi dernier, c'est bien lui qui a aspergé d'essence Sohane, une jeune fille de 17 ans, dans le local à poubelles de la cité Balzac de Vitry-sur-Seine. Mais il ne voulait pas la tuer. Juste lui faire un peu mal et très peur. Sauf qu'il a jeté son briquet allumé sur elle, et qu'elle est morte à son arrivée à l'hôpital. Elle avait pour seul tort de l'avoir quitté après une liaison de six mois. Jamel, âgé de 19 ans, a été identifié grâce aux brûlures pour lesquelles il s'était fait hospitaliser. Toujours en soins intensifs à Cochin, il a été mis en examen pour assassinat.

Inexplicable rechute pour Patrick Henry

Valence (Espagne), mercredi 9
Dominique Perben, le ministre de la Justice, n'a pas traîné. Il a demandé à l'Espagne l'extradition de Patrick Henry. L'assassin du petit Philippe Bertrand a été arrêté samedi soir au péage autoroutier de Sagunto. Dans le coffre de sa voiture, les policiers ont trouvé 10 kilos de haschisch. Il a reconnu être allé se les procurer à Tanger, au Maroc. Remis en liberté conditionnelle en mai 2001, Patrick Henry ne manquait pas d'argent. En plus de son salaire de 1 100 euros, il venait de toucher 100 000 euros de son éditeur. Celui-ci a annoncé que la parution du livre était reportée.

De l'Europe des 15 à l'Europe des 25

Bruxelles, mercredi 9
La Commission européenne a fait le pas décisif pour l'élargissement de l'Union en donnant son feu vert à l'adhésion de dix nouveaux pays en 2004 : la République tchèque, Malte, la Pologne, la Hongrie, Chypre, la Slovaquie, la Lituanie, l'Estonie, la Slovénie et la Lettonie. Une clause de sauvegarde mettra toutefois sous surveillance probatoire ces dix Etats pendant deux ans. Cet élargissement reste suspendu à la ratification du traité de Nice par les Irlandais, qui sont appelés à se déterminer le 19 octobre par référendum. (→ 14.12)

Fiat appelle l'Etat italien à son secours

Depuis un an, le titre Fiat a perdu plus de 50 % à la Bourse de Milan.

Rome, mercredi 9
C'est pour la direction de Fiat une question de survie. Faute d'avoir su se restructurer à temps, faute aussi d'avoir redéployé sa production en fonction de l'évolution du marché, le groupe automobile italien est au bord de la catastrophe. Avec un net recul de ses parts de marché et des pertes qui pourraient atteindre cette année 800 millions d'euros. Aussi la direction a-t-elle annoncé la mise au chômage technique de 7 600 salariés pour un an, ainsi que le départ de 500 autres en préretraite. Certaines usines pourraient être fermées. Pour financer ce plan social, Fiat a fait appel à l'Etat, en lui demandant de bénéficier de l'aide publique prévue en cas d'« état de crise ».

Bordeaux fait la chasse à la prostitution

Bordeaux, mercredi 9
Le tribunal correctionnel n'a pas fait de jaloux : les huit prévenus, quatre prostituées et quatre de leurs clients, ont été condamnés à une amende de 1 000 euros (dont 750 avec sursis) pour « exhibition sexuelle ». En juin et juillet, ils avaient été arrêtés alors qu'ils se livraient à des ébats dans des voitures stationnées sur la voie publique. Ce jugement, qui est une première, est la conséquence de la politique répressive décidée depuis le début de l'année par le maire de la ville, Alain Juppé, en accord avec le procureur de la République et le préfet de la Gironde, en raison de la prolifération de la prostitution à Bordeaux : 274 prostituées, dont 172 étrangères, y sont recensées.

Le 11, le sniper fait une 8e victime. Kenneth Bridges, 53 ans, est abattu dans une station-service de Fredericksburg, à 80 km de Washington.

Le recensement fait peur aux Russes

Moscou, mercredi 9
Pour la première fois depuis la chute du régime soviétique, la fédération de Russie entreprend de recenser sa population. L'opération, étalée sur une semaine, s'annonce ardue pour les 388 000 enquêteurs, qui doivent affronter la méfiance des habitants, encore marqués par le fichage de l'ère communiste. Une campagne de publicité a été menée pour mettre la population en confiance, y compris les clandestins, qui seraient près de 2,5 millions. Alexandre Tchelakine, vice-ministre de l'Intérieur, a promis qu'ils ne seraient pas inquiétés tant que le recensement serait en cours.

Des charters pour les clandestins roumains

Bucarest, jeudi 10
Cent vingt Tziganes roumains sont arrivés dans la capitale roumaine en provenance de Suisse, expulsés de la Confédération helvétique où ils se trouvaient en situation irrégulière. Quatre-vingts autres avaient déjà été rapatriés depuis le début du mois, et deux autres vols sont prévus dans les prochaines semaines. Selon l'accord signé entre la Roumanie et la Suisse, les rapatriés risquent d'être privés de leur passeport pour une durée de cinq ans, et encourent une peine de prison s'il est établi qu'ils ont passé la frontière de façon frauduleuse ou qu'ils possédaient de faux papiers.

Feu vert du Congrès américain contre l'Irak

Washington, jeudi 10
George W. Bush a reçu du Congrès les pleins pouvoirs pour lancer une attaque contre l'Irak. La Chambre des représentants (majoritairement républicaine) et le Sénat (à majorité démocrate) ont voté une résolution qui l'autorise à « recourir aux forces armées comme il le juge nécessaire et approprié », avec ou sans mandat de l'ONU. Le président américain a réussi à rallier à ses vues une bonne partie de l'opposition démocrate, et cela malgré l'hostilité violente de la frange la plus « gauchiste » du parti qui, par la voix de Dennis Kucinich, député de l'Ohio, a critiqué ce « vote de peur » qui permet désormais aux Etats-Unis d'« attaquer ceux qui ne les ont pas attaqués ».

Jimmy Carter reçoit le prix Nobel de la paix

Sydney Brenner, Robert Horvitz et John E. Sulston, prix Nobel de médecine pour leurs travaux sur la dégénérescence des cellules, liée notamment au sida.

Oslo, vendredi 11
Le comité norvégien a donné le prix Nobel de la paix à l'ancien président américain Jimmy Carter, qui ne fait aucun mystère de son hostilité aux orientations « impérialistes » de la Maison Blanche. Les autres prix ont été, comme de coutume, décernés à Stockholm : Nobel de médecine le 7 aux Britanniques Sydney Brenner et John E. Sulston, et à l'Américain H. Robert Horvitz ; Nobel de physique le 8 aux Américains Raymond Davis Jr., Riccardo Giacconi, ainsi qu'au Japonais Masatoshi Koshiba ; Nobel de chimie le 9 à l'Américain John B. Fenn, au Japonais Koichi Tanaka et au Suisse Kurt Wüthrich ; le même jour, Nobel d'économie à Vernon L. Smith et Daniel Kahneman (Etats-Unis). Et, hier, Nobel de littérature au Hongrois Imre Kertész.

Sarkozy n'interdira pas *Rose bonbon*

Paris, vendredi 11
Après avoir reçu Antoine Gallimard le 5 octobre, écouté ses arguments et pesé le pour et le contre, Nicolas Sarkozy a fait aujourd'hui savoir au P-dg des éditions Gallimard qu'il ne ferait pas jouer la loi de 1949 sur la protection des mineurs et que *Rose bonbon*, le roman de Nicolas Jones-Gorlin, ne ferait donc pas l'objet de l'interdiction réclamée par diverses associations. Le ministre a reconnu que *Rose bonbon*, dont le héros est un pédophile, n'incite nullement à la pédophilie. Il a invité cependant son éditeur à ne le vendre qu'« avec la plus grande circonspection ».

Liberté sous caution pour Edita Rumsas

Bonneville, vendredi 11
Il était 12 h 30 quand Edita Rumsas est sortie souriante de la prison de Bonneville (Haute-Savoie). Remise en liberté après le versement d'une caution de 20 000 euros, elle a été autorisée à aller rejoindre en Italie ses enfants et son mari, le coureur lituanien Raimondas Rumsas qui fit troisième au Tour de France. C'est le jour même de l'arrivée du Tour, le 28 juillet, qu'Edita Rumsas avait été interpellée à Chamonix : la jeune femme transportait dans sa voiture des produits dopants dont elle a nié qu'ils fussent destinés à son époux. Elle reste mise en examen.

Stéphanie s'explique sur la mort de Grace

Monaco, jeudi 10
Stéphanie de Monaco a décidé de rompre le silence. Vingt ans après la mort de sa mère, la princesse Grace, dans un accident de voiture survenu le 13 septembre 1982, elle a choisi *Paris Match*, *Bunte* et *Ola* pour faire définitivement taire les rumeurs qui lui prêtaient une responsabilité dans ce drame, suggérant qu'elle avait pu se trouver au volant. Stéphanie, qui avait alors 17 ans, s'en défend : « Je ne conduisais pas, c'est clair. » Elle a même « tout fait pour arrêter la voiture », en mettant le levier de la boîte en position « park »...

Le terrorisme répand la mort à Bali

Plus grand pays musulman du monde, l'Indonésie est un vivier de l'islamisme.

Bali, dimanche 13
Paradis pour touristes, l'île de Bali s'est muée hier en enfer, en fin de soirée, vers 23 heures. Une voiture piégée a explosé devant le Sari Club, une boîte de nuit de Kuta fréquentée par des vacanciers étrangers, pour la plupart australiens. L'explosion a été d'une violence telle que le Sari Club a été immédiatement la proie des flammes. Un premier bilan fait état de 190 morts (dont un Français) et de plus de 300 blessés. Tous les soupçons se portent sur la Jemaah Islamiyah, un mouvement islamiste indonésien notoirement rattaché au réseau de la Qaida.

Octobre

Lu	Ma	Me	Je	Ve	Sa	Di
	1	2	3	4	5	6
7	8	9	10	11	12	13
14	15	16	17	18	19	20
21	22	23	24	25	26	27
28	29	30	31			

Paris, lundi 14
Le ministre de l'Education nationale, Luc Ferry, estime qu'entre 21 % et 35 % des élèves entrant en sixième ne maîtrisent pas la lecture et l'écriture.

Grande-Bretagne, lundi 14
Londres suspend les institutions semi-autonomes d'Irlande du Nord. La province repasse sous administration britannique.

Falls Church, lundi 14
Linda Franklin, 47 ans, est tuée par le tireur embusqué alors qu'elle se trouvait sur le parking d'un centre commercial situé à 15 km de Washington.

Côte d'Ivoire, mardi 15
L'armée loyaliste reprend aux rebelles le principal centre cacaotier du pays : Daloa.

New Delhi, mercredi 16
L'Inde annonce le retrait d'une partie de ses troupes de la frontière indo-pakistanaise.

Malte, mercredi 16
Football : la France bat Malte (4-0) en match éliminatoire de l'Euro 2004.

Pays-Bas, mercredi 16
Démission du gouvernement en raison de divergences dans la coalition sur l'élargissement de l'Union européenne.

Washington, mercredi 16
Le budget de la Défense pour 2003 est fixé à 355,1 milliards de dollars (+ 12 %).

Houston, mercredi 16
Le cabinet Arthur Andersen est condamné à 500 000 dollars d'amende pour obstruction à la justice dans l'affaire Enron.

Indonésie, dimanche 20
Le bilan de l'attentat de Bali est de 187 morts et 96 disparus.

DECES

Munich, lundi 14
Norbert Schultze, compositeur de *Lili Marleen* (*26.1.1911).

Paris, mardi 15
Paul Paillole, chef du contre-espionnage militaire français de 1942 à 1944 (*18.11.1905).

Mexico, samedi 19
Manuel Alvarez Bravo, photographe (*4.2.1902).

Paris, dimanche 20
Bernard Fresson, acteur de théâtre, de télévision et de cinéma. (*27.5.1931)

3 156,99 — 27,85 $ — € 0,9710 $

La reine Elizabeth II renouvelle son affection au peuple canadien

Ottawa, lundi 14
C'est en sa qualité de chef de l'Etat canadien que la reine Elizabeth II vient d'y effectuer un séjour de onze jours marqué par une polémique sur le statut du pays, lancée, à l'arrivée de la souveraine, par le vice-Premier ministre, John Manley. Celui-ci a en effet estimé « qu'il serait préférable d'avoir une institution uniquement canadienne ». Une manière à peine détournée de dire que le temps de la monarchie lui paraît révolu. « Peu importe ce que l'avenir réserve, lui a indirectement répondu la reine au souper d'Etat donné hier soir en son honneur, mon admiration et mon affection pour le Canada resteront toujours claires, solides et sûres. »

Les Canadiens demeurent favorables au maintien du lien avec la Couronne.

Les 35 heures vont être assouplies

Paris, mardi 15
Par 373 voix contre 160, les députés ont adopté en première lecture la loi visant à assouplir les 35 heures. Le ministre du Travail, François Fillon, a fait preuve d'habileté en insérant dans un même texte l'harmonisation des Smic, qui permettra aux salariés concernés de voir leur fiche de paye augmenter, une baisse des charges, qui satisfait les entrepreneurs, et une augmentation du nombre d'heures supplémentaires (il passera de 130 à 180 heures). Le ministre estime que son texte ne remet pas en cause les 35 heures mais vise seulement à les adapter aux structures comme aux besoins économiques du pays.

Saddam Hussein plébiscité pour sept ans

A sa précédente élection en 1995, il n'avait eu « que » 99,96 % de oui...

Bagdad, mercredi 16
Ce matin, les résultats de l'élection présidentielle d'hier ont été donnés par Izzat Ibrahim, vice-président de la république d'Irak : 100 % de oui à un nouveau mandat de sept ans à la tête du pays pour Saddam Hussein, 100 % de votants sur 11,5 millions d'électeurs inscrits. Ces chiffres ont certes quelque chose de surréaliste, mais ils ne sont peut-être pas faux pour autant. Le problème est que les électeurs n'avaient pas le choix ou, du moins, le scrutin étant encadré par la police et les militants du Parti Baas, que nul ne pouvait prendre le risque de dire non à la candidature unique de Saddam Hussein. Car le secret des urnes n'est pas entré dans les mœurs en Irak.

La faim est toujours un fléau mondial

Rome, mardi 15
A la veille de la Journée mondiale de l'alimentation, l'Organisation des Nations unies pour l'alimentation et l'agriculture (FAO), dont le siège est à Rome, publie un rapport alarmant sur la faim dans le monde : environ 850 millions de personnes souffrent de malnutrition, la plupart dans le tiers monde. L'agronome sénégalais Jacques Diouf, directeur général de la FAO, estime qu'au rythme actuel des aides la réduction de moitié du nombre de sous-alimentés ne pourra être atteinte qu'en 2150 !

Le 14, le dernier film de Roberto Benigni, *Pinocchio*, pulvérise déjà tous les records de recettes en Italie. Sortie samedi, cette nouvelle adaptation du roman de Carlo Collodi a rapporté 9,5 millions d'euros en trois jours !

Jacques Chirac fait reculer Bush à l'ONU

New York, vendredi 18

Le recours automatique à la force contre l'Irak, au cas où la tâche des inspecteurs de désarmement serait entravée, était la base du projet de résolution présenté par Washington et Londres au Conseil de sécurité. Mais ce projet a été abandonné par George W. Bush, sous la pression de Jacques Chirac et Vicente Fox, le président mexicain. Un nouveau projet de résolution, qui devrait être prochainement présenté, prévoit un retour devant le Conseil de sécurité en cas de manquement de l'Irak et le vote éventuel d'un feu vert à une intervention militaire.

Cessez-le-feu fragile en Côte d'Ivoire

Les rebelles du MPCI n'ont pas pour autant renoncé à leurs revendications.

Abidjan, vendredi 18

Il est courant de qualifier de fragile un cessez-le-feu arraché aux forceps. Ce pourrait être le cas de celui qui, tout de même, ramène un espoir de paix en Côte d'Ivoire. Tuo Fozié, le chef du Mouvement patriotique de Côte d'Ivoire (MPCI), l'a signé hier, sous la pression de la Communauté économique des Etats d'Afrique de l'Ouest (Cedeao) et des événements : la rébellion nordiste a en effet subi des revers face à l'armée ivoirienne appuyée par des troupes angolaises. Quant au président Gbagbo, il l'a de son côté accepté cette nuit. Ce sont les soldats français qui sont chargés de le faire respecter.

L'Irlande dit oui à une Europe élargie

Dublin, samedi 19

Après la surprise du 8 juin 2001, qui avait vu 54 % des électeurs irlandais rejeter le traité de Nice et, par voie de conséquence, l'élargissement de l'Union européenne, la verte Erin a corrigé le tir au terme du nouveau référendum organisé ce samedi. Les résultats sont totalement inversés, et même plus, avec 62,89 % de oui. Il faut dire que les partis traditionnels, majorité et opposition réunies, ont mené une campagne beaucoup plus convaincante que l'an dernier et que le taux d'abstention s'est de ce fait considérablement réduit : ce sont du reste les anciens abstentionnistes qui ont fait la différence.

Kramnik à égalité avec Deep Fritz

Manama, samedi 19

Vladimir Kramnik a fait mieux que Garry Kasparov qui, en 1997, avait été largement battu par Deep Blue, le logiciel d'échecs d'IBM. Le match qui opposait le champion du monde russe à Deep Fritz, un surpuissant logiciel allemand capable de calculer environ 4 millions de combinaisons à la seconde, s'est soldé par un nul. Et encore Kramnik peut avoir bien des regrets : sans une grosse erreur à la cinquième manche (il y en a eu huit), il aurait pu l'emporter. Mais il n'est pas reparti les mains vides : il a reçu 800 000 dollars offerts par le roi de Bahreïn, qui avait organisé la rencontre dans sa capitale.

La francophonie est aussi une politique

Beyrouth, dimanche 20

La IXe Conférence des chefs d'Etat et de gouvernement des pays ayant le français en partage, dite sommet de la francophonie, s'est achevée à Beyrouth aujourd'hui avec l'élection d'Abdou Diouf, ancien président du Sénégal, comme secrétaire général de l'Organisation internationale de la francophonie (OIF). Il succède à l'Egyptien Boutros Boutros-Ghali. Ce sommet, marqué par la présence très active de Jacques Chirac, aura été plus politique que de coutume : la déclaration finale évoque en effet la crise irakienne en insistant sur le « rôle primordial de l'ONU ». Une pierre dans le jardin de Bush.

Le sniper laisse un deuxième message

Virginie, dimanche 20

Selon Charles Moose, le chef de la police du comté de Montgomery, le tireur embusqué a laissé hier soir un deuxième message. Une lettre signée du tueur aurait été découverte dans un bois d'Ashland (Virginie), où le sniper s'était dissimulé pour tirer sur un homme de 37 ans qui sortait d'un restaurant. Il l'a atteint d'une balle à l'abdomen, sans le tuer. Le lundi 7 octobre déjà, après avoir blessé un collégien âgé de 13 ans dans le Maryland, il avait déposé sur le lieu de son crime une carte de tarot. Elle représentait la mort et portait cette mention démente : « Cher policier, je suis Dieu. »

Le 16, le président égyptien Hosni Moubarak inaugure la Bibliothèque d'Alexandrie. Erigée près du site du bâtiment antique, incendié en 48 av. J-C., elle ambitionne d'abriter huit millions de volumes dans cinq ans.

Le 20, Expo 02, la 6e exposition nationale suisse, ferme ses portes. Elle a accueilli plus de dix millions de visiteurs durant 159 jours sur les sites (des « arteplages ») de Bienne, Morat, Neuchâtel et Yverdon-les-Bains.

Octobre

Lu	Ma	Me	Je	Ve	Sa	Di
	1	2	3	4	5	6
7	8	9	10	11	12	13
14	15	16	17	18	19	20
21	22	23	24	25	26	27
28	29	30	31			

Londres, lundi 21
La bourse verte tachée de sang que portait l'amiral Nelson à Trafalgar est adjugée 422 890 euros chez Sotheby's.

Israël, lundi 21
L'explosion d'une voiture au passage d'un autobus fait 14 morts au carrefour de Karkour.

Foix, mardi 22
José Bové est condamné à cent jours-amende pour le fauchage, en avril 2000, d'un champ de colza transgénique.

Etats-Unis, mardi 22
Le tueur embusqué fait sa 10e victime, Conrad Johnson, un chauffeur de bus tué à Aspen Hills (Maryland). (→ 24)

Washington, mercredi 23
Les Etats-Unis placent la Jemaah Islamiyah indonésienne sur la liste des organisations terroristes.

Italie, mercredi 23
Le chiffre d'affaires réalisé en 2001 par la Mafia par le racket des entreprises italiennes est estimé à 60 milliards d'euros.

Washington, samedi 26
500 000 personnes défilent contre la guerre contre l'Irak, la plus grande manifestation pacifiste depuis la guerre du Viêt-nam.

DECES

Montjoux (Drôme), lundi 21
François Soubeyran, un des Frères Jacques (*19.8.1919).

Tirana, mardi 22
Géraldine Zog, née Appony, ancienne reine d'Albanie, veuve du roi Ahmet Zog (*6.8.1915).

Siegsdorf, mercredi 23
Marianne Hoppe, comédienne (*26.4.1909).

Paris, vendredi 25
Christine Gouze-Rénal, sœur de Danièle Mitterrand, épouse de Roger Hanin, productrice de cinéma (*30.12.1914).

Bures-sur-Yvette, vendredi 25
René Thom, mathématicien et philosophe (*2.9.1923).

Londres, vendredi 25
Richard Harris, acteur irlandais (*1.10.1930).

Burbank, dimanche 27
André De Toth, cinéaste (*15.5.1912).

3 056,88 — 25,83 $

€ 0,9776 $

La Vierge avait-elle un deuxième fils ?

New York, lundi 21
Découverte archéologique appelée à bouleverser les fondements mêmes du christianisme, ou alors simple feu de paille ? La *Biblical Archeological Review* présente les conclusions du chercheur français André Lemaire, qui a découvert à Jérusalem un petit ossuaire de pierre du Ier siècle avec l'inscription en araméen : « Jacques, fils de Joseph, frère de Jésus. » Ce qui, si ce Jésus était bien le Christ, remettrait en question la « virginité perpétuelle » de Marie. Mais, outre le fait que « frère » pourrait désigner une parenté plus large, il n'y avait peut-être pas un seul Jésus frère de Jacques et fils de Joseph !

Le groupe Hachette en position de force

Paris, mercredi 23
Un simple communiqué de Vivendi est venu confirmer ce matin que le groupe Lagardère, qui possède déjà Hachette, va reprendre la branche édition de Vivendi, qui comprend notamment Larousse, Robert, Plon-Perrin, Nathan, Bordas, Pocket ou 10/18. Le montant de la transaction sera d'environ 1,25 milliard d'euros. Si l'opération permet à ces maisons de demeurer françaises, les éditeurs indépendants craignent l'hégémonie du groupe Hachette, qui possédera 80 % du scolaire, et contrôlera 70 % de la distribution des livres.

Succès européen du programme Erasmus

Bruxelles, jeudi 24
Destiné à favoriser la mobilité des étudiants européens, le programme Erasmus, mis en place en 1987, fête son millionième boursier. En quinze ans, le nombre de pays participant à cette opération de la Commission européenne est passé de 7 à 30 (les 15 pays de l'UE, plus 12 candidats à l'adhésion ainsi que la Norvège, le Liechtenstein et l'Islande). Chaque année, 120 000 étudiants reçoivent une bourse qui leur permet d'aller dans l'une des 1 800 universités où ils peuvent confronter leur culture avec celle des autres Européens.

Deux snipers arrêtés

John Lee Malvo, 17 ans, et John Allen Williams, alias Mohammad, 42 ans.

Maryland, jeudi 24
C'est fini. Le sniper a été arrêté. Il s'appelle soit John Allen Williams, soit John Lee Malvo. Car des deux hommes qui ont été interpellés sur une aire de repos à 75 kilomètres de Washington, on ne sait pas encore qui est le tueur. Vraisemblablement le premier, un vétéran de la guerre du Golfe âgé de 42 ans, converti à l'islam, et qui avait changé son nom de Williams en Mohammad. Celui qu'il présente comme son beau-fils, un gamin de 17 ans, est au minimum son complice. Ils auraient commis les dix meurtres pour de l'argent. La police a révélé qu'ils exigeaient dix millions de dollars. Les enquêteurs vont pourtant devoir s'expliquer : le 8 octobre, ils avaient arrêté Williams mais l'avaient relâché puis perdu. Il y avait déjà eu six meurtres. (→ 29)

Chirac et Blair s'accrochent sur l'agriculture

Bruxelles, vendredi 25
« On ne m'avait jamais parlé comme ça », aurait lancé vertement Jacques Chirac à Tony Blair, lui reprochant son « impolitesse ». L'incident s'est déroulé lors du sommet des Quinze qui vient de s'achever à Bruxelles. En réalité, la Grande-Bretagne a été prise de court par le rapprochement spectaculaire de l'Allemagne et de la France sur la PAC, le président de la République ayant convaincu le chancelier Gerhard Schröder de ne pas la réformer avant 2007, et aussi contesté les privilèges des Anglais. En 2007, les aides seront plafonnées et partagées avec les dix nouveaux Etats membres de l'UE.

Le 26, à Sölden (Autriche), le slalom géant comptant pour la Coupe du monde est remporté par trois skieuses dans le même temps : l'Autrichienne Nicole Hosp, la Norvégienne Andrinne Flemmen, la Slovène Tina Maze.

Prise d'otages meurtrière dans un théâtre russe

Moscou, samedi 26
L'assaut a été donné à l'aube par les forces spéciales russes. Un premier bilan fait état de 130 morts parmi les otages, et de 34 morts dans les rangs du commando tchétchène qui détenait en otages depuis mercredi soir 750 personnes dans un théâtre moscovite. Le deuxième acte de la comédie musicale *Nord Ost* venait de débuter quand des individus en armes ont surgi sur scène, tandis que des femmes, le corps ceint de barres d'explosifs, pénétraient dans la salle. Les terroristes, dirigés par Movsar Baraïev, abattu ce matin, exigeaient le retrait total des forces russes de Tchétchénie. Jeudi, une femme était abattue dans des circonstances non élucidées, tandis que 58 spectateurs étrangers étaient relâchés au fil des heures. Hier, Vladimir Poutine était apparu à la télévision pour déclarer qu'il était prêt « à tout contact » qui se révèlerait utile, les Tchétchènes ayant souhaité qu'un émissaire du président russe vienne s'entretenir avec eux. Il ne s'agissait en fait que de gagner du temps. Les conditions de l'intervention des forces spéciales restent obscures. Trois déflagrations ont été entendues vers 5 h 40, puis des coups de feu. Selon les autorités, les terroristes avaient commencé à abattre des otages. Il semble plutôt que les Spetznaz aient anticipé. Ils auraient d'abord aspergé la salle de spectacle d'un gaz incapacitant, puis donné l'assaut.

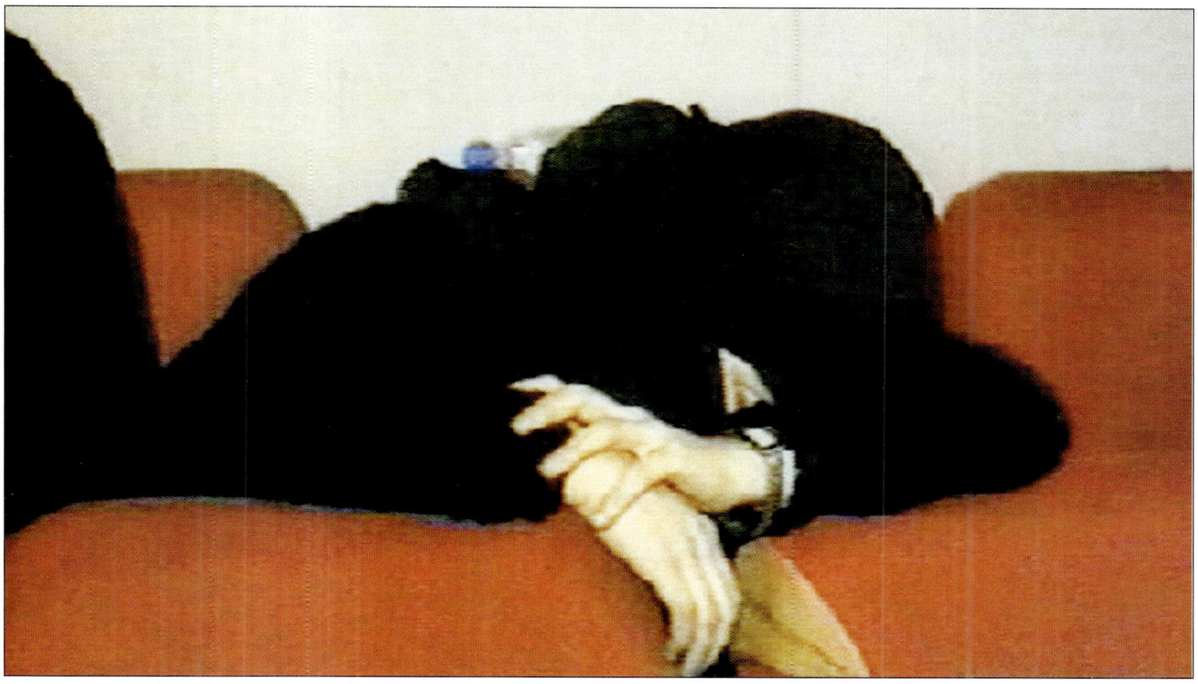

Comme tuées dans leur sommeil, les femmes kamikazes n'ont pas eu le temps d'activer leur ceinture d'explosifs.

Une infime partie des otages du théâtre de la Doubrovka, cerné par les forces de l'ordre dès mercredi soir, a pu sortir.

Le général Massu avait la passion de servir

Conflans-sur-Loing, samedi 26
Décédé à 94 ans (*5.5.1908) dans le Loiret, le général Jacques Massu fut un gaulliste de la première heure et l'un des plus fidèles compagnons du général Leclerc. Commandant de la 10e division parachutiste en 1956, il sera chargé par le gouvernement du socialiste Guy Mollet d'éradiquer le terrorisme du FLN à Alger en 1957. Ce sera la terrible bataille d'Alger, remportée au prix de l'utilisation de la torture. Il en exprimera le regret plus tard, en 2000. En mai 1958, il canalisera la révolte des partisans de l'Algérie française, favorisant ainsi le retour du général de Gaulle. Dix ans après, c'est encore Massu qui, en pleine agitation estudiantine, le convaincra de ne pas céder.

Il était compagnon de la Libération.

Un ancien ouvrier président du Brésil

Brasilia, dimanche 27
La persévérance, alliée à un réalisme politique qui a étonné, a fini tout de même par payer. Après trois échecs successifs, Ruiz Inacio Lula da Silva a été confortablement élu président du Brésil, avec 61,50 % des voix. Cet ancien métallo de 56 ans, candidat du Parti des travailleurs, portait les espoirs des classes les plus pauvres et des militants antimondialisation. Mais « Lula » a réussi à ratisser très large en développant un programme social et économique de gauche tout en donnant des gages aux instances financières mondiales. Mais il a déjà déclaré qu'il était prêt au bras de fer avec George W. Bush.

Sarkozy veut faire bouger la Corse

Ajaccio, dimanche 27
Il est clair que Nicolas Sarkozy met son prestige et son avenir politique en jeu en voulant être l'homme qui aura réglé la question corse. Mais la partie s'annonce serrée. Le ministre de l'Intérieur, qui participait, hier et avant-hier, aux Assises des libertés locales, a ainsi proposé la création d'une collectivité unique au lieu des deux actuels départements. Devant les divisions que cette suggestion a créées au sein des différents partis politiques, il s'est dit prêt à donner la parole au peuple corse. Et il n'a pas hésité, aujourd'hui, à vitupérer ceux qui, aux conseils généraux, ne « veulent rien changer ».

Octobre

Lu	Ma	Me	Je	Ve	Sa	Di
	1	2	3	4	5	6
7	8	9	10	11	12	13
14	15	16	17	18	19	20
21	22	23	24	25	26	27
28	29	30	31			

Guantanamo, lundi 28
Après la libération, hier, de trois Afghans qui sont rentrés à Kaboul, 625 hommes, issus de 42 pays, sont actuellement détenus sur la base américaine.

Paris, lundi 28
Le prix Goncourt est attribué à Pascal Quignard, pour *les Ombres errantes* (Grasset). Le prix Renaudot revient à Gérard de Cortanze pour *Assam* (Albin Michel).

Londres, lundi 28
La FIA annonce la suppression en 2003 du GP de Belgique de F1 en raison de l'interdiction de la publicité pour le tabac.

Amman (Jordanie), lundi 28
Un haut diplomate américain, Lawrence Foley, est assassiné de trois balles par un inconnu devant son domicile.

Floride, mardi 29
Divorce de Richard et Oracene Williams, les parents de Venus et Serena.

Copenhague, mercredi 30
Akhmed Zakaïev, émissaire du président indépendantiste tchétchène, est arrêté à la demande de Moscou.

France, mercredi 30
Le général Henri Bentégeat devient chef d'état-major des armées. Il succède au général Jean-Pierre Kelche.

Paris, jeudi 31
Fermeture définitive des ateliers de la maison Yves Saint Laurent Haute Couture.

Paris, jeudi 31
Reprise du trafic de l'Eurostar interrompu par la tempête.

Rome, jeudi 31
Jean-Paul II est fait « citoyen de Rome » par le maire, Walter Veltroni, ex-communiste, qui lui remet symboliquement les clefs de la ville.

DECES

Madrid, mercredi 30
Juan Antonio Bardem, cinéaste (*2.6.1922).

Cologne, jeudi 31
Yuri Ahronovitch, chef d'orchestre israélien d'origine russe (*13.5.1932).

Rome, jeudi 31
Raf Vallone, acteur (*17.2.1916).

3 056,88 — 25,83 $ — € 0,9776 $

La nouvelle Europe prend enfin forme

Bruxelles, lundi 28
Président de la Convention chargée de proposer un cadre institutionnel nouveau pour l'Union européenne, Valéry Giscard d'Estaing a présenté ses premières conclusions. Ce n'est pas encore une Constitution, certes. Mais certains principes de base n'en sont pas moins clairement énoncés, comme le principe de subsidiarité. Il reste cependant bien des points à préciser. Quelle sera la compétence du Congrès des peuples européens par rapport à l'actuel Parlement ? Le Conseil risque-t-il d'être renforcé au détriment de la Commission ? Beaux débats à venir entre fédéralistes et souverainistes !

Dans quel Etat juger les deux snipers ?

Etats-Unis, mardi 29
L'enquête n'a pas encore établi qui, de Williams ou de Malvo, a tué que les passions se déchaînent. Seront-ils jugés dans le Maryland, dans lequel la plupart des crimes ont eu lieu ? Ou en Virginie, où ont été commis les autres ? Dans le premier cas, Malvo aura la vie sauve. On n'y condamne pas à mort les mineurs. Et Williams peut s'en sortir : la peine de mort y est prononcée mais non appliquée. Dans le second cas... Le ministre de la Justice, John Ashcroft, ajoute à la confusion : ils relèvent selon lui de la justice fédérale.

Alcatel dégraisse et remonte en Bourse

Paris, mercredi 30
Bond de 40,27 % de l'action Alcatel à la Bourse de Paris. Si la nouvelle aura réconforté les actionnaires, elle n'aura probablement pas consolé les 23 000 salariés que le groupe a mis au chômage depuis le début de cette année, ni les 24 000 autres qui sont aujourd'hui menacés du même sort. Grâce à ces restructurations, Serge Tchuruk, le P-dg, voit l'avenir sous les meilleurs auspices : Alcatel, selon lui, devrait recommencer à dégager des profits dès l'année prochaine, et cela malgré le coût évidemment très élevé de ses plans sociaux.

La tempête s'abat sur le nord de l'Europe

Dimanche, le vent a emporté ce chapiteau à la Foire internationale de Lille.

Europe, lundi 28
Au lendemain de la tempête qui s'est déchaînée dans le nord de la France et l'Europe septentrionale, samedi et dimanche, le bilan est très lourd : 31 tués, dont 10 en Allemagne, 7 en Grande-Bretagne et 4 en France. Le vent a soufflé jusqu'à 180 km/h en Allemagne, et une alerte météo de niveau orange avait été émise dans sept départements français. En plus de dégâts matériels considérables, le trafic ferroviaire et maritime a été fortement perturbé, et de nombreux vols ont dû être annulés. Ce matin, en Angleterre, 100 000 personnes se sont retrouvées sans électricité. La tempête s'est fait sentir jusque dans la région parisienne, où des parcs ont été fermés par prudence.

Les attentats de 1995 ne sont pas résolus

Paris, mercredi 30
Après cinq semaines de procès, Ali Belkacem et Boualem Bensaïd ont été condamnés chacun à la réclusion criminelle à perpétuité par la cour d'assises spéciale de Paris. Ils étaient jugés pour les attentats commis, à Paris, en 1995, dans le RER Saint-Michel (8 morts) et Musée-d'Orsay (30 blessés) et à la station de métro Maison-Blanche (18 blessés). Le fait que Bensaïd n'ait été condamné que pour complicité, et sans que l'auteur principal ait pu être identifié, dans l'attentat de Saint-Michel laisse un goût d'inachevé. Qui a donc déposé la bombe ? Et dans quel but ? L'idée que des militants islamistes aient été manipulés par les services algériens s'est accrue au fil des audiences.

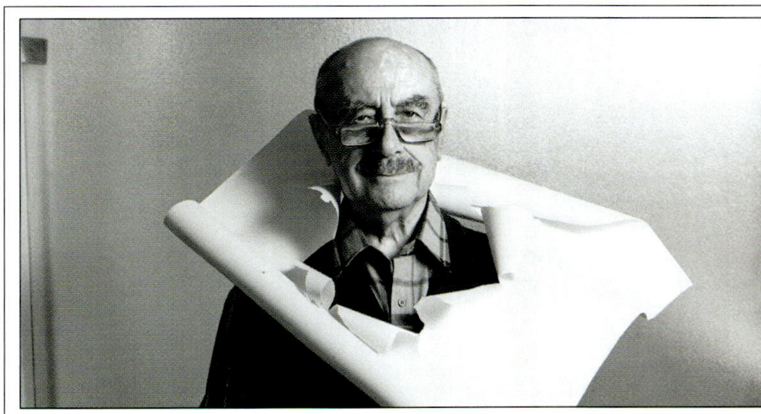

Le 30, l'affichiste Raymond Savignac (*6.11.1907) meurt à Trouville. On lui doit, entre plus de 600 créations, la vache de Monsavon, le zèbre de Cinzano, le migraineux d'Aspro ou l'affiche de *la Guerre des boutons*.

Les travaillistes ont lâché Ariel Sharon

Jérusalem, mercredi 30
Benyamin Ben Eliezer faisait planer la menace depuis quelque temps : le ministre travailliste de la Défense est passé à l'acte en démissionnant du gouvernement d'Ariel Sharon. Et il part avec les quatre autres ministres travaillistes, dont Shimon Pérès, le ministre des Affaires étrangères. La coalition gouvernementale, au sein de laquelle la gauche voulait jouer un rôle modérateur, a explosé sur le budget, qui favorise la colonisation juive de la Cisjordanie et de Gaza, et ampute les programmes sociaux. C'est un échec pour Ariel Sharon, et plus encore pour les travaillistes, qui se sont « compromis ».

Quels gaz ont été utilisés pour tuer les Tchétchènes du théâtre ?

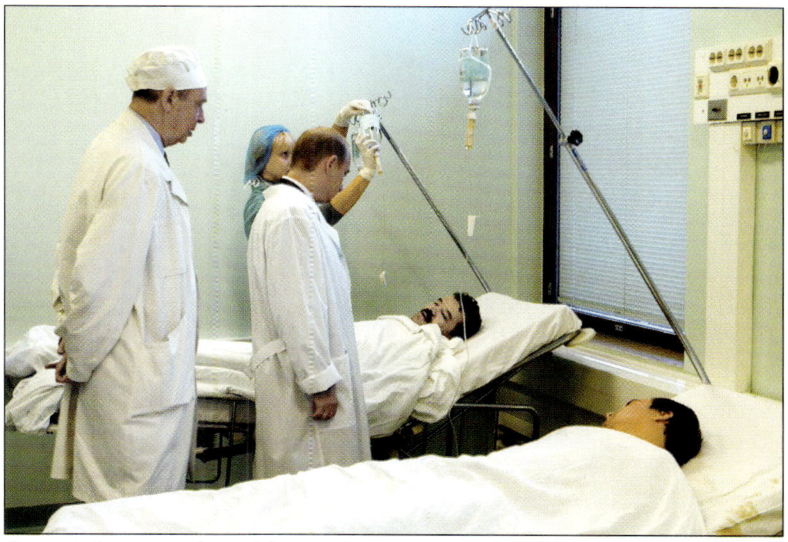
Durant cinq jours, les médecins n'ont pas su quel antidote administrer.

Moscou, mercredi 30
Le bilan est terrible : 119 otages ont trouvé la mort au cours de l'assaut des forces spéciales, 145 personnes sont toujours hospitalisées, 14 sont dans un état critique. La faute à ce gaz, utilisé par les forces spéciales pour neutraliser le commando et sur lequel les autorités russes ont refusé de livrer quelque information que ce soit jusqu'à ce matin, y compris au personnel hospitalier ! Le ministère de la Santé a fini par dévoiler qu'il s'agirait d'un anesthésique à base d'opiacés, le fentanyl, un dérivé de synthèse de la morphine, mais bien plus puissant. Les milieux médicaux sont sceptiques, ce produit étant au stade expérimental pour sa diffusion par aérosol.

Un tremblement de terre détruit l'école d'un village en Italie

San Giuliano di Puglia, jeudi 31
Peu avant midi, un violent séisme de 5,3 points d'amplitude sur l'échelle de Richter a fait trembler le Molise, région située au sud-est de Rome. Plusieurs localités ont été durement touchées, mais c'est à San Giuliano di Puglia que la catastrophe a pris son ampleur la plus dramatique. Ce soir, un bilan malheureusement très provisoire fait état de neuf victimes, dont six enfants et deux adultes qui ont été retirés des décombres d'une école. Tous les élèves et les maîtres qui s'y trouvaient n'ont pas encore été retrouvés. L'établissement s'est effondré d'un coup. Les recherches se poursuivaient durant la nuit.

Une soixantaine d'enfants et d'enseignants étaient en classe lors du drame.

Le pain Poilâne est aujourd'hui noir

Cancale, jeudi 31
Les amateurs de bon pain sont sous le choc. Lionel Poilâne, le boulanger parisien qui avait su populariser les fameuses boules à l'ancienne dont son père lui avait transmis le secret, a disparu en mer avec son épouse Iréna. Son hélicoptère Agusta qu'il pilotait lui-même s'est abîmé dans la baie de Cancale, non loin de l'île des Rimains où il possédait une maison. Lionel Poilâne avait réussi l'exploit de donner une ampleur industrielle à son entreprise de boulangerie, tout en demeurant fidèle aux méthodes artisanales (*10.6.1945).

Le 30, à Baïkonour, départ de trois cosmonautes pour l'ISS à bord de la nouvelle capsule Soyouz TMA-1 : les Russes Sergueï Zaliotine et Iouri Lontchakov, et l'ancien pilote de chasse belge Frank De Winne (au milieu).

Pas de négociations avec les Tchétchènes

Moscou, jeudi 31
Les Russes estiment que les rebelles tchétchènes ne sont plus en mesure de leur présenter un « interlocuteur valable ». Lors d'une conférence de presse, les porte-parole du Kremlin, des services spéciaux, du parquet et de la mairie de Moscou ont dénié cette qualité au chef indépendantiste Aslan Maskhadov, lié selon eux à la prise d'otages de Moscou, et à son représentant Akhmed Zakaïev, dont la justice a demandé l'extradition au Danemark, où il a été arrêté. Enfin, les Russes ont accusé nommément certains pays musulmans d'être des sanctuaires pour les « terroristes », notamment la Turquie.

Akhmed Zakaïev sera-t-il extradé ?

Tchétchénie : deux siècles de conflit

Ce qui frappe le plus lorsqu'un Tchétchène évoque la Russie, c'est son indifférence. Il n'a pour cet ennemi héréditaire ni crainte ni considération. Pas même de la haine. « Ce que tous les Tchétchènes, petits et grands, éprouvent est plus fort que la haine, écrivait déjà Tolstoï, qui se battit dans le Caucase, moins par conviction que pour échapper à ses créanciers. Tout simplement, ils ne tiennent pas ces chiens de Russes pour des êtres humains. Leur répulsion, leur dégoût et leur perplexité face à la cruauté de ces créatures font que le désir de les exterminer — comme on extermine les rats, les araignées venimeuses ou les loups — est aussi naturel que l'instinct de conservation. »

Cent cinquante ans plus tard, force est de constater que rien n'a changé. « Les Russes ne sont pas tout à fait des hommes, me confiait un jour sur le front de Grozny un boïviki (combattant, en tchétchène) sur le ton grave du secret partagé. Il est prouvé qu'ils descendent d'une ancêtre commune, fécondée par un grand singe, dans les monts Oural. » S'ils ne craignent pas les Russes, c'est avant tout parce qu'à leurs yeux ces derniers possèdent cette tare indélébile qui ne leur permettra jamais que des victoires éphémères : celle, précisément, de ne pas être tchétchène.

Rarement dans l'Histoire deux peuples ont été séparés par une telle incompréhension, mêlée, dans le cas des Russes, d'une réelle fascination. La Tchétchénie obsède Moscou comme l'Algérie, la France. Bien sûr, cet amour, envahissant de ne pas être partagé, n'est pas exempt de calculs. Depuis la fin du XVIIIe siècle et le règne de Catherine II, la Russie n'a de cesse de vouloir contrôler le Caucase pour s'assurer un accès aux mers chaudes, et contrer ainsi l'influence turque.

Cette préoccupation ancienne est devenue idée fixe depuis que l'on assiste dans la région à une percée de l'influence occidentale au détriment des Russes. Car il suffit de prononcer un mot pour que les enjeux du conflit s'éclairent : oléoduc. Celui qui devrait permettre d'acheminer le pétrole de la mer Caspienne, formidable gisement qui pourrait à terme concurrencer le Moyen-Orient avec des réserves estimées entre 50 et 200 milliards de barils, et près de 10 % des ressources mondiales de gaz vers les marchés occidentaux. A la fin des années 90, la Russie s'est, en effet, retrouvée marginalisée dans le grand jeu qui voit s'affronter, pour le contrôle de cette manne, Moscou, Washington, Téhéran et Ankara. Deux des principales puissances régionales, la Géorgie et l'Azerbaïdjan, ont ainsi rejeté le projet russe d'un nouveau pipe-line pétrolier.

Dans ce qui n'est pas loin d'être considéré par le Kremlin comme une trahison, ces deux membres de l'ex-bloc soviétique ont préféré s'associer à un consortium turco-américain : ce dernier, officialisé en août 2001, prévoit de « sortir » l'or noir depuis Bakou juqu'à Ceyhan, en Turquie, en

contournant le territoire de la Fédération russe. Incapable de rivaliser seul avec un ouvrage estimé à 4,6 milliards de dollars, menacé dans ses intérêts stratégiques et énergétiques, Moscou a donc décidé de contre-attaquer en sécurisant, coûte que coûte, le vieil oléoduc tchétchène qui part de Bakou pour aboutir à Novorossisk, seul grand port russe sur la mer Noire. Pour ce faire, les dirigeants russes n'ont pas hésité à prendre en otage le peuple le plus important — il y a 600 000 habitants — et le plus homogène du nord Caucase.

L'intérêt disproportionné des Russes pour ce territoire grand comme deux départements français déborde largement le seul cadre géopolitique. Il y a dans cette attraction-répulsion une passion d'ordre irrationnel. Les Tchétchènes hypnotisent les Russes. Et ce n'est sans doute pas par hasard si leur littérature a toujours fait la part belle au « peuple des montagnes », réputé indomptable. Tous les écoliers russes ont un jour récité le fameux poème de Pouchkine, « le Prisonnier du Caucase ». La plupart d'entre eux ont vibré avec Hadji Mourat, le héros de Tolstoï, et ses valeurs pétries d'honneur et de tradition.

Quand, en 1944, Staline entrepris à son tour de briser la résistance de ce peuple trop fier en le déportant massivement, il se trouva un autre écrivain pour, au Goulag, succomber à ce magnétisme. « S'il est une nation sur laquelle la psychologie de la soumission est inopérante, ce sont les Tchétchènes » écrivait-il. Il connaissait suffisamment le sujet puisqu'il s'appelait Alexandre Soljenitsyne. Les journalistes occidentaux ne sont pas en reste, souvent séduits par ces guerriers qui vont au combat comme on se rend à un rendez-vous, écrivent des poèmes d'amour à leur Kalachnikov et n'ont que dédain pour la mort. Ce seront les mêmes, demain, qui n'hésiteront pas à

En mars 2000, Vladimir Poutine remet une médaille à Vladimir Bulgakov pour son courage et son héroïsme. Il a participé à l'élimination de formations armées illégales en Tchétchénie.

vous prendre en otage contre rançon, obéissant en cela à une vieille tradition de brigandage.

« Que faire d'un tel peuple ? » s'interrogeait déjà Pouchkine.

« Buter ces terroristes jusque dans les chiottes », répondit à l'automne 1999 Vladimir Poutine, alors pratiquement inconnu. Le prétexte de cette deuxième guerre en moins de dix ans fut une vague d'attentats mystérieux qui secoua Moscou. Aucune preuve n'a jamais engagé la responsabilité des boïvikis, et de nombreux observateurs ont toujours vu dans ces explosions la main des services russes (FSB), alors dirigés par un certain Vladimir Poutine. Ce qui est sûr, c'est que la Tchétchénie a constitué pour le président russe le socle sur lequel il a érigé sa statue de Commandeur. Il y a construit son image d'homme à poigne, sans jamais avoir esquissé la moindre issue négociée. Rien de bien nouveau en vérité. En 1825, pour briser le soulèvement tchétchène, on y envoya le vainqueur des Perses, le célèbre général Ermolov.

Son armée, obéissant à la stratégie mise au point par le Tzar Nicolas Ier lui-même, rasa les villages, brûla les forêts où se dissimulaient les rebelles. Près de 300 000 personnes furent exterminées. Longtemps, la philosophie de celui que l'on baptisa « le Lion du Caucase » resta résumée sur le socle de la statue qu'on lui avait élevée au centre de Grozny : « Je ne trouverai de repos tant qu'un seul Tchétchène demeurera vivant. » Un programme que tous les dirigeants russes semblent depuis avoir repris à leur compte. Aujourd'hui, il ne reste plus rien de la statue d'Ermolov.

Grozny est à l'image du pays : elle a été rayée de la carte. Depuis octobre 1999, début de la deuxième guerre tchétchène après l'indépendance, huit ans plus tôt, entre 10 000 et 20 000 civils ont été tués. Officiellement, le conflit a fait près de 5 000 morts au sein des forces russes, un chiffre au moins deux fois inférieur à la réalité, selon le Comité des mères de soldats. A Moscou, pourtant, la guerre de Tchétchénie avait fini par cesser d'exister. D'abord parce que ce qui se passe là-bas, sur les marches de l'empire, a toujours été l'affaire exclusive des politiques et des généraux. Les premiers s'y bâtissent une carrière. Les seconds s'y attirent gloire et fortune, en rançonnant les civils et en commerçant le pétrole « prélevé » sur l'oléoduc. Conflit oublié ensuite, parce que les menées russes y tiennent plus du simple pogrom que d'une vraie guerre.

Les perquisitions, les viols et les exécutions sommaires perpétrés par les 80 000 soldats engagés visent davantage à terroriser la population qu'à combattre réellement les quelque 5 000 boïvikis réfugiés dans les montagnes. D'ailleurs, le Kremlin ne se réfère jamais à eux comme à une armée constituée mais sous le terme générique de « bandits » — utilisé déjà au siècle dernier par le général Ermolov — ou, plus fréquemment encore depuis le 11 septembre, de « terroristes ».

Chamyl Bassaïev est le plus radical des chefs de guerre tchétchènes. En revendiquant la prise d'otages de Moscou, il se confirme comme l'ennemi n° 1 des Russes.

C'est dire si l'irruption le 23 octobre d'un commando d'une cinquantaine de Tchétchènes puissamment armés dans un théâtre de Moscou a surpris les Russes. Et servi la stratégie de leur président. Vladimir Poutine a réagi selon son credo, le seul qu'on lui connaisse : en faisant donner l'assaut.

Plus que l'épouvantable bilan de l'opération, plus de 200 morts, on retiendra de cet épisode tragique une évidente montée en puissance de l'islam radical en Tchétchénie. Musulmans sunnites, les Tchétchènes pratiquent traditionnellement un islam modéré et tolérant. Mais, comme au XVIIIe siècle, quant la brutalité de la conquête tsariste a entraîné une islamisation rapide du Caucase, les exactions russes semblent de plus en plus convaincre la jeune génération des vertus de l'extrémisme religieux.

Désespérant lui aussi de se faire entendre un jour des dirigeants occidentaux, le président élu Aslan Maskhadov a fini par conclure un accord cet été avec l'aile islamiste de la résistance, incarnée par le chef de guerre Chamyl Bassaïev, un proche du mouvement wahhabite.

C'est pour l'heure le seul acquis russe dans un pays qui n'a jamais cessé de se rêver indépendant. Une prophétie tchétchène n'affirme-t-elle pas que, tous les cinquante ans, la région sera sur le point d'être détruite par « les barbares venus du Nord ». Avant chaque fois de renaître de ses cendres ?

Michel Peyrard
Grand reporter à *Paris-Match*

Le 23 octobre, des Tchétchènes prennent les occupants d'un théâtre en otages.

Novembre

Lu	Ma	Me	Je	Ve	Sa	Di
				1	2	3
4	5	6	7	8	9	10
11	12	13	14	15	16	17
18	19	20	21	22	23	24
25	26	27	28	29	30	

Bahreïn, vendredi 1er
Les islamistes remportent les législatives (19 sièges sur 43).

San Giuliano di Puglia, vend. 1er
Le bilan du séisme est porté à 29 morts, dont 26 enfants.

Tchétchénie, vendredi 1er
L'islamiste tchétchène Chamil Bassaïev dit avoir ordonné la prise d'otages de Moscou.

Gand, dimanche 3
Le Premier ministre belge, Guy Verhofstadt, a le coude cassé en étant renversé par une voiture alors qu'il circulait à vélo.

France, lundi 4
Sortie d'un double album de 23 titres de Johnny Hallyday : *A la vie, à la mort*.

Dakar, lundi 4
Idrissa Seck remplace Mame Madior Boye comme Premier ministre. Le bilan du naufrage du *Joola* atteint 1 200 morts.

France, mercredi 6
Gaz de France dévoile son nouveau logo : une spire bleue surmontée d'une sphère verte.

Paris, jeudi 7
Chantal Thomas reçoit le prix Femina pour *les Adieux à la reine* (Seuil). Le Médicis revient à Anne F. Garréta pour *Pas un jour* (Grasset).

Grande-Bretagne, jeudi 7
Entrée en vigueur d'une loi autorisant l'adoption d'enfants par des couples homosexuels, qu'ils soient ou non mariés.

Gibraltar, vendredi 8
La colonie britannique rejette à 98,97 % toute cosouveraineté hispano-britannique sur l'île par un référendum qu'aucune des deux puissances ne reconnaît.

Châteauneuf-de-Grasse, vend. 8
Le roi des Belges, Albert II, se casse la cheville lors d'un accident de moto.

DECES

Peterborough, dimanche 3
Lonnie Donegan, musicien écossais, inventeur du *skiffle*, qui inspira la pop (*29.4.1931).

Boulogne, vendredi 8
Zoë Oldenbourg, romancière d'origine russe (*31.3.1916).

La Celle-Saint-Cloud, dim. 10
Michel Boisrond, cinéaste (*9.10.1921).

3 058,18 — 23,67 $ — € 1,0136 $

Triomphe des islamiques en Turquie

Istanbul, dimanche 3
Le Premier ministre Bülent Ecevit, contesté pour sa gestion désastreuse de la crise économique, avait fait un choix très dangereux en organisant des législatives anticipées. Ce soir, le résultat est sans appel : son parti est balayé, tandis que le Parti de la justice et du développement (AKP), de tendance islamique « modérée », remporte 363 sièges sur 550. Un raz de marée qui place la Turquie sous haute surveillance. Mais le leader de l'AKP, Recep Tayyip Erdogan, veut rassurer : son parti saura respecter la laïcité constitutionnelle et fera tout pour que la Turquie satisfasse aux conditions de son éventuelle entrée dans l'Union européenne.

L'AKP a su ratisser large, bien au-delà de l'électorat islamique traditionnel.

L'empire du logiciel sauvé par la justice

New York, vendredi 1er
Bill Gates adopte un profil bas et se garde bien de crier victoire. C'en est pourtant bien une, et considérable, que Microsoft a remportée au terme de cinq années de poursuites pour abus de position dominante. En juin 2000, puis en appel en juin 2001, la firme américaine avait été reconnue coupable. Mais, en novembre 2001, un compromis très favorable à Bill Gates avait été négocié avec George W. Bush. C'est ce compromis qu'un juge fédéral a entériné. Microsoft ne sera donc pas démantelé en vertu de la loi antitrust.

Un drone de la CIA frappe au Yémen

Yémen, dimanche 3
La voiture dans laquelle se trouvait Abou Ali, soupçonné d'être le chef de la Qaida au Yémen et d'avoir été l'un des responsables de l'attaque du destroyer américain *USS Cole*, le 12 octobre 2000 à Aden, a littéralement explosé sous l'impact du Hellfire. Ce missile antichar, tiré par un drone RQ-1A Predator de la CIA, n'aura laissé aucune chance au terroriste et aux 5 autres passagers du véhicule : ils ont été tués sur le coup. L'action s'est déroulée à 160 km à l'est de la capitale, Sanaa. Abou Ali était pisté depuis plusieurs jours.

Un match au profit des sinistrés du Gard

Nîmes, lundi 4
L'idée en revient à Laurent Blanc. Originaire de Rousson, près d'Alès, il a réussi à réunir ses coéquipiers de l'équipe de France 1998, celle qui a gagné la Coupe du monde, pour un match amical face à l'Olympique de Marseille au profit des victimes des inondations du Gard. Le chèque se monte à 1,5 million d'euros. Sur le plan sportif, l'OM l'a emporté par 4 buts à 1, et cela malgré les efforts déployés par Fabien Barthez qui, à un quart d'heure de la fin du match, a pris le poste d'ailier droit ! Il a tout de même eu son bisou sur le crâne.

Le 3 à Valence (Espagne), Arnaud Vincent (écurie Aprilia) devient champion du monde en 125 cm³.

Le 6, Patrick Werner, président de BMS (Billetterie Monétique Service), étend à l'Ile-de-France l'utilisation du porte-monnaie électronique Monéo. La carte rechargeable permet de régler des achats jusqu'à 30 euros.

Sharon obligé de faire avec Netanyahou

Le « dur » Benyamin Netanyahou avait été Premier ministre de 1996 à 1999.

Jérusalem, mardi 5
Ce ne fut pas toujours facile, pour Ariel Sharon, de gouverner avec des ministres travaillistes. Cela risque de l'être encore moins avec certains de son propre parti, le Likoud. En fait, son nouveau cabinet est le résultat d'un très provisoire *modus vivendi* avec Benyamin Netanyahou, frère ennemi prêt à exploiter la moindre erreur du Premier ministre. Certes, « Bibi » a accepté d'être ministre des Affaires étrangères. Mais contre la promesse de Sharon d'organiser des élections anticipées en février 2003, pour lesquelles Netanyahou compte bien être le candidat du Likoud. Ce qui, en cas de victoire, ferait de lui un Premier ministre décidé à donner un coup de barre à droite.

Grand chelem réussi pour le parti de Bush

Certains Etats ont adopté le vote sur écrans tactiles dans un souci de fiabilité.

Washington, mardi 5
Les élections de mi-mandat, qui sont généralement défavorables au parti du Président en place, lui sont cette fois très profitables. Il dispose enfin d'un Congrès entièrement acquis à sa politique. Il a réussi à conquérir le Sénat, où les républicains tiennent désormais 51 sièges contre 47 aux démocrates (les deux partis étaient avant à égalité). Les républicains renforcent également leur assise à la Chambre des représentants, passant de 222 à 227 sièges. Le bonheur de George Bush est total : Jeb, son frère cadet, a été réélu gouverneur de la Floride. Le clan Kennedy n'a pas pu en revanche conquérir le Maryland : Kathleen, la fille de George, y a été sèchement battue.

Du neuf et du pas très beau sur les Windsor

Londres, jeudi 7
Le déballage du linge sale reprend chez les Windsor, et de plus belle, avec les révélations de Paul Burrell, publiées hier et aujourd'hui dans le *Daily Mirror*, moyennant la coquette rémunération de 300 000 livres. Cet ancien majordome de Lady Di avait déjà défrayé la chronique lorsqu'il fut accusé d'avoir subtilisé quelque 300 objets appartenant à la défunte princesse. Accusation dont il a été lavé vendredi dernier par la justice, grâce à un témoignage *in extremis* de la reine en sa faveur. Mais Paul Burrell était de toute façon décidé à parler. Paradoxalement, peut-être, parce qu'il en savait trop. Et c'est ainsi que l'on découvre que Diana était persécutée par son frère et par sa propre mère, que la reine l'avait averti que des forces occultes étaient à l'œuvre, que le duc d'Edimbourg écrivait des insultes à sa bru, qu'un proche du prince Charles a violé un employé de Buckingham... et Paul Burrell n'a pas encore tout dit !

Giscard ne veut pas de la Turquie dans l'UE

Bruxelles, vendredi 8
Pour Valéry Giscard d'Estaing, qui préside la Convention sur l'avenir de l'Europe, la Turquie n'a pas sa place dans l'Union européenne. Son argument : « La Turquie n'est pas un pays européen. Sa capitale n'est pas en Europe [et] 95 % de sa population est hors d'Europe. » Or, selon lui, si l'UE venait à s'élargir en faisant fi de son espace géographique naturel, elle se transformerait en une zone de libre-échange, ce qui signerait « la fin de l'UE ». Et d'ajouter que les plus fervents défenseurs de l'entrée de ce pays d'Asie dans l'Europe sont aussi les adversaires les plus ardents de l'UE. Une attaque qui vise, sans les nommer, les Etats-Unis, dont la Turquie est une fidèle alliée.

Le 8, John Goossens, directeur général de Belgacom, succombe à une crise cardiaque lors d'une conférence de presse à Spa-Francorchamps (*1944).

L'ONU somme l'Irak de se soumettre

New York, vendredi 8
Le spectre de la guerre a-t-il reculé ? La résolution 1441 présentée par les Etats-Unis a été votée à l'unanimité par le Conseil de sécurité, y compris la Syrie. C'est dire que Washington a sérieusement revu sa copie, après d'intenses tractations. Les termes en sont certes draconiens pour Saddam Hussein : l'Irak a sept jours devant lui pour accepter de coopérer avec les inspecteurs en désarmement de l'ONU et de l'Agence internationale de l'énergie atomique (AIEA), et un mois pour fournir à l'ONU une liste exhaustive de tous ses programmes d'armements interdits, ainsi que de ses programmes civils chimiques et biologiques. En cas de manquement signalé par les inspecteurs à l'ONU, le Conseil de sécurité en tirera les conséquences. La réplique militaire automatique est donc abandonnée. Sauf que les Etats-Unis se réservent le droit d'attaquer unilatéralement l'Irak s'ils jugent que leurs intérêts nationaux sont menacés.

Novembre

Lu	Ma	Me	Je	Ve	Sa	Di
				1	2	3
4	5	6	7	8	9	10
11	12	13	14	15	16	17
18	19	20	21	22	23	24
25	26	27	28	29	30	

Paris, lundi 11
Bertrand Delanoë fait sa première apparition publique depuis son agression.

France, mardi 12
Parution du livre de Patrick Henry, *Avez-vous à le regretter ?*, initialement intitulé : *Vous n'aurez pas à le regretter*.

Bagdad, mercredi 13
Saddam Hussein accepte sans conditions la résolution 1441 du Conseil de sécurité de l'ONU.

Allemagne, jeudi 14
Deutsche Telekom annonce la suppression de 42 500 emplois en Allemagne, et 12 200 dans ses filiales, d'ici à 2005. Son déficit est de 24,5 milliards d'euros depuis le 1er janvier.

Rome, jeudi 14
Franco Frattini remplace Silvio Berlusconi au poste de ministre des Affaires étrangères.

Rome, jeudi 14
Jean-Paul II devient le premier pape à prononcer un discours devant le Parlement italien.

Bruxelles, vendredi 15
Mélanie Martin, 20 ans, est la lauréate de la 1re édition de la « Star Academy » belge.

Hébron, vendredi 15
Neuf militaires israéliens, dont le colonel Dror Weinberg, et trois vigiles armés sont tués par le Djihad islamique près de la colonie de Kiryat Arba.

Shanghai, dimanche 17
Tennis : victoire de Lleyton Hewitt en finale des Masters face à Juan Carlos Ferrero.

Le Bourget, dimanche 17
Congrès fondateur de l'UMP qui devient l'Union pour un mouvement populaire. Alain Juppé en est élu président.

Pérouse, dimanche 17
L'ancien président du Conseil italien, Giulio Andreotti, est condamné à 24 ans de prison pour complicité de meurtre.

DECES

Egypte, jeudi 14
Moustapha Machhour, chef des Frères musulmans (83 ans).

Petah Tikva (Israël), dim. 17
Abba Eban (Aubrey Solomon Meir), ministre des Affaires étrangères de 1966 à 1974 (*2.2.1915).

3 162,39 — 23,17 $ — € 1,0072 $

Vladimir Poutine met la pression sur l'UE

Bruxelles, lundi 11
Vladimir Poutine ne change pas : à un journaliste qui lui semblait trop favorable aux rebelles, il a suggéré d'aller se faire « circoncire »... Les Européens, qui le savent susceptible sur la question tchétchène, se sont donc satisfaits de l'adoption, avec la Russie, d'une déclaration commune sur la lutte contre le terrorisme. Le président russe s'est également battu sur Kaliningrad (ex-Königsberg), ce bout de territoire russe enclavé entre la Pologne et la Lituanie, et qui sera donc bientôt inséré dans l'UE. Le document facilitant le transit de ses habitants à travers la Lituanie leur sera fourni à moindre coût.

Les Antilles dans la tourmente sociale

Pointe-à-Pitre, lundi 11
Le malaise économique et social des Antilles a éclaté au grand jour avec la décision d'Accor de se retirer de la Martinique et de la Guadeloupe. Le grand groupe hôtelier se justifie en invoquant une désaffection de la clientèle touristique, due selon lui à une dégradation du climat social et à une insécurité croissante. Surtout à la Guadeloupe où un mouvement de grève générale de quatre jours a été lancé par l'UGTG, le syndicat indépendantiste guadeloupéen, à la suite d'un conflit juridique avec le groupe pétrolier Texaco.

Oussama Ben Laden parle sur Al Jezira

Qatar, mardi 12
La preuve qu'Oussama Ben Laden est toujours vivant et actif pourrait avoir été fournie aujourd'hui par la cassette audio diffusée par la chaîne qatarie Al Jezira. Une cassette dans laquelle Ben Laden, si c'est bien lui comme le pensent déjà des experts américains, justifie notamment les attentats de Karachi, de Bali et de Moscou. Il appelle les peuples des pays occidentaux à se désolidariser des Etats-Unis, sous peine de subir des représailles de la part de ceux qui « se sont engagés devant Dieu à poursuivre le Djihad ».

Pétrolier en détresse au large de la Galice

Le « Prestige », armé par une société grecque, était parti de Lettonie.

Espagne, jeudi 14
La nappe de fioul s'étend déjà sur 37 km. Hier, le *Prestige*, un tanker battant pavillon des Bahamas, a subi une avarie à 50 km de la côte de la Mort, au large de la Galice. Aussitôt dépêchés sur zone, les secours ont récupéré les 35 membres d'équipage (des Philippins et des Roumains), le capitaine étant resté à bord avec son second et le mécanicien. Une société hollandaise spécialisée a été appelée, et quatre remorqueurs s'efforcent d'éloigner le plus possible des côtes le bâtiment qui ne possède pas de double coque. Fabriqué en 1976, il a été contrôlé pour la dernière fois en 1999. A 19 h ce soir, un bâtiment de la Marine nationale est parti de Brest. Un Falcon 50 le précède.

Un crêpe noir sur le gilet rouge de Spirou

Le nº 1 du « Journal de Spirou ».

Bruxelles, jeudi 14
Richard Miller, le ministre des Arts, des Lettres et de l'Audiovisuel de la Communauté française de Belgique, a dit qu'il a créé le pays où sont nés « les compagnons de route de notre identité culturelle ». Il saluait ainsi Charles Dupuis, décédé à l'âge de 84 ans (*10.6.1918). Fils d'éditeur, il n'en avait pas encore 20 quand il lança, le 21 avril 1938, le *Journal de Spirou* dont il conservera les rênes jusqu'en 1985. Dupuis attirera à lui ceux qui deviendront les maîtres de la BD belge, de Franquin à Morris, de Victor Hubinon à Peyo, de Greg à Jijé. Il publiera leurs séries sous la forme d'albums à partir de 1948.

Le 11, la Belge Kim Clijsters bat Serena Williams (7-6, 6-3) à Los Angeles, en finale des Masters.

Le 15, Gilles Pélisson, le P-dg de Bouygues Telecom, lance l'i-mode (l'Internet mobile) en France.

Calais ne sera pas un nouveau Sangatte

Depuis lundi, il était impossible d'entrer dans l'église, encerclée par les CRS.

Calais, jeudi 14
A 4 h 50 la nuit dernière, les forces de l'ordre sont entrées dans l'église Saint-Pierre-Saint-Paul, occupée par 99 immigrés clandestins afghans ou kurdes, et les ont délogés sans que ceux-ci opposent de résistance, alors que les plus déterminés avaient dit qu'ils voulaient « aller à Sangatte ou mourir ». L'occupation avait débuté samedi dernier, après que le centre de Sangatte, qui refuse toute entrée nouvelle depuis le 5 novembre, avait refusé de les recevoir. Hier, le maire de la ville, Jacky Hénin (PCF), avait obtenu du tribunal une ordonnance d'expulsion. Si tous espèrent gagner un jour ou l'autre l'Angleterre, ils sont déjà 69 à avoir demandé l'asile politique en France.

Galère des trimarans sur la Route du Rhum

Le multicoque « Groupama » de Franck Cammas a chaviré dès le départ.

Atlantique, vendredi 15
Combien seront-ils à l'arrivée de la Route du Rhum, à Pointe-à-Pitre ? La question devient angoissante car, depuis le départ de Saint-Malo, c'est plutôt la déroute du Rhum ! Partis le 9 pour les monocoques et les petits multicoques, le lendemain pour les grands multicoques de 60 pieds, ils ne sont déjà plus que 35 en course sur 58 au départ. Les plus touchés par l'hécatombe sont en proportion ces immenses trimarans faits pour la vitesse mais très vulnérables en cas de tempête. La preuve, sur dix-huit skippers, cinq ont échappé à la casse : Stève Ravussin a pris la tête, devant Marc Guillemot, Jean-Louis Roucayrol, Michel Desjoyeaux puis Jean Le Cam. (→ 24)

Barre à droite au Parti communiste chinois

Pékin, vendredi 15
C'est sous l'emblème de la faucille et du marteau, et aux graves accents de *l'Internationale*, que le PC chinois a conclu son XVIe congrès, mais ces symboles ont cessé de faire illusion. Le communisme est aujourd'hui en Chine un système de gouvernement plus pragmatique qu'idéologique : la preuve, c'est que la charte du PCC a été retouchée pour permettre aux capitalistes (les « forces productives avancées ») d'y adhérer. Ce virage à droite est symbolisé par l'élection au secrétariat général d'un cadre sans états d'âme, Hu Jintao. Tout acquis à l'économie de marché, ce « jeune » de 59 ans succède à Jiang Zemin, qui reste chef de l'Etat en titre et garde le contrôle de l'armée.

Coup de frein à l'exploitation de l'acajou

Santiago, vendredi 15
La 12e conférence de la Convention sur le commerce international des espèces de faune et de flore sauvages menacées d'extinction (Cites) a pris fin dans la capitale du Chili, avec du bon et du moins bon. Côté positif, on retiendra la fin de non-recevoir à la demande émise par les Japonais de lever l'interdiction de vendre des produits provenant de la chasse à la baleine Mirke, ou le classement en espèces protégées de l'hippocampe, du requin-pèlerin ou de l'acajou. En revanche, l'autorisation accordée à l'Afrique du Sud, au Botswana et à la Namibie de commercialiser leurs stocks d'ivoire a été mal accueillie par les écologistes, qui y voient une porte ouverte au braconnage.

Le 15, sortie aux Etats-Unis et en Grande-Bretagne de *Harry Potter et la Chambre des secrets*, réalisé par l'Américain Chris Columbus, 2e opus des aventures du jeune sorcier incarné par le Britannique Daniel Radcliffe.

Le 16 à Marche-en-Famenne, Justine Hénin, 20 ans, épouse Pierre-Yves Hardenne, 22 ans. Le mariage religieux à l'église Saint-Isidore de Marloie est suivi d'une réception au château Lavaux-Sainte-Anne.

Novembre

Lu	Ma	Me	Je	Ve	Sa	Di
				1	2	3
4	5	6	7	8	9	10
11	12	13	14	15	16	17
18	19	20	21	22	23	24
25	26	27	28	29	30	

Auckland, lundi 18
Après 3 victoires en 21 régates, le *Défi Areva* est éliminé de la Coupe Louis-Vuitton.

Bali, lundi 18
Un Français, Lionel Erisey est identifié parmi les victimes de l'attentat du 12 octobre.

Paris, mardi 19
La Cour de cassation confirme une peine de 6 mois de prison ferme contre José Bové pour la destruction de cultures transgéniques en 1999. Cette décision révoque le sursis pour une autre peine de 8 mois dans une affaire similaire.

Paris, mercredi 20
La Cour de cassation rejette la requête en révision du procès Omar Raddad.

Washington, mercredi 20
Boeing annonce la suppression de 5 000 emplois en 2003.

Djakarta, jeudi 21
Arrestation de Imam Samudra, cerveau présumé de l'attentat de Bali et membre de la Jemaah Islamiyah.

Jérusalem, jeudi 21
Un attentat suicide du Hamas fait 11 morts dans un autobus.

Koweït, jeudi 21
Deux soldats américains sont blessés dans une embuscade.

Kaboul, vendredi 22
Un attentat contre le ministre de la Défense est déjoué.

Cisjordanie, vendredi 22
L'armée israélienne réoccupe Bethléem et Jénine.

Jérusalem, samedi 23
L'armée israélienne avoue être responsable de la mort de Ian Hook, expert britannique de l'ONU tué hier à Jénine.

DECES

Los Angeles, lundi 18
James Coburn, acteur (*31.8.1928).

Paris, mardi 19
Jean-Claude Renard, poète chrétien (*22.4.1922).

Bruxelles, mercredi 20
Le prince Alexandre de Mérode, membre du CIO depuis 1964 (24.5.1934).

Rome, samedi 23
Robert Matta, peintre chilien (*11.11.1911).

3 305,78 — 25,10 $ — € 0,9993 $

Les patrons des inspecteurs en désarmement sont arrivés en Irak

Bagdad, lundi 18
Les choses ont plutôt bien débuté. C'est ce qu'a déclaré en substance Hans Blix au terme de ses entretiens avec les interlocuteurs désignés par Saddam Hussein. Mais il ne s'agit là que de préliminaires. Le chef de la Cocovinu (Commission de contrôle, de vérification et d'inspection des Nations unies) est venu aujourd'hui à Bagdad pour préparer l'arrivée du gros des inspecteurs et préciser avec les Irakiens dans quelles conditions ils devront pouvoir travailler. Hans Blix était accompagné du directeur de l'AIEA (Agence internationale de l'énergie atomique), Mohammed El-Baradei.

Hans Blix accueilli par le général Hossam Amin, son interlocuteur principal.

Jean-Pierre Raffarin irrite les députés

Paris, mardi 19
Les députés sont en colère, et pour trois raisons. La première est que le Premier ministre a préféré cet après-midi aller présenter son projet de loi sur la décentralisation au congrès de l'Association des maires de France au lieu de venir le défendre devant eux. La deuxième est qu'il l'a déjà fait adopter par le Sénat, alors que la tradition veut, tout comme l'esprit de la Ve République, qu'il vienne en première discussion à l'Assemblée. La dernière est que le texte entend donner la priorité aux sénateurs sur toutes les lois visant les compétences des collectivités territoriales. Ils n'en veulent à aucun prix.

Le blason de la CIA redoré dans le Golfe

Washington, jeudi 21
Coïncidence ? Huit jours seulement après la réapparition de Ben Laden sur la chaîne Al Jezira, les services secrets américains annoncent qu'ils ont arrêté, il y aurait trois semaines, l'un de ses collaborateurs considéré comme extrêmement dangereux : le Saoudien Abdel Rahim Al-Nachiri. Tenu pour responsable de la Qaida dans le Golfe, il aurait été capturé au Yémen ou au Koweït, et serait détenu par la CIA dans un pays qui n'a pas été nommé. Cette annonce tombe à pic. Les services américains étaient l'objet de vives critiques aux Etats-Unis mêmes pour la maigreur de leurs résultats.

Sept nouveaux pays rejoignent l'Otan

Prague, vendredi 22
Après la Hongrie, la Pologne et la République tchèque en 1999, sept autres anciens pays du bloc de l'Est ont été « invités » à faire partie de l'Otan : la Slovénie, la Roumanie, la Bulgarie, la Slovaquie, l'Estonie, la Lituanie et la Lettonie. Cependant, leur adhésion ne sera effective qu'en 2004, au plus tôt. Cet élargissement a été entériné hier, dès l'ouverture du sommet de l'Organisation, qui a pris fin ce soir à Prague. George W. Bush y a beaucoup parlé de l'Irak, mais la France et l'Allemagne ont tenu bon : pas question de sortir de la lettre de la résolution 1441 votée par le Conseil de sécurité.

Les agriculteurs face aux grandes surfaces

France, vendredi 22
Les agriculteurs de la FNSEA, qui bloquaient depuis mercredi soir 68 plates-formes d'approvisionnement des supermarchés et hypermarchés, ont levé les barrages. Ils ont obtenu ce qu'ils voulaient : la signature, avec la grande distribution, d'un accord prévoyant la sanction des pratiques abusives, les remises ou rabais qui sont exigés des fournisseurs, ceux-ci n'ayant que le choix de les accepter ou d'aller vendre leur marchandise ailleurs. Ils ont dû en revanche céder sur l'instauration de prix minimaux en cas de crise des cours.

Le 18, au Royal Albert Hall de Londres, première mondiale du vingtième James Bond, *Meurs un autre jour*. La reine Elizabeth II félicite Pierce Brosnan et Halle Berry, en présence du réalisateur du film, Lee Tamahori.

Ellen MacArthur est la reine du Rhum

Pointe-à-Pitre, dimanche 24
Michel Desjoyeaux est arrivé la nuit dernière, premier des trois derniers rescapés des grands multicoques : le *Géant* l'a emporté dans sa catégorie en 13 jours, 7 heures et 53 minutes. Un exploit, mais quelque peu éclipsé par celui d'Ellen MacArthur, cette merveilleuse petite Anglaise de 26 ans qui a fait la nique aux trimarans en coupant la ligne près de 24 heures avant le skipper français, à la barre de son monocoque *Kingfisher* ! Ellen MacArthur, qui avait fait deuxième derrière Desjoyeaux en 2001 dans le Vendée Globe, entre dans la légende de la Route du Rhum.

Son projet pour 2003 : s'attaquer au Trophée Jules-Verne sur un catamaran.

Miss Monde ne sera pas élue au Nigeria

Abuja, dimanche 24
Le calme est revenu ce matin dans la capitale du Nigeria, où devait se dérouler le 7 décembre l'élection de Miss Monde. Les 90 candidates ont quitté hier soir en catimini le pays pour Londres. Jugé « obscène » par les imams, le concours avait suscité la colère des musulmans. Mais c'est un article du quotidien nigérian *This Day*, paru le 16, qui a déchaîné les passions : on y lisait que Mahomet aurait pu épouser l'une de ces jolies Miss... Un « blasphème » qui a créé des affrontements entre chrétiens et musulmans : au moins 200 morts.

Les populistes mis en échec en Autriche

Vienne, dimanche 24
Il est toujours risqué de provoquer des élections législatives anticipées. Mais Wolfgang Schüssel a montré qu'il était un grand tacticien, apte à ne pas rater l'opportunité que, bien involontairement, lui avait offerte le FPO de Jörg Haider, auquel il ne s'était peut-être allié que pour mieux l'affaiblir. Le résultat est là : l'OVP (conservateur) de Schüssel triomphe avec 42,27 % des voix, les socialistes du SPO n'en recueillent que 36,9 %, les Verts plafonnent à 8,96 %, et le FPO essuie une défaite cuisante, en passant de 27,2 % en 1999 à 10,16 %. La crise interne du parti populiste lui a été fatale.

Le fioul du *Prestige* englue les côtes

Le préjudice pour le secteur de la pêche est estimé à 800 millions d'euros.

Galice, dimanche 24
Plus de 300 kilomètres de côtes sont déjà souillées à la pointe de la Galice et il faudra au moins six mois, selon Jaime Matas, ministre espagnol de l'Environnement, pour que « la côte soit de nouveau ce qu'elle était ». Le *Prestige* s'est brisé en deux avant de sombrer, mardi, à 253 km au large de Corrubedo. Il gît par 3 600 m de fond. Quatre mille tonnes de fioul se sont déversées dans l'océan. Les nappes dérivent au gré des courants et des vents, les unes vers le golfe de Gascogne, d'autres vers le Portugal. Ecroué le 15, Apostolus Magouras, le capitaine du *Prestige*, affirme que le naufrage serait dû à une collision avec un container à la dérive.

Du 19 au 24, Mireille Mathieu est en concert à l'Olympia. De retour en France après 4 ans d'absence, l'Avignonnaise aux 122 millions de disques vendus entame une tournée pour la sortie de son 37ᵉ album, *De tes mains*.

BNP-Paribas s'invite au Crédit Lyonnais

Paris, dimanche 24
Même Alain Lambert, ministre du Budget, n'avait pas été mis dans la confidence. La mise en vente par l'Etat de sa participation de 10,9 % dans le capital du Crédit Lyonnais a été annoncée vendredi, après la fermeture des marchés, par Francis Mer, ministre des Finances. Il a opté pour une vente aux enchères, dont BNP-Paribas est sorti vainqueur à la surprise générale, les AGF et le Crédit agricole étant donnés favoris. Pour 2,2 milliards d'euros, la BNP est désormais le premier actionnaire de la banque au lion. (→ 15.12)

Le 23, à Paris, décès de Maritie Carpentier (80 ans), productrice de variétés à la télévision avec son mari Gilbert (disparu en 2000).

Novembre

Lu	Ma	Me	Je	Ve	Sa	Di
				1	2	3
4	5	6	7	8	9	10
11	12	13	14	15	16	17
18	19	20	21	22	23	24
25	26	27	28	29	30	

Fresnes, lundi 25
Un élève du lycée Frédéric-Mistral est blessé à l'œil par un tir de flash-ball dans une salle de classe.

France, lundi 25
Sortie de *Plus haut*, 1er single des What For, le groupe issu de « Popstars ».

Los Angeles, mardi 26
Nicolas Cage demande le divorce d'avec Lisa Presley.

Bruxelles, mardi 26
La Commission européenne inflige une amende de 478 millions d'euros à quatre cimentiers européens, dont le français Lafarge, pour entente illicite.

Washington, mercredi 27
George Bush nomme Henry Kissinger à la tête de la commission d'enquête sur les failles des services de renseignement dans les attentats du 11 septembre.

Le Caire, jeudi 28
Maamoun al-Hobeidy, 83 ans, est élu à la tête des Frères musulmans.

Bastia, jeudi 28
Fin du procès en appel de l'affaire des paillotes. Le jugement est mis en délibéré jusqu'au 15 janvier.

Paris, jeudi 28
La tour Eiffel fête son 200 millionième visiteur.

Israël, jeudi 28
Ariel Sharon remporte les primaires du Likoud par 61 % des voix.

Villers-la-Montagne, vendr. 29
Fermeture de l'usine de fours à micro-ondes Daewoo.

Schelle, vendredi 29
Julie Taton, 18 ans, est élue Miss Belgique.

Paris, vendredi 29
Le Conseil d'Etat annule l'intégration des écoles Diwann dans le service public de l'Education nationale.

DECES

Londres, lundi 25
Karel Reisz, cinéaste d'origine tchèque (*21.7.1926).

Paris, vendredi 29
Daniel Gélin, acteur et comédien (*19.5.1921).

3 326,05 — 25,14 $

€ 0,9947 $

L'Amérique placée sous haute sécurité

Washington, lundi 25
George W. Bush a signé la loi créant un nouveau département, celui de la Sécurité intérieure (Department of Homeland Security), loi votée par le Congrès le 19 novembre. Confié au républicain Tom Ridge, ce qui est en fait un gigantesque ministère de l'Intérieur regroupe une vingtaine d'administrations existantes, depuis les gardes-côtes jusqu'aux services de l'immigration – environ 170 000 fonctionnaires. Conçu pour la lutte antiterroriste, il devra coordonner son action avec le FBI, la CIA et le ministère de la Défense, légalement contraints de collaborer.

Les gendarmes pour faire passer le code

France, lundi 25
A la demande de Gilles de Robien, le ministre de l'Equipement et des Transports, ce sont des gendarmes qui, depuis ce matin, font passer aux candidats l'examen de code pour le permis de conduire. Cette mesure, destinée à désengorger l'énorme file d'attente provoquée par la grève des inspecteurs, est appliquée dans sept départements (Indre-et-Loire, Ain, Gironde, Cantal, Somme, Doubs et Val-de-Marne). Depuis le 21 octobre un millier d'inspecteurs ont cessé le travail pour dénoncer le projet de décentralisation départementale de leur administration mère.

On recherche des éboueurs de l'espace

Toulouse, mercredi 27
L'espace est-il devenu une poubelle ? L'évaluation chiffrée réalisée par le CNES est impressionnante. Entre les débris de satellites ou de fusées et les outillages abandonnés par les astronautes, 10 000 objets de plus de 10 cm, 200 000 de 1 à 10 cm et près de 35 millions de 0,1 à 1 cm sont en orbite, avec le risque de provoquer des collisions avec des satellites ou des vaisseaux habités. Le nettoyage de l'espace est à l'ordre du jour du colloque international organisé par l'Agence spatiale européenne et le CNES à Toulouse, jusqu'à demain.

Sarkozy désamorce la grève des routiers

Les premiers barrages avaient été installés dans la nuit de dimanche à lundi.

France, lundi 25
La France craignait d'être paralysée comme lors des précédents conflits : il n'en a rien été. Nicolas Sarkozy, le ministre de l'Intérieur, a tué dans l'œuf toute velléité de blocage des routes en menaçant d'un retrait de permis les chauffeurs qui le feraient. Les préfectures avaient aussi prévu des engins de levage pour dégager les routes le cas échant. Et hier soir, alors que les négociations entre les syndicats et le patronat paraissaient au point mort, un accord a été signé avec les organisations minoritaires, dont FO. Le salaire de base doit être augmenté de 14 % dans les trois ans. Mais comme la CGT, la CFDT le juge insuffisant : le patronat a refusé l'octroi d'un 13e mois.

Une ligue islamique sème la peur à Anvers

Anvers, jeudi 28
Après les émeutes qui ont secoué la ville depuis le meurtre, mardi, d'un enseignant marocain, Mohammed Achrak, par son voisin déséquilibré, Dyab Abou Jahjah, le leader de la Ligue arabe a été arrêté et incarcéré. Il est inculpé de rébellion en bande et violences volontaires. A 31 ans, ce Belge d'origine libanaise, qui dit avoir combattu Israël dans les rangs du Hezbollah, a soulevé de jeunes musulmans anversois en hurlant au crime raciste, ce que rien ne prouve. Pour Jahjah, Anvers est un « bastion du sionisme en Europe ».

Le 27, sortie en France de *la Planète au trésor* de Ron Clements et John Musker, et dont les dessins sont dus à Glen Keane. Cette production des studios Walt Disney est inspirée du roman de Robert Louis Stevenson.

Les Israéliens sont frappés chez eux et au Kenya

Les trois kamikazes de Mombasa ont été tués dans l'explosion de leur Pajero.

Le centre de vote de Beit Shean, en Israël, après l'attaque des Palestiniens.

Mombasa, jeudi 28
Il n'y a sans doute aucun lien direct entre les deux attaques, mais il faut reconnaître que la coïncidence a de quoi bouleverser les Israéliens. La première, qui est d'ailleurs double, s'est produite ce matin, vers 8 h 30, à Mombasa, grande ville balnéaire du Kenya très prisée des touristes israéliens. Vers 8 h 30, donc, un 4x4 force l'accès du Paradise Hotel, un établissement propriété d'un groupe israélien et où venaient de descendre 140 vacanciers juste arrivés d'Israël, et explose : on relève douze victimes, des Kényans et trois Israéliens (dont deux enfants). Et, presque au même moment, un Boeing 757 israélien de la compagnie Arkia décolle avec ses 261 passagers de l'aéroport et est la cible de deux missiles d'origine russe SAM-7 qui, par chance, ratent leur but. L'appareil pourra continuer sa route vers Tel-Aviv sans problème. Si ce double attentat n'a pas encore été revendiqué, il pourrait porter la signature de la Qaida, qui a promis de faire payer cher aux Israéliens le sang des Palestiniens. La deuxième attaque, elle, a été revendiquée par les Brigades des martyrs d'Al-Aqsa et a été commise en Israël même, à Beit Shean, quelques heures après : deux ou trois Palestiniens ont ouvert le feu et lancé des grenades dans un bureau de vote du Likoud, pendant la primaire opposant Ariel Sharon à Benyamin Netanyahou en vue des prochaines législatives. On déplore la mort de six Israéliens.

Cinq pompiers victimes d'un chauffard

Loriol-sur-Drôme, samedi 30
Le corps de Didier Bourgeat a été retrouvé dans la Drôme, mais celui de Laurent Broquet est introuvable. Il était 20 h 15 hier soir quand les deux pompiers ont été projetés dans la rivière par une Mercedes arrivant à 150 km/h sur une portion de l'A7 limitée à 90 en raison de travaux. Ils intervenaient sur un accident bénin quand ils ont été percutés, comme quatre autres de leurs camarades de la caserne de Loriol, par le véhicule conduit par un homme de 81 ans, Fernand Blanc. José Garrido, Eric Duveau et Patrick Duc sont morts sur le coup. Un sixième pompier a été grièvement blessé. Le chauffard n'a eu lui que la cheville cassée. Il doit être déféré devant un juge.

Des soldats français attaqués en Côte d'Ivoire

Côte d'Ivoire, samedi 30
L'opération Licorne, placée sous les ordres du général Emmanuel Beth, a connu ce soir son premier incident grave. Alors qu'ils évacuaient de la ville de Man, prise par les rebelles, 160 ressortissants de 17 nationalités différentes, dont 49 enfants, un très violent accrochage a eu lieu entre les soldats français et les adversaires du président Gbagbo. Un sergent de la 13e DBLE a été blessé et 8 rebelles ont été tués. Mais l'évacuation s'est bien terminée à l'aéroport de Man, sécurisé par les hommes du 2e REP et du 1er RIMa. La position de la France est délicate : les troupes des deux camps l'accusent en effet de ne pas respecter sa neutralité, dans le conflit qui les oppose.

Comme Laurent Broquet (debout, 2e à dr.), ils étaient pompiers volontaires.

Le 30, transfert des cendres d'Alexandre Dumas au Panthéon. Dans son discours, Jacques Chirac déclare : « Lire Dumas, l'école de la République ne devrait pas l'oublier, (...) c'est apprendre un peu de la France. »

Sans commentaire…

Décembre

Lu	Ma	Me	Je	Ve	Sa	Di
						1
2	3	4	5	6	7	8
9	10	11	12	13	14	15
16	17	18	19	20	21	22
23	24	25	26	27	28	29
30	31					

Saint-Jacques-de-Compostelle, dimanche 1er
300 000 personnes manifestent contre l'incapacité de l'Etat à faire face à la marée noire.

France, dimanche 1er
Entrée en vigueur du Solde bancaire insaisissable (SBI). Il assure un minimum vital en cas de saisie des comptes bancaires.

Irak, dimanche 1er
Des bombardements anglo-américains font 4 morts et 27 blessés à Bassorah.

Vancouver, lundi 2
William Pickton est désormais accusé des meurtres de quinze des 50 prostituées disparues.

Lyon, lundi 2
Fernand Blanc, le chauffard de Loriol, est incarcéré. Il est mis en examen pour homicides et blessures involontaires.

Paris, lundi 2
René Carron succède à Marc Bué à la présidence du Crédit agricole.

Anvers, mardi 3
Dyab Abou Jahjah est remis en liberté.

Copenhague, mardi 3
Akhmed Zakaïev est remis en liberté. Le Danemark refuse de l'extrader vers la Russie. (→ 5)

Oslo (Norvège), jeudi 5
Accord de paix entre le pouvoir sri lankais et la guérilla des Tigres tamouls, prévoyant la création d'un Etat fédéral.

France, vendredi 6
Fin de la grève des inspecteurs du permis de conduire.

Bagdad, samedi 7
L'Irak remet à l'ONU le rapport sur l'état de son programme d'armement. (→ 9)

France, dimanche 8
Le Téléthon reçoit 85 580 752 euros de promesses de dons.

DECES

Paris, dimanche 1er
Pierre Peugeot, président du conseil de surveillance du groupe PSA (*11.6.1932).

Brême, lundi 2
Ivan Illich, philosophe autrichien (*4.9.1926).

Rangoon, jeudi 5
Ne Win, chef de l'Etat birman de 1962 à 1988 (*24.5.1911).

3 185,77 — 25,55 $
€ 1,0079 $

Les Russes arrachent leur première Coupe Davis aux Français

Paris, dimanche 1er
Il restait deux matchs à jouer, et il suffisait aux hommes de Guy Forget d'en gagner un pour conserver à la France le beau saladier d'argent de la Coupe Davis. En effet, après le double remporté samedi par Nicolas Escudé et Fabrice Santoro, le score était de 2-1 aux dépens des Russes. Mais le sort en a voulu autrement. Battu par un Marat Safin en état de grâce (6-3, 6-2, 7-6), le malheureux Sébastien Grosjean laissait à Paul-Henri Mathieu le soin de conclure. Las ! Les Russes avaient remplacé le défaillant Evgueni Kafelnikov par le tout jeune Mikhaïl Youzhny. Qui a su retourner une situation au début compromise (3-6, 2-6, 6-3, 7-5, 6-4).

A Bercy, Boris Eltsine congratule Mikhaïl Youzhny après sa victoire décisive.

Six millions d'Argentins meurent de faim

Buenos Aires, lundi 2
Afin de relancer la consommation et de doper une économie nationale dévastée par les contraintes que lui impose le FMI et par le caractère spéculatif (plus que productif) des investissements d'origine étrangère, le ministre de l'Economie argentin, Roberto Lavagna, a aboli le *corralito* qui limitait à 500 pesos par semaine les retraits bancaires. Mais ce n'est qu'un peso très dévalué par rapport au dollar que peuvent aujourd'hui retirer les épargnants. Lesquels ne constituent qu'une infime minorité de la population. Pour les 6 millions d'Argentins touchés par la famine, la rigueur prônée par Washington et le FMI relève de la provocation.

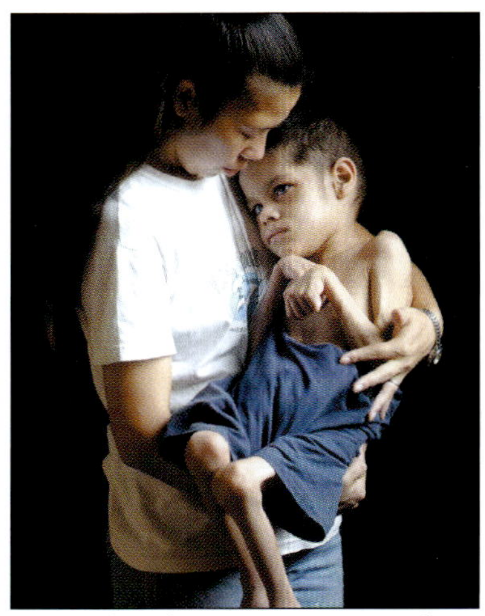

La rigidité du FMI pourrait conduire l'Argentine à une explosion sociale.

Sarkozy et Blunkett ferment Sangatte

Londres, lundi 2
Créé en 1999, le centre de Sangatte, géré par la Croix-Rouge, sera fermé avant le 30 décembre. Le protocole signé par les ministres britannique et français de l'Intérieur précise que le terrain sera rendu à Eurotunnel, qui en est propriétaire, et que toutes les structures bâties seront détruites. Nicolas Sarkozy a convaincu David Blunkett d'accorder aux Irakiens et aux Afghans ayant de la famille en Angleterre (environ 1 400 individus) un visa renouvelable de quatre ans. Les autres (environ 400) resteront en France, où ils bénéficieront d'un permis de travail.

Convoitises autour de la carte à puce

Bouches-du-Rhône, mercredi 4
En prenant 10 % de Gemplus, leader mondial de la carte à puce, Sagem ne satisfait pas principalement à une nécessité commerciale. L'opération a été organisée par les plus hautes autorités de l'Etat, afin de contrer l'offensive américaine dont elle est la cible. Alex Mandl, son directeur général depuis le 9 septembre, est en effet administrateur d'In-Q-Tel, une société de capital-risque créée par la CIA. Des transferts de technologie étaient à craindre, notamment dans le domaine de la cryptographie, où Gemplus est très innovante.

Le 5, Jacques Chirac inaugure quai Branly, à Paris, le Mémorial national de la guerre d'Algérie et des combats du Maroc et de Tunisie. Il porte les noms de 22 959 soldats (dont 3 010 harkis) morts pour la France.

La Russie rattrape Zakaïev à Londres

Londres, jeudi 5
Akhmed Zakaïev a été interpellé à sa descente d'avion. Le représentant spécial du président indépendantiste tchétchène, Aslan Maskhadov, fait l'objet d'une demande d'extradition de la fédération de Russie, qui veut le juger pour terrorisme. La justice, qui se donne le temps d'examiner la solidité des charges retenues contre lui, l'a interrogé et remis en liberté moyennant une caution que payera l'actrice Vanessa Redgrave. Acquise à la cause tchétchène, elle a produit, en 2000, un documentaire d'Andrei Nekrasov intitulé : *Children's Story, Chechnia*.

L'épave du *Prestige* crache son fioul

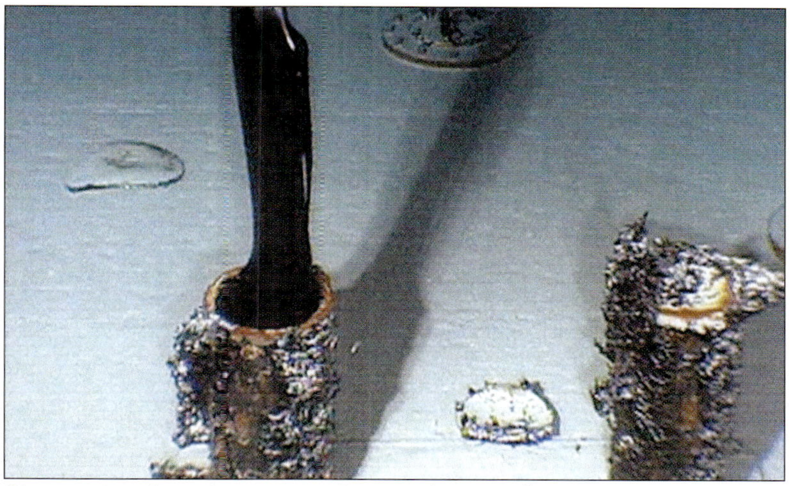

Une marée noire qui menace maintenant les côtes françaises et portugaises.

Bruxelles, vendredi 6
La catastrophe du *Prestige* aura eu au moins un effet positif : les quinze ministres des Transports de l'Union européenne ont interdit l'accès des pétroliers à simple coque dans tous les ports de l'UE. Cette décision, à effet immédiat, intervient le jour où le *Nautile*, le sous-marin de poche français de l'Ifremer, découvrait à la proue du *Prestige* quatre points de fuite et de graves distorsions dans la coque. Sachant qu'il reste encore entre 40 000 et 60 000 t de fioul dans ses soutes, le pire pourrait bien être à venir. D'autant que la température n'est pas assez basse pour « geler » le pétrole au fond de l'océan.

Le lobby pétrolier en guerre ouverte contre le président Chavez

Caracas, vendredi 6
Trois morts et dix-huit blessés place de France, à Caracas. Au cinquième jour de la grève générale décrétée par le patronat et la plus puissante organisation syndicale du pays, les manifestations réclamant le départ du président Hugo Chavez ont viré au drame. Qui a tiré sur la foule ? Pour les partisans de Chavez, issus des milieux les plus défavorisés, il ne peut s'agir que d'une provocation du lobby pétrolier. Lequel, pour en finir avec un président qui entendait faire bénéficier toute la population des revenus du pétrole, a décidé de bloquer les terminaux et d'empêcher les exportations. Face à cette crise, l'armée paraît très divisée.

Le 3, la garde nationale avait déjà dispersé une manifestation anti-Chavez.

La Belgique sortira du nucléaire civil

Bruxelles, vendredi 6
A 3 h 40 cette nuit, les députés ont pris une décision historique : celle de faire sortir la Belgique du nucléaire civil. Plus aucune centrale ne sera construite, et les sept réacteurs en activité seront arrêtés les uns après les autres entre 2015 et 2025. « Le monde sera plus sûr », s'est félicité Olivier Deleuze, le secrétaire d'Etat à l'Energie. Un problème important reste cependant à régler : par quelle énergie remplacer le nucléaire, qui fournit 57 % de l'électricité du pays ? En Europe, seuls le Royaume-Uni, la Finlande et la France demeurent attachés au nucléaire.

Le 6, des ouvriers d'Alfa Romeo, appartenant au groupe Fiat, manifestent à Milan. Ils craignent que le plan de licenciement de 11 000 personnes, entériné hier, n'entraîne la fermeture de leur usine d'Arese. (→ 9)

Le 7, Miss Turquie devient Miss Monde à l'Alexandra Palace de Londres devant un milliard de téléspectateurs : le plus beau des cadeaux pour la musulmane Azra Akin, élevée aux Pays-Bas, la veille de ses 22 ans.

Décembre

Lu	Ma	Me	Je	Ve	Sa	Di
						1
2	3	4	5	6	7	8
9	10	11	12	13	14	15
16	17	18	19	20	21	22
23	24	25	26	27	28	29
30	31					

Paris, lundi 9
L'indemnité de licenciement de Pierre Lescure de Canal + est de 2,9 millions d'euros.

Italie, lundi 9
5 600 ouvriers de Fiat sont placés en chômage technique de longue durée.

Belgique, mardi 10
Le prince Philippe inaugure le tronçon Louvain-Liège de la ligne TGV Bruxelles-Liège.

France, mardi 10
Sortie du 1er album du groupe What For.

France, mercredi 11
L'abstention atteint 67,3 % aux élections prud'homales : la CGT reste en tête (32,13 %) chez les salariés, suivie de la CFDT (25,23 %) et de FO (18,28 %).

Paris, mercredi 11
Le documentaire *Etre et Avoir* reçoit le prix Louis-Delluc.

Russie, mercredi 11
Le ministère de la Santé refuse de révéler le nom du gaz utilisé lors de la prise d'otages car il s'agit d'un « secret d'Etat ».

France, jeudi 12
Perquisitions de la Brigade financière au siège de Vivendi et dans deux résidences de Jean-Marie Messier.

Val-d'Isère, vendredi 13
Ski : Carole Montillet remporte le Super-G.

Londres, vendredi 13
A l'initiative des Etats-Unis, plus de 300 opposants irakiens se réunissent pour préparer l'après-Saddam Hussein.

Washington, vendredi 13
Henry Kissinger démissionne de la présidence de la commission d'enquête sur les attentats du 11 septembre.

Washington, vendredi 13
Annonce de la vaccination contre la variole, en janvier, de 500 000 soldats américains.

Mer du Nord, samedi 14
Naufrage, après une collision, du navire norvégien *Tricolor*.

Aarhus (Danemark), dim. 15
Handball féminin : la France décroche la médaille de bronze des championnats d'Europe.

France, dimanche 15
Fin des voitures fumeurs en 1re classe dans tous les TGV.

3 076,85 — 27,32 $

€ 1,0218 $

Nicolas Sarkozy : un ministre de l'Intérieur sans aucun complexe

France, lundi 9
Le ministre de l'Intérieur avait « 100 minutes pour convaincre ». Nicolas Sarkozy en a pris vingt de plus, face à 5,7 millions de Français. N'ayant pas peur de dénoncer le « terrorisme intellectuel » qui, pendant plusieurs décennies, a empêché d'appeler un voyou par son nom et de lui infliger les sanctions méritées, et ne voyant pas pourquoi il devrait « s'excuser » d'être de droite, il s'est affirmé en garant de l'ordre républicain. Face à Jean-Marie Le Pen, il a récusé la notion de droit du sang. Et, face à Elisabeth Guigou, il a assuré qu'il ne tolérerait jamais de bavure. Il n'y a que sur la question corse qu'il a dit n'être pas sûr de réussir.

Le journaliste Olivier Mazerolles l'a présenté comme le « Premier ministre bis ».

Pénurie de personnel dans les hôpitaux

France, lundi 9
Le docteur Gilles Dauptain, chef du service d'obstétrique à l'hôpital de Gonesse, a annoncé sa démission. Il quittera sa chefferie le 31 décembre à minuit, au moment même où une nouvelle réglementation entrera en vigueur, limitant le temps de travail hebdomadaire des médecins à 48 h et celui du personnel non hospitalier à 35 h. Or aucune augmentation des effectifs n'est prévue. Des dizaines d'autres chefs de service menacent de suivre son exemple : 7 500 postes de médecins doivent être pourvus au plus vite dans les CHU.

Colin Powell subtilise le rapport irakien

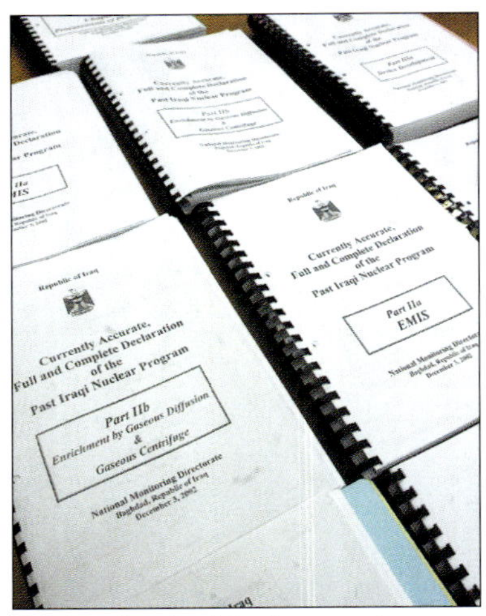

Il laisse les Américains sceptiques.

New York, lundi 9
Les Irakiens semblent avoir respecté la résolution 1441 de l'ONU. Mais les Américains, eux, ne se sont pas encombrés de la procédure qui avait été fixée. Le rapport de 12 000 pages remis par l'Irak à l'ONU sur l'état de ses armements devait être étudié par la Cocovinu, puis communiqué ensuite au Conseil de sécurité. Or la Cocovinu a été court-circuitée par Washington : sur injonction de Colin Powell au président colombien du Conseil, les Américains se sont fait livrer hier le fameux rapport. Ils en ont quand même aujourd'hui donné copie aux Français, aux Chinois, aux Russes et aux Britanniques.

Faillite fracassante pour United Airlines

Chicago, lundi 9
2,2 milliards de dollars de pertes en 2001, 1,7 milliard cette année à ce jour, plus une dette globale évaluée à 6,6 milliards : United Airlines s'est mise sous la protection de la loi sur les faillites. La compagnie aérienne américaine, la deuxième du monde, échappe ainsi provisoirement à ses créanciers et peut mettre en œuvre une restructuration qui ne sera pas facile, car 55 % de son capital sont détenus par ses salariés. Toutefois le P-dg de l'entreprise, Glenn Tilton, affiche son optimisme : il s'est donné dix-huit mois pour sortir du rouge et du régime des faillites.

Dans la nuit du 11 au 12, à la suite d'un nouvel épisode cévenol, une crue du Vidourle inonde Sommières (Gard), une commune fortement touchée par les intempéries de septembre. La ville basse baigne dans 1,80 m d'eau.

Cannibalisme high tech en Allemagne

Rotenburg, mardi 10
L'identité complète d'Armin M. n'a pas été révélée. Mais on sait que cet informaticien de 41 ans, arrêté par la police aujourd'hui, est un criminel d'une espèce heureusement rare, car particulièrement répugnante. Il a en effet reconnu qu'en mars dernier il avait dépecé et mangé la chair d'une victime consentante, Bernd Jürgen Brandes, également informaticien. Devant une caméra vidéo. Le pire est qu'avant de mourir Brandes a consommé son propre pénis avec le cannibale ! Armin M. a été trahi par les demandes de nouvelles victimes qu'il diffusait sur Internet.

L'Europe des vingt-cinq est pour 2004

Copenhague, vendredi 13
Le feu vert de la Commission pour une Europe des 25 en mai 2004 a été entériné par les chefs d'Etat et de gouvernement de l'UE, au terme d'un sommet où bien des tensions ont dû être apaisées : en particulier avec la Pologne qui avait espéré une aide financière plus substantielle, et plus encore avec la Turquie dont la demande d'adhésion ne sera prise en considération que dans deux ans. Malgré les pressions des Américains pour en favoriser l'intégration. En revanche, celle de la Bulgarie et de la Roumanie sera effective en 2007. Reste à régler l'épineux problème de la partition de Chypre d'ici à 2004.

L'échec d'Ariane 5 fragilise l'Europe spatiale

Kourou, mercredi 11
C'est un coup dur pour l'industrie aérospatiale européenne : la dernière version d'Ariane 5, conçue pour une capacité de lancement de 10 tonnes, a dû être détruite après 7' 35" de vol au-dessus de l'Atlantique. Et les deux satellites Hot Bird 7 et Stentor qu'elle devait placer sur orbite l'ont été également. C'est quand ses deux boosters se sont détachés, à 2' 30" du décollage, que le moteur Vulcain a perdu sa trajectoire, puis échappé au contrôle de son ordinateur. Cet accident se produit au moment où la concurrence américaine se profile dangereusement avec les nouveaux lanceurs Atlas 5 et Delta 4.

Ariane 5 est construite par EADS.

Démission forcée du cardinal de Boston

Vatican, vendredi 13
Jean-Paul II a accepté la démission du cardinal de Boston, Mgr Bernard Law, à l'issue d'un entretien avec le prélat dont il avait refusé le départ en avril. Hier, au cours du procès de George Geoghan, un ancien prêtre poursuivi pour actes pédophiles, le procureur général du Massachusetts avait établi que Mgr Law, informé des agissements de l'accusé, s'était contenté de le changer de paroisse à plusieurs reprises, exposant ainsi les fidèles à sa perversion. Il pourrait être maintenant cité à comparaître pour complicité d'abus sexuels.

L'ex-président d'Air France élu député

Yvelines, dimanche 15
Christian Blanc a été élu député de la 3e circonscription des Yvelines. Il conserve donc à l'UDF le siège qui était devenu vacant après que Anne-Marie Idrac avait été nommée à la présidence de la RATP. Dimanche dernier, Christian Blanc était arrivé en tête du premier tour (46,36 %), contraignant son rival de l'UMP au retrait. L'élection de l'ex-président d'Air France est un échec personnel pour Alain Juppé, qui avait tenté d'empêcher le ministre Gilles de Robien, de venir soutenir Blanc : une « connerie », a-t-il reconnu...

Le 10, à Paris, *le Seigneur des Anneaux : les Deux Tours*, deuxième volet de l'adaptation cinématographique, par Peter Jackson, de la trilogie de J.R.R. Tolkien, est projeté en avant-première européenne au Grand Rex.

Le 14, à Lyon, Miss Guadeloupe est élue Miss France par un jury présidé par Gina Lollobrigida et par les téléspectateurs. Agée de 19 ans, Corinne Coman, née à Pointe-à-Pitre, détient une licence de sciences physiques.

Décembre

Lu	Ma	Me	Je	Ve	Sa	Di
						1
2	3	4	5	6	7	8
9	10	11	12	13	14	15
16	17	18	19	20	21	22
23	24	25	26	27	28	29
30	31					

Ottawa, lundi 16
Le Canada ratifie le protocole de Kyoto sur la réduction des gaz à effet de serre.

Washington, lundi 16
Thomas Kean devient président de la commission d'enquête sur les attentats du 11 septembre.

Madrid, mardi 17
Football : Ronaldo est désigné meilleur joueur de l'année 2002. Il avait déjà été élu hier à Paris Ballon d'or 2002.

Chicago, mardi 17
Le placement sous la protection de la loi sur les faillites de Conseco, société financière et d'assurances, est la 3e faillite la plus importante des Etats-Unis.

Corée du Sud, jeudi 19
Election à la présidence du libéral Roh Moo-hyun.

Paris, jeudi 19
Adoption définitive de la loi assouplissant les 35 heures.

Paris, vendredi 20
Azedine Berkane, agresseur de Bertrand Delanoë, est déclaré pénalement irresponsable par une étude psychiatrique.

Paris, vendredi 20
Le financier américain George Soros est l'unique condamné (2,2 millions d'euros d'amende) dans l'affaire du délit d'initiés de la Société générale.

Vatican, vendredi 20
Le pape reconnaît l'authenticité d'un miracle attribué à mère Teresa et lance la procédure de béatification de la religieuse.

Washington, samedi 21
George Bush se fait vacciner contre la variole.

Bayonne, samedi 21
Ibon Fernandez Iradi, un chef présumé de l'ETA militaire, s'évade du commissariat.

Lorient, dimanche 22
946 kilos de cocaïne sont saisis dans le voilier *Planet* transporté sur une barge en provenance de Fort-de-France.

DECES

Koweït, dimanche 22
Patrick Bourrat, journaliste français (*20.9.1952). (→23)

Broomfield, dimanche 22
Joe Strummer (*25.8.1952), chanteur du groupe The Clash.

3 082,85 — 28,20 $
€ 1,0268 $

Le Crédit agricole s'offre le Lyonnais

Paris, lundi 16
René Carron est allé vite, très vite. Président du Crédit agricole depuis deux semaines, il a conclu hier soir un accord de fusion avec le Crédit Lyonnais, dont Jean Peyrelevade, le président, s'est félicité ce matin en conférence de presse alors qu'il n'en voulait à aucun prix. L'offre de la banque verte – 56 euros l'action – valorise le Lyonnais à 19,8 milliards d'euros, alors que le titre valait 7,3 euros lors de sa privatisation en 99. Cette opération fera de la nouvelle entité le principal groupe bancaire français, marginalisant la BNP qui, avec 16,2 % du capital du Lyonnais, affirme rester « en embuscade ».

Les McDo ont cessé de faire recette

Oak Brook (Etats-Unis), mardi 17
Depuis son siège central de l'Illinois, la direction du numéro un mondial de la restauration rapide a annoncé les premières pertes de son histoire : au terme de ce trimestre, l'action de McDonald's devrait avoir chuté de 5 à 6 cents. Cette année, la chaîne a fermé 175 établissements, le recul de la fréquentation se faisant sentir aux Etats-Unis même. Le 5 décembre, le P-dg Jack Greenberg avait remis sa démission. Il a été remplacé au pied levé par James Cantalupo.

La clémence est finie pour les chauffards

Paris, mercredi 18
Avec 8 160 tués en 2001 et 153 945 blessés (dont 26 192 blessés graves), les routes françaises sont parmi les plus dangereuses d'Europe. Le plan de lutte contre l'insécurité routière présenté par le gouvernement veut en finir avec ce qui est un « scandale national ». Les autoroutes vont être « truffées » de radars. Les « permis blancs » seront supprimés, le permis de conduire ne sera délivré qu'à titre probatoire, et les chauffards ayant causé un accident mortel risqueront jusqu'à dix ans de prison. L'alcool, à l'origine d'un tiers des accidents, sera plus systématiquement dépisté, mais le taux toléré n'est pas abaissé.

Les musulmans parleront d'une seule voix

Dalil Boubakeur a été, et restera, l'interlocuteur privilégié de Nicolas Sarkozy.

Nainville-les-Roches, vendredi 20
L'islam, qui est devenue la deuxième religion de France (5 à 6 millions de croyants), va se doter d'une instance représentative : le Conseil français du culte musulman. Le ministre de l'Intérieur, Nicolas Sarkozy, qui est aussi ministre des Cultes, a réussi à fédérer les différentes tendances de l'islam de France, de l'UOIF, qui est proche des Frères musulmans, à la FNMF, soutenue par le Maroc, en passant par le Tabligh ou le Ditib, contrôlé par la Turquie. Le CFCM sera présidé par Dalil Boubakeur, le recteur de la mosquée de Paris.

Réquisitoire sévère contre Biljana Plavsic

La Haye, mercredi 18
Le procureur du TPIY, Carla Del Ponte, a requis quinze à vingt-cinq ans de prison contre Biljana Plavsic, l'ancienne présidente des Serbes de Bosnie. Pourtant, cette femme âgée de 72 ans avait impressionné par sa dignité, acceptant de jouer le rôle de bouc émissaire en plaidant coupable de crimes contre l'humanité. Alors qu'elle eut une action modératrice en Bosnie. On ne lui a pas pardonné d'avoir refusé de témoigner contre Milosevic. Verdict en janvier.

Le 16, l'épave du *Tricolor* est heurtée peu après minuit par un caboteur des Antilles néerlandaises, le *Nicola*. Malgré toutes les précautions prises par les autorités. Les 2 862 véhicules transportés par le navire norvégien gisent au fond de la mer du Nord depuis la première collision, samedi dernier.

Tempête judiciaire chez Buffalo Grill

Paris, vendredi 20
Le parquet de Paris a fait appel du maintien en liberté sous contrôle judiciaire du fondateur de Buffalo Grill, Christian Picart. Suite à des plaintes de familles de victimes de la maladie de Creutzfeld-Jakob, il avait été mis en examen, hier jeudi, pour « homicides involontaires », avec le directeur des achats de la chaîne de restauration, Daniel Batailler, qui a été écroué. Mercredi, ce sont deux responsables de Districoupe, filiale de Buffalo Grill, qui avaient été les premiers mis en examen. La chaîne est soupçonnée d'avoir écoulé de la viande anglaise entre 1996 et 2000. Ce que Christian Picart nie.

Les Français attaqués en Côte d'Ivoire

Côte d'Ivoire, samedi 21
L'opération Licorne devient tendue. Un violent accrochage a opposé à Duékoué, dans la partie ouest de la Côte d'Ivoire, des soldats français à des rebelles du Mpigo, mouvement non signataire du cessez-le-feu avec le gouvernement légal d'Abidjan. Ce sont les rebelles qui auraient attaqué les Français, interposés entre eux et les forces loyalistes ivoiriennes. Si l'on ne signale aucun blessé du côté français, on ignore encore les pertes infligées aux assaillants.

Nolwenn va connaître la vie de star

13,7 millions de téléspectateurs ont suivi la victoire de Nolwenn ; plus de trois millions d'entre eux ont appelé pour voter.

France, samedi 21
Et Nolwenn eut du mal à retenir ses larmes... Au terme du 17e *prime time* organisé en direct du studio Carrère à La Plaine-Saint-Denis, la Bretonne de 20 ans, demeurant à Saint-Yorre, dans l'Allier, a vaincu Houcine avec 55 % des voix des téléspectateurs. La belle brune était favorite depuis que, en demi-finale, elle avait éliminé la blonde Emma, Houcine étant de son côté venu à bout de Georges-Alain. Ténébreuse et tourmentée, celle qui a découvert « la tempérance » – une des quatre vertus cardinales – lors des seize semaines qu'elle a passées au château de Dammarie-les-Lys (Essonne), a déjà fait les couvertures de *Paris-Match*, *Gala*, *Télé 7 Jours* et *Téléstar*, qui avaient tous misé sur elle. Pour cette deuxième saison de « Star Academy », TF1 et Endemol, la maison de production d'Arthur, en avaient revu le concept, faisant venir sur le plateau les plus grandes vedettes de la chanson sous contrat avec Universal. Pari gagné : le *prime time* du samedi soir est devenu un rendez-vous familial, drainant des retombées publicitaires immenses.

L'incroyable histoire du vrai faux coupable

Paris, samedi 21
Le cauchemar est terminé pour le steward français Michaël Philippe, mais il a juré, à son arrivée à Roissy, de ne plus jamais mettre les pieds aux Etats-Unis. Employé par Virgin Atlantic, il avait découvert dans les toilettes de l'avion où il servait une inscription à la gloire de Ben Laden. C'était le 19 janvier. Il avait oublié cette mauvaise farce lorsque, le 27 mars, il fut arrêté par le FBI dès sa descente d'avion, à Newark, jeté en prison et accusé... d'être l'auteur de l'inscription ! Libéré sous caution un mois après et assigné à résidence, il a dû plaider coupable, jeudi, pour écoper de cinq ans de prison avec sursis. Sinon, il risquait d'en prendre pour quinze ans. Ferme.

Michaël Philippe adorait l'Amérique !

Saddam Hussein essaie d'éviter la guerre

Bagdad, dimanche 22
Saddam Hussein sent que l'étau se resserre dangereusement sur l'Irak. C'est la raison pour laquelle il a mis les Américains et les Britanniques en demeure d'apporter les preuves de leurs affirmations selon lesquelles le rapport sur son armement fourni à l'ONU serait entaché d'omissions et constituerait une violation de la résolution 1441. Il a même invité la CIA à venir sur place coopérer avec les inspecteurs de la Commission de contrôle, vérification et inspection de l'ONU (Unmovic). Mais il risque fort de n'être pas entendu. Jeudi, le chef de l'Unmovic lui-même, Hans Blix, a reconnu avoir été déçu par ce rapport, disant que Bagdad avait « manqué une occasion ».

Hans Blix n'est plus guère optimiste.

Décembre

Lu	Ma	Me	Je	Ve	Sa	Di
						1
2	3	4	5	6	7	8
9	10	11	12	13	14	15
16	17	18	19	20	21	22
23	24	25	26	27	28	29
30	31					

Sangatte, lundi 23
Début de la destruction de l'ex-centre d'accueil de clandestins.

Lorient, lundi 23
553 kilos de cocaïne sont saisis sur le voilier *Jumbie*.

Ramallah, mardi 24
Yasser Arafat est empêché par Israël de se rendre à la messe de minuit à Bethléem pour la deuxième année d'affilée.

Afghanistan, jeudi 26
Gulbuddin Hekmatyar, ancien Premier ministre afghan, s'allie avec les talibans et la Qaida pour renverser Hamid Karzaï.

Nicosie, jeudi 26
30 000 Chypriotes turcs défilent en faveur de la réunification de l'île et de son entrée dans l'UE.

Irak, jeudi 26
Après la destruction d'un drone par la DCA irakienne, lundi, un raid anglo-américain fait trois morts près de Talil.

Staten Island, vendredi 27
L'acier du World Trade Center commence à être envoyé à un chantier naval du Mississippi, où il sera utilisé pour construire un navire de guerre, un nouvel *USS New York*.

Hobart (Tasmanie), samedi 28
L'Australien Neville Crichton remporte la Sydney-Hobart à bord du voilier *Alfa Roméo*.

Kenya, dimanche 29
Mwai Kibaki est élu président du Kenya.

Shanghai, lundi 30
Le Premier ministre chinois Zhu Ronji et le chancelier Gerhard Schröder assistent aux essais du train à grande vitesse *Transrapid*. De conception allemande, il survole sa piste en « lévitation magnétique » et met le centre ville à huit minutes de l'aéroport. Il sera officiellement inauguré demain.

Biscarrosse, mardi 31
Arrivée des premières boulettes de fioul du *Prestige* sur les plages.

DECES

Milan, mardi 24
Luciano Chailly, compositeur d'opéras (*19.1.1920).

New York, vendredi 27
George Roy Hill, cinéaste (*20.12.1922).

3 011,83 — 30,23 $ — € 1,0405 $

Patrick Bourrat informait au péril de sa vie

Roissy, lundi 23
Patrick Bourrat reposera en France. Son corps a été rapatrié à bord d'un avion de Kuwait Airlines. Bernard Guerni, le cameraman qui était à ses côtés sur le champ de manœuvres américaines au Koweït, a confirmé que le grand reporter de TF1 était mort alors qu'il était justement en train de le mettre en garde contre le risque d'être renversé par un char. Percuté par un engin blindé, il a eu la rate éclatée. Jacques Chirac, qui le connaissait, s'est dit « consterné ». En octobre 1993 à Moscou, lors de la tentative de putsch contre Boris Eltsine, Bourrat avait été blessé par balles. Près de lui, son cameraman et ami Yvan Skopan avait été tué.

Il fut sur tous les fronts depuis 1980.

La Pologne sous le parapluie américain

Varsovie, vendredi 27
A peine la Pologne avait-elle mis un pied dans l'Union européenne que, de l'autre, elle lui portait un mauvais coup. Pour renouveler son aviation militaire, Varsovie a en effet choisi d'acquérir 48 chasseurs américains F-16, de préférence à des appareils européens plus modernes comme le Mirage 2000-5 français ou le JAS-39 Grippen suédois. Le contrat serait de l'ordre de 3,8 milliards d'euros. Un choix qui tend à démontrer que la Pologne, intégrée à l'Otan, a fait plus confiance à l'alliance militaire avec les Etats-Unis qu'à une défense européenne il est vrai hypothétique.

Attaque suicide au siège du gouvernement tchétchène prorusse

Grozny, vendredi 27
La rébellion tchétchène a démontré de la façon la plus spectaculaire, la plus audacieuse et la plus sanglante que l'ordre russe était loin de régner à Grozny. A 14 h 30, un camion et une voiture bourrés de TNT se sont fait exploser devant le bâtiment du gouvernement tchétchène prorusse, après avoir franchi trois barrages de sécurité. Le premier bilan fait état d'une quarantaine de tués ainsi que de dizaines de blessés, mais on peut craindre qu'il ne soit beaucoup plus important. Pour les proches d'Aslan Maskhadov, le président tchétchène indépendantiste, l'attentat serait dû à un groupe « non contrôlé ».

La télévision russe s'est rendue sur place pour montrer l'ampleur des dégâts.

Le 23, le chanteur Gilberto Gil est nommé ministre de la Culture du Brésil par le président Lula.

Le 24, à Saint-Quentin (Aisne), MBK, qui avait repris en 1984 l'activité de Motobécane, annonce l'arrêt de la fabrication du mythique cyclomoteur bleu. Il s'est vendu à plus de 30 millions d'exemplaires depuis 1959.

Les raéliens affirment avoir cloné un être humain

Hollywood (Floride), vendredi 27
Stupéfaction, indignation mais aussi scepticisme, telles ont été, de par le monde, les réactions quasi unanimes à l'annonce du premier clonage d'un être humain de sexe féminin dont le lieu de naissance n'a pas été révélé. L'information en a été délivrée dès hier à Miami par Brigitte Boisselier, une scientifique d'origine française responsable d'un programme privé connu sous l'appellation de Clonaid, puis confirmée aujourd'hui lors de sa conférence de presse à l'Holiday Inn de Hollywood, en Floride. Elle n'a pas été prodigue de détails sur la méthode employée pour parvenir à ce résultat, et c'est pourquoi ses « révélations » laissent dubitatifs les généticiens : une telle annonce, faite au lendemain de Noël, ressemble à une supercherie. Mais si ce n'était pas le cas, et Brigitte Boisselier s'est engagée à en fournir les preuves le vendredi 3 janvier, ce serait des plus préoccupants. Car, outre le fait que la technique du clonage est encore loin d'être maîtrisée, Clonaid n'est pas une institution au-dessus de tout soupçon : elle est l'émanation de la secte raélienne, fondée en 1974 par le Français Claude Vorilhon, qui a pris le nom de Raël pour propager, notamment aux Etats-Unis, le credo selon lequel l'homme aurait été créé par des extraterrestres, les Elohim !

Claude Vorilhon, gourou de la secte.

Brigitte Boisselier, chimiste de Raël.

La crainte d'attentats islamistes redouble

France, samedi 28
La DST en est certaine : elle vient de démanteler un groupe opérationnel. Les neuf islamistes arrêtés depuis le 16 décembre appartiendraient à une filière tchétchène. Tous algériens ou d'origine algérienne, vivant pour la plupart en banlieue parisienne, ils auraient eu le projet de commettre un attentat contre l'ambassade russe à Paris. On ne sait pas en revanche si Abderazak Besseghir, bagagiste à l'aéroport de Roissy, arrêté ce soir sur son lieu de travail, préparait un attentat. Des armes et du plastic ont été trouvés dans sa voiture.

La Corée du Nord a engagé un bras de fer avec les Etats-Unis

Kim Jong-il exerce un chantage nucléaire pour sauver son régime dictatorial.

Washington, dimanche 29
Le secrétaire d'Etat américain Colin Powell a déclaré que les Etats-Unis n'avaient pas l'intention de frapper préventivement la Corée du Nord. Washington cherche donc une issue pacifique à la crise née de la décision prise le dimanche 22 par Pyongyang de relancer la production de l'usine de Yongbyon, susceptible de fournir du plutonium à usage militaire. Et cela en violation d'un accord signé en 1994 sur le gel de son programme atomique. La tension s'était accrue vendredi, quand la Corée du Nord avait annoncé l'expulsion de deux experts de l'Agence internationale pour l'énergie atomique (AIEA).

Le 29, à Notre-Dame de Paris, frère Roger (au centre) ouvre la messe que préside le cardinal Lustiger à l'occasion de la 25e Rencontre européenne de la communauté de Taizé qui réunit 80 000 jeunes durant cinq jours.

L'Amérique l'arme au pied face à l'Irak

Qatar, mardi 31
Tout est prêt, ou presque, au centre de commandement américain établi au Qatar pour déclencher l'attaque contre l'Irak dès que l'ordre en sera donné par George W. Bush. Ce sont quelque 60 000 fantassins dont deux brigades de marines qui ont été mis sur pied de guerre dans les Etats du Golfe, plus quelque 400 avions sur différentes bases arabes ou turques. Quatre porte-avions ont été d'ores et déjà positionnés, et deux autres sont prêts à les rejoindre. Reste à convaincre la Turquie d'ouvrir plus largement ses bases navales à l'US Navy et d'autoriser la présence de 80 000 GI sur son sol pour ouvrir un front dans le nord de l'Irak.

Des chars M1 Abrams de l'US Army.

La clé du futur : une réalité d'aujourd'hui !

« Sésame ouvre-toi… »

Toute la magie et la faiblesse de la reconnaissance est contenue dans cette petite phrase de ce conte oriental. Reconnaître, identifier est un besoin qui remonte à la nuit des temps.

Les Chinois authentifiaient des actes de propriété par empreintes digitales. Les potiers égyptiens savaient que leurs empreintes marquées dans la glaise permettaient de reconnaître leur production. L'épistémologie est friande d'inventions retrouvées : il faudra attendre la seconde partie du XIXe siècle pour trouver enfin une réflexion biométrique construite avec la démarche de William Herschel, qui eut l'idée, au Bengale, en 1858, de faire signer des contrats par l'apposition d'empreintes palmaires. C'est ainsi que naquit la technique d'identification la plus connue et sans conteste la plus démontrée et la plus éprouvée : l'identification par empreinte digitale. Dès 1883, la technique d'identification par empreinte digitale était vulgarisée dans un roman, « The life of the Mississippi » écrit par un certain Langhorne Clemens, plus connu sous son nom de plume de Mark Twain.

Avec la conquête de l'Ouest et l'essor du télégraphe, on découvrit que les télégraphistes avaient un « doigté » caractéristique qui permettait de les reconnaître. Cette technique fut communément utilisée pendant la dernière guerre mondiale pour authentifier les opérateurs de radiotélégraphie. C'est dans le milieu des années soixante, alors même que l'identification de criminels récidivistes à l'aide d'empreintes digitales était reconnue et utilisée depuis plusieurs décennies par l'ensemble des polices du monde, que le FBI lançait enfin un vaste programme de recherche sur le traitement automatique des empreintes digitales. C'est aussi à la même époque que l'université de Standford démontrait qu'il était possible de « discriminer » une population d'environ 5 000 personnes grâce à la mesure de la longueur des doigts d'une main. Cette technique biométrique fut utilisée expérimentalement pour contrôler l'accès aux salles d'examen. Cela donna naissance à l'un des tout premiers systèmes de contrôle d'accès biométrique connu sous le nom d'Identimat. Cette première avancée ouvrit ensuite de nombreux axes de recherches pour améliorer une technique quelque peu balbutiante.

La voix de son maître… ou au doigt et à l'œil !

Quels critères physiques permettent d'authentifier une personne ? Généralement, on s'appuie sur des critères qui sont uniques (unicité) pour chacune des personnes et qui évoluent peu dans le temps (immuabilité). Sur ce sujet, l'imagination est débridée, et le petit monde de la biométrie frémit régulièrement, sensible à des effets de mode où la nouveauté l'emporte trop souvent sur la qualité. On classe généralement les critères physiques retenus en deux grandes catégories : les approches par apprentissage et les approches anatomiques.

Les techniques par apprentissage authentifient les personnes sur leur capacité à reproduire, de manière stable, certains mouvements musculaires. Sont rattachées à cette classe, par exemple :

Une empreinte et quelques points caractéristiques.

la reconnaissance dynamique des signatures, la reconnaissance vocale, l'authentification par la frappe sur un clavier. Ces techniques, comme leur définition le laisse deviner, ont une fragilité dans le temps.

Les techniques anatomiques reposent sur le traitement de critères physiques réputés immuables et uniques pour chaque individu. Les représentants les plus significatifs de cette classe sont l'empreinte digitale, l'ADN, l'iris, la forme de l'oreille ou encore les vaisseaux sanguins du dessus de la main. Est aussi rattachée à cette classe la reconnaissance du visage. Ces critères ont peu de variations dans le temps, en tout cas pour les premiers cités. Les variations constatées sont très souvent dues aux difficultés à lire ces informations.

D'un point de vue pratique, aujourd'hui, ce sont les systèmes de traitement automatique d'empreintes digitales qui sont les plus souvent utilisés au travers de nombreuses applications. La biométrie par empreinte digitale représente plus de 50 % des techniques biométriques utilisées dans le monde. Pourquoi une telle place de l'empreinte digitale dans l'univers de la biométrie ?

Probablement pour trois raisons :

• L'empreinte digitale est utilisée quotidiennement par les polices du monde entier depuis plus d'un siècle. Sa réputation n'est plus à faire et son efficacité est prouvée.

• Elle a bénéficié, depuis 1965, de nombreux financements des gouvernements à des fins d'automatiser son traitement.

• Elle est conceptuellement et techniquement facile à intégrer dans les actes de la vie courante. Aujourd'hui, il existe dans des laboratoires d'industriels des prototypes très avancés, de la taille d'un bouton d'ascenseur, capables de reconnaître les empreintes digitales d'une dizaine de personnes.

Comment cela marche ?

Prenons, pour simplifier, l'exemple de l'empreinte digitale. Le mécanisme biométrique est composé

Prise d'empreinte palmaire.

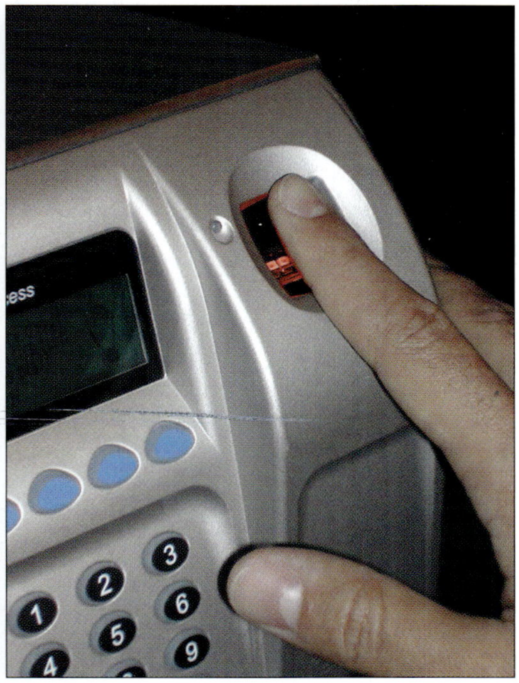

Terminal de contrôle d'accès.

d'une partie chargée de lire l'image de l'empreinte digitale de la personne et d'une autre partie capable de comparer ce doigt à un doigt mémorisé préalablement.

La lecture du doigt est réalisée en s'appuyant sur différentes approches physiques comme l'optique par exemple – dans ce cas, le lecteur se présente comme un photocopieur de doigt –, ou encore électronique – dans ce dernier cas, le lecteur se présente comme une couche de métal doré composé de centaines de milliers d'interrupteurs invisibles à l'œil. Ces lecteurs permettent de constituer une image « numérique »[1] des lignes d'empreintes exploitable par un micro-ordinateur. Le « comparateur » estun micro-ordinateur extrêmement petit, de la taille d'un porte-clé. Ce micro-ordinateur reçoit l'image de l'empreinte et détecte automatiquement les bifurcations ou les terminaisons de lignes d'empreintes ainsi que les orientations des lignes à ces points singuliers. Il y a en moyenne 80 points singuliers – appelés encore points caractéristiques – par doigt. Ces points se forment au troisième mois de la vie du fœtus et sont uniques et immuables durant toute la vie d'une personne. Ce sont ces points caractéristiques qui sont comparés aux points caractéristiques connus de personnes que l'on souhaite identifier. Ces points caractéristiques de référence sont obtenus en utilisant les mêmes mécanismes, lors d'une phase d'enregistrement préalable. Cette description de référence nécessite très peu de mémoire : de l'ordre de 200 octets par doigt. Il est ainsi possible d'enregistrer quelques dizaines, voire quelques milliers de références d'empreinte dans un petit boîtier ou encore de mémoriser cette information sur une carte que détient l'utilisateur. En définitive, ce n'est pas l'image de l'empreinte digitale qui est conservée ou comparée mais un condensé 1 000 fois plus petit.

L'empreinte digitale au quotidien

Longtemps entachée en Europe par son image policière, l'usage « civil » de l'empreinte digitale s'est surtout développé en Asie, en Afrique et aux Etats-Unis. Elle y connaît un essor remarquable et parfois surprenant. On y distingue trois grandes catégories d'usage : le gouvernement, les entreprises et les consommateurs.

S'agissant d'applications gouvernementales, les Philippines utilisent l'empreinte digitale pour gérer les assurés sociaux, l'Etat de New York ou encore celui du Texas utilisent de même l'empreinte digitale pour contrôler la délivrance de subventions sociales (Welfare). Plus original, l'Afrique du Sud délivre plus de deux millions de pensions par mois, dans le bush, à l'aide de distributeurs de billets, sécurisés par empreintes digitales, installés dans des véhicules. Dans ce dernier cas, l'empreinte digitale a apporté une réponse efficace à la question de la suppression de codes personnels secrets liée à l'analphabétisme très élevé de ces populations. La Malaisie a, pour sa part, mis en place l'un des projets les plus ambitieux du moment, avec la carte biométrique du citoyen, carte multi-usage qui permet de contrôler les permis de conduire, de disposer d'un porte-monnaie électronique, ou encore de passer la frontière en utilisant des sas automatiques, l'ensemble étant sécurisé par le traitement automatique de l'empreinte digitale du citoyen.

Pour ce qui concerne un usage non gouvernemental, plusieurs universités américaines utilisent l'empreinte digitale pour automatiser les paiements dans les cafétérias. L'objectif dans ce cas est de supprimer l'usage de badge, qui se perd ou qui peut être la cause de discrimination (badges spéciaux pour des ayants droit sociaux), ou encore qui peut soumettre son détenteur à des pressions ou à des agressions (phénomènes de caïdat). L'expérience la plus significative, en la matière, est conduite aux Etats-Unis, où près de 300 000 personnes ont accepté, durant ces douze derniers mois, de donner leurs empreintes volontairement pour supprimer les contrôles d'identité multiples lors de la remise de chèques. Certaines expériences pilotes dans des magasins, tels que des restaurants ou de location de supports vidéo, acceptent les paiements d'abonnés avec empreintes digitales et sans cartes de crédit. Au-delà de la simple commodité, les personnes âgées reconnaissent utiliser ce nouveau moyen de paiement et être plus rassurées car il leur évite d'avoir sur elles des cartes de crédit.

Dans la vie de tous les jours, un certain nombre de propriétaires de domiciles privés de l'Etat de Washington utilisent des serrures à empreintes digitales pour contrôler l'accès à leur domicile. Principal avantage : cela permet aux enfants d'accéder facilement à leur domicile sans risque de pertes de clés qui obligent à changer toutes les serrures. Enfin, quelques constructeurs européens, pour des véhicules haut de gamme, offrent une fonction biométrique dont l'objectif est d'apporter une sécurité supplémentaire et surtout une capacité originale de personnalisation du véhicule. Ainsi, le véhicule adapte le fauteuil, les rétroviseurs, les chaînes de radio, le chauffage... au doigt du conducteur !

L'avenir de la biométrie

En matière d'usage, la biométrie devrait se développer de plus en plus rapidement dans le monde et en Europe. Déjà, Air France et Aéroports de Paris ont conduit des opérations pilotes de contrôle d'accès par empreinte digitale pour sécuriser l'embarquement à bord des avions ou l'accès aux zones sensibles de l'aéroport. En France, l'usage de la biométrie fait l'objet d'une surveillance attentive de la Commission Informatique et Libertés. Au fur et à mesure des opérations pilotes qui ont été autorisées, il commence à se dégager quelques principes directeurs permettant un bon usage de ces technologies dans le respect des libertés individuelles. Certains pays ont déjà sauté le pas et ont dû travailler sur des textes de loi définissant l'usage des informations biométriques. Ainsi seront formalisées les règles permettant une plus grande diffusion de cette technologie.

Demande de carte d'identité au Nigeria.

Signe de changement profond, le tissu industriel, qui était composé de quelques centaines de petites sociétés, est en train d'évoluer avec l'apparition sur ce marché de véritables groupes industriels. Les prix chutent, des standards biométriques voient le jour. Tout est en place pour que la clé du futur devienne une réalité d'aujourd'hui.

Pour une fois, l'Europe pourrait ne pas se contenter d'un rôle de figurant, notamment avec une mention particulière pour le groupe européen Sagem, bien connu pour sa position de leader mondial en matière de traitement automatique des empreintes digitales, et qui depuis quelque temps met à la disposition des entreprises et des utilisateurs une technologie qui n'était accessible qu'aux services les plus spécialisés des Etats.

Bernard Didier
Director, Technical and Business Development
Security Division
Sagem

[1] La taille de cette image « numérique » peut atteindre 256 000 octets.

Ils ont disparu en 2002

7 janvier, René Etiemble
Spécialiste de Rimbaud, mais aussi des littératures orientales, Etiemble (*26.1.1909) s'est rendu célèbre en défendant la langue française contre l'invasion de l'anglais, notamment avec la publication, en 1964, de son percutant *Parlez-vous franglais ?*. Il a également écrit des romans raffinés comme *Blason d'un corps* (1961) et *Trois Femmes de race* (1981).

11 janvier, Henri Verneuil
Voir page 7

15 janvier, Michel Poniatowski

Descendant d'une illustre dynastie princière qui donna à la Pologne son tout dernier roi, Michel Poniatowski (*16.5.1922), ancien de l'ENA, fit une importante carrière politique au côté de Valéry Giscard d'Estaing, qui en fit son ministre de l'Intérieur du 29 mai 1974 au 30 mars 1977. Il taquinait volontiers Clio et écrivit notamment plusieurs ouvrages sur Talleyrand, dont il descendait aussi par la main gauche.

17 janvier, Camilo José Cela
Révélée dès 1942 avec *la Famille de Pascal Duarte*, l'œuvre romanesque de Camilo José Cela (*12.5.1916) se distingue par son réalisme cru et son esprit picaresque, dans la plus pure tradition espagnole. Parmi ses livres les plus remarquables, il faut aussi citer *la Ruche* (1951), et des essais tauromachiques étincelants. Cela a entretenu des rapports fort ambigus avec le franquisme. Il obtint le prix Nobel de littérature en 1989.

23 janvier, Pierre Bourdieu
Pierre Bourdieu (*1.9.1930) acquit une grande notoriété en publiant en 1964 avec Jean-Claude Passeron *les Héritiers*, une analyse des blocages de l'Université française. Engagé à l'extrême gauche et développant ses recherches dans le champ social le plus large, il donna avec *la Misère du monde* (1993) l'un de ses livres les plus significatifs. Bourdieu était titulaire d'une chaire de sociologie au Collège de France.

3 février, Raymond Gérôme

L'acteur et metteur en scène belge Raymond Gérôme (*17.5.1920) eut au théâtre pour règle le pur respect des auteurs, ce qui le rendit défiant à l'égard de l'avant-garde. Installé à Paris, il s'illustra dans le répertoire comme dans les œuvres modernes, telle *Trahisons*, d'Harold Pinter. Il a écrit plusieurs pièces (*l'Extravagant Mister Wilde*, 1983) et interprété de brillants seconds rôles à la télévision et au cinéma (*le Cerveau*, 1969).

9 février, la princesse Margaret
Voir page 17

14 février, Geneviève de Gaulle

Nièce du général de Gaulle, engagée dans la Résistance en 1940, arrêtée, déportée à Ravensbrück en 1943 à l'âge de 22 ans, Geneviève de Gaulle-Anthonioz (*25.10.1920) fit carrière aux Affaires culturelles, auprès de son mari Bernard Anthonioz, puis se voua à la lutte contre la misère. En 1964, elle prit la présidence du mouvement ATD-Quart Monde. En 1997, elle sera la première femme élevée au grade de grand-croix de la Légion d'honneur.

22 février, Sélim Sasson
Voir page 21

17 mars, Alain van der Biest
Voir page 29

27 mars, Billy Wilder
Voir page 32

30 mars, la reine Mère
Voir page 33

8 avril, Maria Félix
Baptisée sous le nom de Maria de los Angeles Félix Guerena, l'actrice mexicaine Maria Félix (*8.4.1914) a été l'une des stars les plus adulées du cinéma latino-américain. Douée d'un tempérament volcanique, elle a aussi joué avec de grands cinéastes européens, tels Jean Renoir (*French Cancan*, 1954) et Luis Bunuel (*La fièvre monte à El Pao*, 1960).

11 avril, Pierre Siniac
Retrouvé mort dans son HLM, mais sans doute décédé depuis près d'un mois, Pierre Siniac, de son vrai nom Pierre Zakariadis (*15.6.1925), était l'un des auteurs les plus féconds et les plus originaux du polar français contemporain. Allant du réalisme le plus sordide (avec les personnages de Luj Inferman et de la Cloducque) au fantastique, il a signé des chefs-d'œuvre (*Femmes blafardes*, 1981).

18 avril, Thor Heyerdahl
Souvent critiqué par la communauté scientifique, qui lui reprochait son absence de rigueur méthodologique, Thor Heyerdahl (*6.10.1914) sera à jamais l'homme du *Kon Tiki*, radeau avec lequel il relia en 1947 le Pérou à la Polynésie. Ce Norvégien voulait démontrer que les Polynésiens ne venaient pas d'Asie, mais des côtes de l'Amérique du Sud. A défaut de preuves, restait un bel exploit.

20 avril, Francis Lemarque

Enfant de la « Bastoche », pétri de culture populaire et autodidacte, le jeune Nathan Korb (*25.11.17) sera Francis Lemarque afin de continuer à chanter sous l'Occupation. Après la guerre, il écrira des chansons pour Yves Montand (*A Paris*), mais aussi pour lui. Attaché à la tradition de la chanson française, compagnon de route du PC, il illustrera avec talent un populisme de gauche et donnera de fort belles musiques de films.

28 avril, Alexandre Lebed
Voir page 43

30 avril, Luc Varenne
Voir page 43

5 mai, George Sidney

Vrai enfant de la balle grandi dans le sérail hollywoodien, dont il gravit peu à peu tous les échelons, George Sidney (*4.10.1916) a réalisé de très jolies comédies musicales (*la Blonde ou la Rousse*, 1957), des mélodrames et ces deux chefs-d'œuvre du cinéma de cape et d'épée que demeurent *les Trois Mousquetaires* (1948), joué par Gene Kelly, et surtout *Scaramouche* (1952), avec Stewart Granger.

6 mai, Pim Fortuyn
Voir page 46

10 mai, Yves Robert
Voir page 47

26 mai, Michel Jobert
Voir page 53

7 juin, Lilian de Réthy
Voir page 59

14 juin, Jacques Rouland

Figure historique de la télévision des années fastes de l'ORTF, Jacques Rouland (*13.11.1929) reste associé à « la Caméra invisible », hilarante émission de cinéma-vérité lancée en 1964 avec la complicité de l'acteur Jacques Legras. Occasionnellement acteur de cinéma (*le Viager*, 1972, de Pierre Tchernia), il réalisera en 1973 son unique film, *la Gueule de l'emploi*, une farce très réussie.

28 juin, François Périer
Voir page 65

2 juillet, Daniel-Lesur
De son vrai nom Daniel Jean Yves Lesur (*19.11.1908), Daniel-Lesur a illustré la pérennité de la tradition classique dans la musique française de son temps. Maître de l'harmonie et du contrepoint, ce compositeur a légué à la postérité des œuvres qui allient la richesse de l'écriture à la noblesse du sentiment. On citera son superbe *Cantique des cantiques* pour chœur (1953) ou *Andrea del Sarto*, son plus bel opéra (1969).

2 juillet, Ray Brown
Contrebassiste découvert par Dizzy Gillespie dans les années 40, Ray (Raymond) Brown (*13.10.1926) a été l'une des figures marquantes du be-bop, auquel il a apporté un sens exceptionnel du swing. Puissant et véloce à la fois, il a accompagné les grands maîtres du jazz moderne, de Gillespie à Oscar Peterson. Jouant aussi du violoncelle, il a été marié à la chanteuse Ella Fitzgerald.

4 juillet, Laurent Schwartz
Mondialement reconnu pour avoir inventé la théorie des distributions, qui permit des avancées capitales en physique, ce mathématicien français (*5.3.1915) était également célèbre pour ses idées politiques. Influencé par le trotskisme, il fut signataire du Manifeste des 121 contre la guerre d'Algérie. Laurent Schwartz devait également dénoncer l'intervention soviétique en Afghanistan.

6 juillet, John Frankenheimer
Formé à la télévision, ce réalisateur américain (*19.2.1930) s'est affirmé au cinéma avec des films marqués par un certain engagement politique de gauche, tels *Un crime dans la tête* (1962), une sorte de prémonition de l'assassinat du président Kennedy, et surtout le passionnant *Sept Jours en mai* (1964), fiction évoquant un putsch militaire aux Etats-Unis. Son œuvre la plus célèbre reste toutefois *le Prisonnier d'Alcatraz* (1962).

9 juillet, Rod Steiger
Acteur au jeu très expressif et servi par un physique des plus rugueux, Rod (Rodney) Steiger (*14.4.1925) a joué à Hollywood des héros hors norme comme dans *le Jugement des flèches* de Samuel Fuller (1957), *Al Capone* de Richard Wilson (1959) et surtout *Dans la chaleur de la nuit* de Norman Jewison (1967), qui lui valut un Oscar. Venu en Europe, il incarnera Napoléon dans *Waterloo* de Sergueï Bondartchouk (1979).

4 septembre, Vlado Perlemuter
Pianiste français né en Lituanie le 26 mai 1904, Vlado Perlemuter fut l'élève d'Alfred Cortot et rencontra dès 1925 Maurice Ravel qui en fit son interprète idéal. La délicatesse sonore et l'extrême precision de son jeu lui permirent de renouveler de façon radicale les interprétations de Beethoven, de Chopin ou de Fauré. Professeur au Conservatoire, il s'est associé à Pierre Fournier ou Pablo Casals pour des concerts demeurés dans toutes les mémoires.

4 octobre, André Delvaux
Voir page 98

6 octobre, Claus von Amsberg
Voir page 99

20 octobre, Bernard Fresson

Ancien major d'HEC, mais surtout passionné de sports et de théâtre, Bernard Fresson (*27.5.1931) a fait au cinéma une carrière où son allure de « bonne grosse brute » devait le faire rechercher par des réalisateurs tels qu'Alain Resnais (*La guerre est finie*, 1966), Claude Sautet (*Max et les ferrailleurs*, 1970) ou Joël Seria (*les Galettes de Pont-Aven*, 1975). Il ne joua malheureusement guère que des seconds rôles, et c'est au théâtre qu'il a donné la mesure de son vrai talent, de Claudel à Harold Pinter.

25 octobre, René Thom
Mathématicien et philosophe, René Thom (*2.0.1923) est l'inventeur de la célèbre théorie des catastrophes, visant à rendre compte de tous les phénomènes de discontinuité, aussi bien dans les sciences naturelles que dans les sciences humaines. Parfois jugée trop systématique, la pensée de ce chercheur français original a été néanmoins féconde, permettant notamment la formulation de la non moins fameuse théorie du chaos que développera David Ruelle.

26 octobre, Jacques Massu
Voir page 105

30 octobre, Raymond Savignac
Voir page 106

30 octobre, Juan Antonio Bardem

Né dans une famille de comédiens (*2.6.1922), Juan Antonio Bardem a été l'un des premiers rénovateurs du cinéma espagnol. Influencé par le néoréalisme italien, il a représenté la bourgoisie de l'époque franquiste avec une férocité parfois teintée de mélancolie, dans *Mort d'un cycliste* (1955) et *Grand-rue* (1956). Après la mort de Franco, il ne retrouvera pas l'inspiration de ses débuts.

31 octobre, Lionel Poilâne
Voir page 107

8 novembre, John Goosens
Voir page 111

18 novembre, James Coburn

Découvert par le grand public dans *les Sept Mercenaires* de John Sturges (1960), James Coburn (*31.8.1928) s'imposera rapidement comme l'une des figures les plus sympathiques du cinéma d'action américain, avant de trouver son rôle le plus célèbre dans *Il était une fois... la Révolution* sous la direction de Sergio Leone (1971). Il a reçu un Oscar en 1999.

23 novembre, Maritie Carpentier
Voir page 115

23 novembre, Roberto Matta
Après avoir commencé une carrière d'architecte et travaillé au côté de Le Corbusier ou Gropius, le Chilien Roberto Matta (*11.11.1911) s'est orienté vers la peinture. Il adhérera à la fin des années 30 au groupe surréaliste et créera dans de vastes compositions un univers inquiétant, proche de la science-fiction, où les objets inanimés et la vie organique se mêlent en une sorte d'osmose.

29 novembre, Daniel Gélin

Elève de Louis Jouvet, Daniel Gélin (*19.5.1921) fut révélé dans *Rendez-vous de juillet* par Jacques Becker (1949). Il tiendra ses promesses de jeune premier et de beau ténébreux, passant avec aisance de l'écran à la scène (où il jouera Anouilh comme Sartre). A la télévision, il triompha dans *les Saintes Chéries* (1965).

2 décembre, Ivan Illich
Philosophe et théologien autrichien, Ivan Illich (*4.9.1926) fut ordonné prêtre et exerça son ministère aux Etats-Unis, à Porto Rico, puis enfin au Mexique où il fonda un centre de recherches à Cuernavaca, en 1961. Il développa une critique originale de la société industrielle et de son système scolaire. Illich a renoncé au sacerdoce en 1969.

22 décembre, Joe Strummer

Au sein du groupe The Clash, cet artiste libertaire et indépendant aura symbolisé un certain engagement de la musique punk contre la politique conservatrice de Margaret Thatcher et pour la lutte des classes. De son vrai nom John Graham Mellor, ce chanteur anglais avait émergé avec son groupe en 1977 (*21.8.1952).

22 décembre, Patrick Bourrat
Voir page 126

27 décembre, George Roy Hill
Cinéaste américain féru de culture moderne, mais attaché au style des maîtres hollywoodiens, George Roy Hill (*20.12.22) a subverti les genres traditionnels avec des films ciselés au millimètre tels que *Butch Cassidy et le Kid* (1969), *Abattoir 5* (1972) ou l'éblouissant *l'Arnaque* (1973), son plus grand succès.

Index général

A

B

C

QR

S

Index icono

Malgré toute l'attention qui a été apportée à cet index, des erreurs ont pu être commises. Dans ce cas, nous demandons au propriétaire du copyright de bien vouloir nous en excuser et de nous notifier la correction aux fins de rectifications. La position des images est indiquée par des lettres : h = haut, b = bas, g = gauche, d = droite, m = milieu, pp = pleine page.

1re de couverture – hg : Luke Frazza/AP – hm : Murad Sezer/AP/Sipa Press – hd : Fiona Hanson/AP/Sipa Press – mg : Gruber/FWD – mm : AP/Sipa Press – mmh : Hadj/Sipa Press – mmb : Avantis Stock/Sipa Press – mmd : Sipa Press – md : Getty Images/Sipa Press – bg : Armando Franca/AP/Sipa Press – bmg : Facelly/Sipa Press – bmd : Hadj/Sipa Press – bd : Ashton/Empics Sports/Sipa Press
4e de couverture – hg : Getty Images/Sipa Press – hd : Alastair Grant/AP – mg : Hussein/Sipa Press – md : Laurent Rebours/AP – bg : Editions Chronique
4 – h : Witt/Sipa Press – bd : Erich Schlegel/AP/Sipa Press – bg : Marine Nationale
5 – bd : Piko Gabriel/Sipa Press – bg : Saura Pascal/Sipa Press – hd : Levine/Sipa Press – hg : St Petersburg Times/Sipa Press
6 – bd : Reed Saxon/AP Photo – bg : Paul Sakuma/AP Photo – bm : Tschaen/Sipa Press – hm : Russell McPhedran/AP/Sipa Press
7 – bd : Levine Heidi/Sipa Press – bg : Lido/Sipa Press – hd : Chognard/T.F.1/Sipa Press – hg : D.O.D./Sipa Press
8 – bg : Schultz/Quad City Times/Sipa Press – hd : Zich John/Zrimages/Sipa Press
9 – bd : Gillieron/AP/Sipa Press – bg : Fabian Bimmer/AP Photo – hm : Azim/AP/Sipa Press – mm : Hadj/Sipa Press
10 – bg : Polk/Sipa Press – hd : Gruber/FWD – mm : Durand Florence/Sipa Press
11 – bd : Levine Heidi/Sipa Press – bg : Achcar/Sipa Press – bm : Fayolle/Sipa Press – hm : Ciaccia/Sipa Press
12 – bg : Etienne George, Pathe Films/AP Photo – hd : Jacques Brinon/AP Photo
13 – bd : AP Photo – bg : Swanson/Sipa Press – hm : Luke Frazza/Pool/AP Photo
14 – mg : Enric Marti/AP Photo
15 – hd et bg : Bernard Galea
16 – bd : Chesnot/Sipa Press – bg : Geert Vanden Wijngaert/AP Photo – hd : Laurent Rebours/AP Photo
17 – bd : Christine Nesbitt/AP Photo – bg : Richard Lam, CP/AP Photo – hm : Tom Hanson/AP Photo – md : Efe/Sipa Press
18 – bd : Christophe Ena/AP Photo – bg : Paul Vreeker, Pool/AP Photo – hd : El Tribuno/AP Photo
19 – bd : Str/AP Photo – bg : Jan Bauer/AP Photo – hm : Yves Dieffenbacher/AP Photo – mm : Sony
20 – bd : Christophe Ena/AP Photo – hd : Mahmoud Salem/Sipa Press
21 – bd : Ariana Cubillos/AP Photo – bg : Vulcania-Joel Damase – hm : Karel Prinsloo/AP Photo – md : Isopress/Sipa Press – mg : Rubython/Sipa Press
22 – bd : AP/Sipa Press – bg : Darron Cummings/AP Photo – hd : Laurent Rebours/AP Photo
23 – bm : Elise Amendola/AP Photo – hd : Lawrence Jackson/AP Photo
24 – bd : Reed Saxon/AP Photo – bg : Ibo/Sipa Press – hd : Saudi Press Agency/AP Photo
25 – md : Kalter Marion/Sipa Press
26 – bd : Bleas/Marine Nationale – hm : Niviere/Villard/Sipa Press
27 – bd : Rudi Blaha/AP/Sipa Press – bg : Jobard/Sipa Press – hm : Getty Images/Sipa Press – md : Nebinger/Sipa Press – mg : Hadj/Sipa Press
28 – bd : Steve McCurry/National Geographic Society/Getty Images/Sipa Press – hd : Themba Hadebe/AP/Sipa Press
29 – bd : Jacques Brinon/AP/Sipa Press – bg : Maisonneuve/Sipa Press – hm : Vijouard/Sipa Press – md : Isopress/Sipa Press
30 – bd : Hartmann Christian/Sipa Press – hd : N.A.S.A./Sipa Press
31 – bd : Laurent Rebours/AP/Sipa Press – bg : Disney Pixar/AP/Sipa Press – hm : Squillantini R/Sintesi/Sipa Press – md : Tsuni/Image Direct/Sipa Press
32 – bd : Hadj/Meigneux/Niko/Sipa Press – hd : Jobard/Sipa Press
33 – bg : Levine Heidi/Sipa Press – hm : Fiona Hanson/AP/Sipa Press
34 – mg : Molavi/Sipa Press
35 – bm : Christandl/Sipa Press – hd : Graham Barclay/Newsmakers/Sipa Press
36 – bd : Villard/Sipa Press – hd : Baubau/Sipa Press
37 – bg et bd : François Mori/AP/Sipa Press – hm : Witt/Sipa Press
38 – bm : Michel Spingler/AP/Sipa Press – mm : Dario Lopez-Mills/AP/Sipa Press
39 – hd et bd : Meigneux/Sipa Press – mm : Murad Sezer/AP/Sipa Press
40 – bd : François Mori/AP/Sipa Press – bg : Corrado/Nocenti/Olympia/Sipa Press – hd : Sipa Press
41 – bd : Editions Chronique
42 – bd : Cassy Cohen/AP/Sipa Press – bg : Galazka/Sipa Press – hm : Chamussy/Sipa Press
43 – bd : Gino Zamboni/Isopress/Sipa Press – bg : La Cité de la Mer/Norbert Girard – hd : Thüringer Allgemeine/Getty/Sipa Press – hg : Niko/Fayolle/Sipa Press – md : Iliya Naimushin/Getty/Sipa Press
44 – bd : Enric Marti/AP/Sipa Press – hd : Witt/Sipa Press
45 – bd : Oleg Nikishin/Getty/Sipa Press – bg : Fayolle/Sipa Press – hd : François Mori/AP/Sipa Press – mg : ICTY via APTN/AP/Sipa Press
46 – bd : FBF/Sunshine International/Sipa Press – bg : Aaronson/Sipa Press – hd : Meigneux/Witt/Sipa Press
47 – bd : Jacques Brinon/AP – bg : Souloy/Sipa Press – hm : Athar Hussain/AP/Sipa Press – mm : Facelly/Sipa Press
48 – hg et mgh : Witt/Sipa Press – hm : Meigneux/Witt/Sipa Press – mg : Hadj/Meigneux/Sipa Press – mm : Maisonneuve/Sipa Press – mmh et bd : Niviere/Sipa Press – mmb et bgh : Facelly/Sipa Press – md : Stevens Frederic/Sipa Press – bg et bdh : Meigneux/Sipa Press – bm : Jobard/Sipa Press – bdb : Hartmann Christian/Sipa Press
49 – h : Hadj/Sipa Press – hg : Meigneux/Hadj/Sipa Press – hgh, hmb, hd, hdm, bmg, bmd et bdh : Niviere/Sipa Press – hgb : Fievez/Sipa Press – hm : Lecarpentier/Sipa Press – hmh, mg et bdm : Witt/Sipa Press – mm : Chesnot/Sipa Press – md : Bebert Bruno/Sipa Press – bg : Meigneux/Sipa Press – bdb : Ibo/Sipa Press
50 – bd : Riclafe/Sipa Press – bg : Getty Images/Sipa Press – hd : Fayolle/Sipa Press
51 – bd : AAR/Sipa Press – bg : Niko/Sichov/Sipa Press – hm : Getty Images/Sipa Press
52 – bd : Alfred/Meigneux/Sipa Press – bg : Fautre/Sipa Press – hd : Riclafe/Sipa Press – mm : Jobard/Sipa Press
53 – bd : Souloy/Sipa Press – bg : Beirne/Sipa Press – hd : Niviere/Aslan/Villard/Sipa Press – hg : Panov/Itar Tass/Sipa Press
54 – bd : Meigneux/Sipa Press – bg : Chip East/Sipa Press – hd : Witt/Sipa Press
55 – b : Editions Chronique – hd : Catuffe/Sipa Press
56 – bg : Bony/WPA/Sipa Press
57 – bm : Bony/WPA/Sipa Press – hd : Maisonneuve/Sipa Press
58 – bd : Abd Rabbo/Sipa Press – hd : Kehoe/Express Newspapers/Sipa Press
59 – bd : Caccia/Sipa Press – bg : Niviere/Sipa Press – hg : Levine Heidi/Sipa Press – md : Erhan/Pica Pressfoto/Sipa Press
60 – bd : McAviney/Sipa Press – bg : ADC-Diffusion/Sipa Press – hd : Facelly/Sipa Press
61 – bd : Galazka/Sipa Press – bg : Editions Chronique – hm : Natalie Behring/Getty Images/Sipa Press – mm : Zada/Sipa Press
62 – bm : Hadj/Sipa Press – hm : Niviere/Meigneux/Hadj/Facelly/Sipa Press – md : Avi Ohayon/G.P.O./Sipa Press
63 – bm : Young Ho/Sipa Press – hd : Freeman/The Sun/Sipa Press – hg : Tschaen/Riclafe/Sipa Press
64 – bd : Hoffmann Dezo/Rex Features/Sipa Press – hd : Altmann/Sipa Press
65 – bd : Catuffe/Sipa Press – bg : Alfred/Sipa Press – hd : Nana Productions/Sipa Press – mm : I.D.F./Sipa Press
66-67 – pp : Editions Chronique
68 – bd : Diestel/Sipa Press – hd : Marine Nationale
69 – bd : Sante d'Orazio/AP/Sipa Press – bg : Rob Griffith/AP/Sipa Press – hm : Hadj/Sipa Press – mm : Natalie Behring/Getty Images/Sipa Press
70 – bd : François Mori/AP/Sipa Press – hd : AP/Sipa Press
71 – bd : Alfred/Sipa Press – bg : Niviere/Villard/Sipa Press – hm : Dalmau/Efe/Sipa Press – mm : Ming Ding/Sipa Press
72 – bd : Editions Kontiki – bg : Barthelemy Jean-Gabri/Sipa Press – hd : Haley/Sipa Press
73 – bg : Morenatti/Efe/Sipa Press – hg : Stevens Frederic/Sipa Press – md : Catuffe/Sipa Press
74 – bd : Dave Caulkin/AP/Sipa Press – hd : Baubau/Sipa Press
75 – bd : Galazka/Sipa Press – bg : Sipa Press – hd : Stevens Frederic/Sipa Press – hg : Aris Messinis/AP Photo
76 – hg et bd : Selsky/Sipa Press
77 – bd : Salafranca/Sipa Press – hg : Selsky/Sipa Press
78 – bd : Rex Features/Sipa Press – bg : Empics Sports/Sipa Press – hm : Franca/AP/Sipa Press
79 – bd : Mary Evans/Keystone – bg : Gunther/Sipa Press – hd : Tschaen/Sipa Press
80 – bd : Alfred/Sipa Press – hd : Eckehard Schulz/AP/Sipa Press
81 – bd : Droese/Sipa Press – bg : Facelly/Sipa Press – h : Editions Chronique
82 – bg : Galazka/Sipa Press – hd : Guillou/Sipa Press
83 – bd : Droese/Sipa Press – hm : Xin Hua/Sipa Press – mg : DR/Edimedia
84 – bd : Villard/Aslan/Niviere/Sipa Press – bg : Niviere/Sipa Press – hm : Isopress/Sipa Press
85 – bd : Corrieras/Sipa Press – bg : Jockmans/Isopress-Sénépart – hd : Simon Isabelle/Sipa Press – hg : Lefevre Sylvain/Sipa Press – mg : Olympia/Sipa Press
86 – mg : Per-Anders Petterson/Getty Images/Sipa Press
87 – hg : Editions Chronique
88 – bd : Winslow Townson/AP/Sipa Press – hm : Martin Platter/AP/Sipa Press
89 – bd : Schneider Press/Sipa Press – bg : Mikhail Metzel/AP Photo – hm : Osamu Senba/AP/Sipa Press – md : Catuffe/Sipa Press – mg : Sichov/Sipa Press
90 – bd : Lorenvu/Sipa Press – hd : Wis Bernard
91 – bd : MAC'S – bg : Remy de la Mauviniere/AP/Sipa Press – hd : Laurent Rebours/AP/Sipa Press – hg : Catuffe/Sipa Press
92 – bd : Aida Sultanova/AP/Sipa Press – bg : National Geographic via APTN/AP Photo – md : François Mori/AP/Sipa Press
93 – bd : Jockel Finck/AP/Sipa Press – bg : Kim D. Johnson/AP Photo – hm : Boris Heger/AP/Sipa Press
94 – bd : Vincent Yu/AP Photo – hd : Sang Tan/AP/Sipa Press
95 – bm : François Mori/AP/Sipa Press – hd : RTS 1 via APTN/AP/Sipa Press – hg : Bassem Tellawi/AP/Sipa Press
96 – b : Citroën – hd : DaimlerChrysler
97 – bd : Porsche – bg et md : Maserati – hd : DaimlerChrysler – hg : Ferrari
98 – bd : Lilo/Sipa Press – bg : Simon Isabelle/Sipa Press – hm : Streckel/Photoguerilla/Sipa Press – mm : Pollet/Sipa Press
99 – bd : Chesnot/Sipa Press – bg : Simon Isabelle/Sipa Press – bm : Lorenvu/Sipa Press – hd : Villard/Sipa Press – hg : Benaroch/Sipa Press – md : Al Ayyam Newspaper/Sipa Press – mg : Laski/Sipa Press
100 – bd : Rick Bowmer/AP/Sipa Press – hd : Chamussy/Sipa Press
101 – bm : Str/AP/Sipa Press – md : Welcome/Sipa Press – mg et mm : MIT/Sipa Press
102 – bd : Lilo/Sipa Press – hd : Andrew Vaughan/AP – m : Sipa Press
103 – bd : Regina Kuehne/Keystone – bg : Witt/Sipa Press – hm : Jobard/Sipa Press
104 – bd : Marco Trovati/AP/Sipa Press – hd : Getty Images/Sipa Press
105 – bm : Universal Photo/Sipa Press – hd : AP/Sipa Press – md : Misha Japaridze/AP/Sipa Press – mg : Maxim Marmur/AP
106 – bd : Baumann Arnaud/Sipa Press – hd : Lefevre Sylvain/Sipa Press
107 – bd : Sel Ahmet/Sipa Press – bg : Kazak/Itar Tass/Sipa Press – hm : Itar Tass/AP/Sipa Press – mm : Olympia/Sipa Press
108 – bg : Itar Tass/Sipa Press – hd : Editions Chronique
109 – bd : Getty Images/Sipa Press – hm : Tan/Sipa Press
110 – bd : Meigneux/Sipa Press – bg : Denis Doyle/AP – hd : Jerome Delay/AP
111 – bm : Mark Renders/Isopress – hd : Erik S. Lesser/AP – hg : Markus Schreiber/AP
112 – bd : Chamussy/Sipa Press – bm : Chris Pizzello/AP – hm : Efe/AP – mm : Dupuis/Spirou/1938
113 – bd : Frederic Sierakowski/Isopress – bg : Peter Mountain/Warner Bros. Pictures/AP – hd : Zedda/Sipa Press – hg : Schaeffer/Sipa Press
114 – bd : Tim Clarke/AP – hd : Jassim Mohammed/AP
115 – bd : Jeanneau/Sipa Press – bg : Olympia/Chamussy/Sipa Press – hm : Chesnot/Sipa Press – mm : Ho/Spanish Armada/Reuters
116 – bd : Lilo/Sipa Press – hd : Tschaen/Sipa Press
117 – bd : Patrick Kovarik/AP – bg : Sipa Press – hd : Lefteris Pitarakis/AP – hg : Karel Prinsloo/AP
118 – bg : Lavandeira/Efe/Sipa Press – hg : Alfred/Niko/Sipa Press – pp : Alfred/Sipa Press
119 – bd : Denis Doyle/AP/Sipa Press – hd : Ferrin/Alfaqui/Sipa Press
120 – bd : Patrick Kovarik/AP – hd : Sichov/Sipa Press – mm : Natacha Pisarenko/AP/Sipa Press
121 – bd : Alastair Grant/AP – bg : Luca Bruno/AP – hm : Efe/Sipa Press – mm : Marcelo Hernandez/AP/Sipa Press
122 – bd : Tschaen/Sipa Press – hd : Stevens Frederic/Sipa Press – mm : Jerome Delay/AP
123 – bd : Fayolle/Sipa Press – bg : Interfoto USA/Sipa Press – hm : Sergio Barrenecher/Efe/Sipa Press – mg : Arianespace/Sipa Press
124 – bm : Marine Nationale/Sipa Press – hm : Witt/Sipa Press
125 – bd : Suzanne Plunkett/AP/Sipa Press – bg : Getty Images/Sipa Press – hd : Lorenvu/Sipa Press
126 – hm : Benaroch/Sipa Press – m : NTV/AP/Sipa Press – bg : Eraldo Peres/AP – bd : Hadj/Sipa Press
127 – hg : Getty Images/Sipa Press – hd : Hillery Smith Garrison/AP – m : Young Ho/Sipa Press – bg : Alfred/Sipa Press – bd : Adam Butler/AP
128 – hm et bd : Sagem
129 – hg et md : Sagem
130 – hm : Sipa Press – hd : AP – mg : Universal Photo/Sipa Press – mm : ATD Quart Monde/AP – bm : Benaroch/Sipa Press – bd : Grande Mange/Sipa Press
131 – hm : J.L. Pino/Efe/AP – hd : Rudung/Sipa Press – mg : Benaroch/Sipa Press – mm : Damian Dovarganes/AP – md : Faux/Sipa Press